高等职业教育汽车制造与装配技术专业规划教材

Qiche Zhuangpei yu Tiaoshi Jishu
汽车装配与调试技术

刘敬忠　主编

人民交通出版社股份有限公司
China Communications Press Co.,Ltd.

内容提要

本教材是高等职业教育汽车制造与装配技术专业规划教材,按照国家对高职高专人才培养的规格要求及高职高专教学特点编写而成。本教材在简要叙述汽车研发制造过程的基础上,重点介绍汽车装配的工艺基础、汽车发动机装配与调试、手动变速器和驱动桥的装配与调试、汽车总装配流程与工艺、装配过程质量检验与整车调试、质量评审与质量分析、总装生产现场管理等技术。

本教材可作为高等职业院校汽车制造与装配专业的教学用书,也可作为汽车制造企业员工的培训教材,也可供社会读者了解汽车装配与调试技术自修、阅读。

图书在版编目(CIP)数据

汽车装配与调试技术 / 刘敬忠主编. —北京:人民交通出版社股份有限公司, 2015.5
高等职业教育汽车制造与装配技术专业规划教材
ISBN 978-7-114-12154-8

Ⅰ.①汽⋯ Ⅱ.①刘⋯ Ⅲ.①汽车–装配(机械)–高等职业教育–教材 ②汽车–调试方法–高等职业教育–教材 Ⅳ.①U463

中国版本图书馆 CIP 数据核字(2015)第 065012 号

高等职业教育汽车制造与装配技术专业规划教材
书　　名:**汽车装配与调试技术**
著　作　者:刘敬忠
责任编辑:夏　犇
出版发行:人民交通出版社股份有限公司
地　　址:(100011)北京市朝阳区安定门外外馆斜街 3 号
网　　址:http://www.ccpcl.com.cn
销售电话:(010)59757973
总　经　销:人民交通出版社股份有限公司发行部
经　　销:各地新华书店
印　　刷:北京市密东印刷有限公司
开　　本:787 × 1092　1/16
印　　张:15.75
字　　数:360 千
版　　次:2015 年 6 月　第 1 版
印　　次:2024 年 1 月　第 6 次印刷
书　　号:ISBN 978-7-114-12154-8
定　　价:38.00 元

(有印刷、装订质量问题的图书由本公司负责调换)

高等职业教育汽车制造与装配技术
专业规划教材编委会

主 任 委 员：

赵　宇（长春汽车工业高等专科学校）

副主任委员：

宋金虎（山东交通职业学院）　　　马志民（包头职业技术学院）

贾永峰（陕西交通职业技术学院）　邰　茜（河南交通职业技术学院）

委　　　员：

刘敬忠（浙江同济科技职业学院）　卢洪德（山东交通职业学院）

郑　涛（长春汽车工业高等专科学院）侯文志（山东交通职业学院）

王立超（长春汽车工业高等专科学院）李敬辉（长春汽车工业高等专业学校）

李　莎（陕西交通职业技术学院）　刘冬梅（陕西交通职业技术学院）

徐生明（四川交通职业技术学院）　潘伟荣（广东交通职业技术学院）

谢慧超（湖南交通职业技术学院）　官海兵（江西交通职业技术学院）

张树铃（内蒙古交通职业技术学院）刘　佳（包头职业技术学院）

杜理平（浙江同济科技职业学院）　崔广磊（包头职业技术学院）

林振华（浙江同济科技职业学院）　张　昊（河南交通职业技术学院）

贾东明（河南交通职业技术学院）　张杰飞（河南交通职业技术学院）

王　臣（包头职业技术学院）　　　刘冰松（神龙汽车有限公司）

黄立群（东沃（杭州）卡车有限公司）

前言
PREFACE

汽车制造与装配技术专业主要面向现代汽车制造及零部件生产与装配行业,培养基础扎实、实践能力强的高等技术应用型人才,能从事现代汽车制造及零部件加工,汽车装配调试,具备从事计算机辅助设计、数控编程、产品质量检测等生产现场控制岗位的能力。目前全国已有100多所院校开设此专业,该专业主要为汽车制造企业培养和输送人才,目前市场上适合此专业的高职教材很少,很多院校在开设该专业课程时,经常选用本科类似教材,在教材的深度和适用性上普遍不好,人民交通出版社通过广泛调研需求,成立教材编写委员会,确立组织编写高等职业教育汽车制造与装配技术专业规划教材。

本书是高等职业教育汽车制造与装配技术专业规划教材,根据国务院《关于加快发展现代职业教育的决定》和教育部《关于全面提高高等职业教育教学质量的若干意见》等文件精神,以及汽车制造与装配职业岗位群对人才技能的基本要求组织编写的,符合国务院《关于加快发展现代职业教育的决定》和教育部等六部门印发的《现代职业教育体系建设规划(2014~2020年)》要求。

本书包括汽车装配技术、装配过程控制与管理共八个项目。汽车装配技术部分主要包括认识汽车研发制造过程、装配工艺基础、汽车发动机装配与调试、动力传动系统装配与调试、汽车总装工艺5个项目;装配过程控制与管理部分包括质量检验与整车调试、质量评审与质量分析、总装生产现场管理3个项目。

本书在编写过程中力求深入浅出,密切联系工厂生产实际,以汽车装配工艺流程和过程质量控制为主线,重点突出高职高专专业教学内容、技能培训、职业技能鉴定三位一体的工学结合特色,着重培养学生的应用能力。

汽车装配与调试所用装备种类多、数量大,各企业之间即使是同一功能的装备也存在较大的差异。由于设备的差异和生产组织方式的不同,导致各企业的生产工艺不尽相同,在工艺流程特别是总装工艺上各个企业都有所区别。基于此,在教学内容上,通过对总体流程的分解,进行教学项目规划与设计;在装配调试工艺方面,则突出关键工序,强调各工艺过程的质量控制要点;在装备方面,只介绍设备的种类和用途,而不涉及具体的操作与使用方法。各院校可以结合自身的实训条件和合作汽车企业的实际情况,开发相应的实训指导书。

本书由浙江同济科技职业学院刘敬忠副教授任主编,神龙汽车有限公司刘冰松作为主要参与者参与了本书的策划和编写工作,参加编写工作的还有浙江同济科技职业学院杜理平副教授和林振华讲师,以及东沃(杭州)卡车有限公司黄利群高级工程师。浙江同济科技职业学院廖君教授任主审。

本书在编写过程中,得到了多家汽车制造企业和零部件企业的大力支持,也得到了中国汽车工程师之家(www.cartech8.com)、标准技术网(http://www.bzjsw.com/)及其他汽车专业网站众多网友的热情帮助,同时参考与引用了有关文献、资料的部分内容,在此一并表示感谢。

由于编者水平有限,不足之处在所难免,恳请广大读者对本书存在的缺点和错误提出批评和指正,邮件请至 l-jzhong@163.com。

编　者

2015年1月

目 录
CONTENTS

项目一 认识汽车研发制造过程 ······ 1
 学习任务一 认识汽车正向研发流程 ······ 1
 学习任务二 汽车逆向设计的基本知识 ······ 15
 学习任务三 汽车制造过程认识 ······ 17
 训练与思考题 ······ 23

项目二 装配工艺基础 ······ 24
 学习任务一 装配工艺认识 ······ 24
 学习任务二 常用装配技术手段的认识与实践 ······ 36
 学习任务三 装配精度控制的认识与实践 ······ 46
 学习任务四 螺纹连接预紧控制的认识与实践 ······ 51
 训练与思考题 ······ 57

项目三 汽车发动机装配与调试 ······ 58
 学习任务一 认识发动机装试线 ······ 58
 学习任务二 发动机装配工艺 ······ 63
 学习任务三 发动机试验与调整 ······ 85
 训练与思考题 ······ 102

项目四 动力传动系统装配与调试 ······ 104
 学习任务一 手动变速器装配与调整 ······ 104
 学习任务二 手动变速器试验 ······ 114
 学习任务三 驱动桥装配与调试 ······ 125
 训练与思考题 ······ 136

项目五 汽车总装工艺 ······ 138
 学习任务一 汽车总装调试工艺流程认识 ······ 138
 学习任务二 汽车总装工艺装备认识 ······ 142
 学习任务三 内饰装配 ······ 152
 学习任务四 底盘装配 ······ 164
 训练与思考题 ······ 172

项目六 质量检验与整车调试 ······ 173
 学习任务一 认识汽车生产企业质量管理体系 ······ 173
 学习任务二 汽车整车厂质量控制的基本知识 ······ 180

学习任务三　外观质量检验与静态调整 …………………………………………… 183
　　学习任务四　动态试验与调整 …………………………………………………… 193
　　训练与思考题 ……………………………………………………………………… 205
项目七　质量评审与质量分析 …………………………………………………………… 206
　　学习任务一　汽车产品质量评审 ………………………………………………… 206
　　学习任务二　装配质量分析 ……………………………………………………… 212
　　训练与思考题 ……………………………………………………………………… 222
项目八　总装生产现场管理 ……………………………………………………………… 223
　　学习任务一　6S 管理 ……………………………………………………………… 223
　　学习任务二　定置管理 …………………………………………………………… 230
　　学习任务三　目视管理 …………………………………………………………… 234
　　学习任务四　看板管理 …………………………………………………………… 238
　　训练与思考题 ……………………………………………………………………… 241
参考文献 …………………………………………………………………………………… 243

项目一　认识汽车研发制造过程

学习任务一　认识汽车正向研发流程

　　汽车既是一台高技术的复杂工业产品,也是一件唯美的艺术品。它需要有漂亮的外观和吸引客户的个性特征,同时它还应具有良好的行驶安全性、操纵稳定性、乘坐舒适性和强劲的动力。汽车研发过程融入了机械原理、机械制图、结构力学、多体动力学、空气动力学、人机工程学、工程材料学、电子与电气、自动控制技术、制造工艺、声学和光学等各种相关知识,当然更少不了诸如绘画、雕塑、色彩等基本艺术功底。所以,新车型研发是一项非常庞大的系统工程,往往需要几百人花费 3～4 年的时间才能完成。不同的汽车企业,其研发流程有所不同,但是大致有一些共同的特点。

　　一般来说,正向开发的量产汽车研发中的核心流程,也就是专业的汽车设计开发流程,其起点为项目立项,终点为量产启动,主要包括项目策划、概念设计、工程设计、样车试制与试验和投产启动五个阶段。除核心研发流程外,还包括组织、管理、工装设备等辅助流程,如项目进度与投资控制、工厂建设、工装制造、检具制造、模具制造、对供应商的评审与选择、工艺设计、物流设计、设备的采购制造与安装调试等多方面协同推进。

一、项目策划

　　一个全新车型的开发需要几亿元甚至十几亿元的大量资金投入,投资风险非常大,一般都要经过项目策划(图1-1),确定是否实施项目和如何实施。如果不经过周密调查研究与论证,就草率上马新项目,轻则会造成产品先天不足,投产后问题成堆;重则造成产品不符合消费者需求,没有市场竞争力。市场调研和项目可行性分析是新项目研发过程至关重要的部分,汽车市场调研包括市场细分、目标市场选择、产品定位等几个方面。通过市场调研对汽车市场信息进行系统搜集、整理和分析,可以了解和掌握消费者的消费趋势、消费偏好和消费要求的变化,确定顾客对新的汽车产品是否有需求,或者是否有潜在的需求等待开发,然后根据调研数据进行分析研究,总结出科学可靠的市场调研报告,在新车型研发项目计划方面为企业决策者提供科学合理的参考与建议。

　　根据市场调研报告生成项目建议书,进一步明确汽车形式(是微型车还是中高级车等)和市场目标,以及在性价比方面所具有的创意与特点。在此基础上进行项目可行性分析,可行性分析从外部和内部两个方面进行,外部主要是分析国家和地方的相关政策法规,以及竞争对手和竞争车型的现状;内部则是对包括设计、工艺、生产及成本等方面的自身资源和研发能力的分析。在完成可行性分析后,就可以对新车型的设计目标进行初步设定,设定的内容包括车辆形式、动力参数、底盘各个总成要求、车身形式及强度要求等。

将初步设定的要求发放给相应的设计部门,各部门确认各个总成部件要求的可行性以后,确认项目设计目标,编制最初版本的产品技术描述说明书,将新车型的一些重要参数和使用性能确定下来。在方案策划阶段还应确定新车型是否开发相应的变形车,以及确定变型车的形式和种类。项目策划阶段的最终成果是一份符合市场要求、开发可行性得到研发各部门确认的新车型设计目标大纲。该大纲明确了新车型的形式、功能以及技术特点,描述了产品车型的最终定位,是后续研发各个过程的依据和要求,是一份指导性文件。

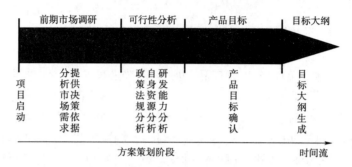

图1-1　项目策划流程图

二、概念设计

概念设计阶段的主要工作是总布置草图设计和造型设计。除此之外,还要制订详细的研发计划,确定各个设计阶段的时间节点;评估研发工作量,合理分配工作任务;进行成本预算,及时控制开发成本;制作零部件清单表格,以便进行后续开发等工作。

1. 总布置草图设计

总布置草图设计的主要任务是根据汽车的总体方案及整车性能要求提出对各总成及部件的布置要求和特性参数等设计要求;协调整车与总成间、相关总成间的布置关系和参数匹配关系,使之组成一个在给定使用条件下的使用性能达到最优并满足产品目标大纲要求的整车参数和性能指标的汽车。绘制总布置草图是总布置草图设计的重要内容,在总布置草图上,汽车的主体线条和大方向上的细节设计应该都有所表现,在适当的地方增加简单说明,为下一环节做准备。总布置草图确定的基本尺寸控制图是造型设计的依据,也是详细总布置图确认的基础。

总布置草图设计时,车厢及驾驶室主要是依据人机工程学来进行布置,在满足乘员舒适性的前提下,确定乘员和货物的具体位置以及边界条件。在此基础上,确定发动机与离合器及变速器的布置、传动轴的布置、车架和承载式车身底板的布置、前后悬架的布置、制动系统的布置、油箱、备胎和行李舱等的布置、空调装置的布置。同时,对零部件的运动(如前轮转向与跳动)范围进行校核。经过汽车总布置设计,就可确定汽车的主要尺寸和基本形状(图1-2)。

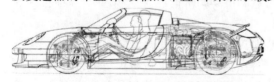

图1-2　保时捷跑车总布置方案正视图

2. 造型设计

总布置草图设计以后,下一步就要进行造型设计。汽车的造型设计主要是为了把设计师的思路和理念用更细腻的手法表现出来,加入细节描绘和色彩,通过精致的绘画表达这款车的直观感受和立体效果。效果图可以手绘,铅笔、钢笔、毛笔(水彩画或水粉画)都可,而目前较流行的是混合技法——用麦克笔描画、喷笔喷染以及涂抹、遮挡等。随着计算机辅助设计技术的发展,越来越多的设计师开始使用各种绘图软件进行效果图的绘制,主要的绘图软件有 Photoshop、Painter 及 Alias Skethbookd 等。只要效果良好,表现技法可不拘一格。汽车的造型设计现在已经成为汽车研发中至关重要的环节,将是决定模型制作的关键。

在造型设计阶段,外形设计和内饰设计同时进行,设计过程包括创意草图和效果图设计两个阶段。

创意草图是设计师快速捕捉灵感的最好方法,最初的草图都比较简单,也许只有几根线条,但是能够勾勒出设计造型的神韵,设计师通过设计大量的草图来尽可能多地提出新的创意。在一个设计项目开始阶段,由 5~10 名设计师分别开始绘制草图,每个设计师都将构想四个左右的模型草图,并且会对少数几个自己认为比较好的草图进行完善,包括绘制多个角度的草图,进一步推敲车身的形体,突出造型特征等。在初期,设计团队就需要具备非常敏锐的洞察力,从各处吸取灵感,了解潮流信息,搜集竞争对手同类车型的图片资料并进行造型上的比较,了解各种车型在市场上的受欢迎程度,留心其他设计领域,注重与消费者的交流等。一般情况下,一款车型的设计草图平均有 30~50 张,草图所要表达的并不是产品的设计细节,而是要把对未来产品的设想视觉化。

图 1-3~图 1-8 是菲亚特 BRAVO 设计草图,可以看出最初的草图形体是比较简练的,只强调部分的特征线。而后来的深入设计草图则比较完整地表达了车身的整个形态。

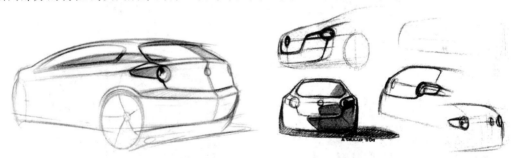

图 1-3 菲亚特 BRAVO 前期设计草图(一)　　　图 1-4 菲亚特 BRAVO 前期设计草图(二)

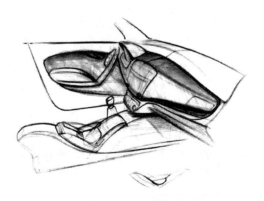

图 1-5 菲亚特 BRAVO 前期设计草图(三)　　　图 1-6 菲亚特 BRAVO 前期设计草图(四)

图1-7　菲亚特BRAVO深入设计草图(一)　　图1-8　菲亚特BRAVO深入设计草图(二)

当草图绘制到一定阶段后,设计工作室内部会进行一次讨论,设计室负责人(如设计总监)将从设计师的创意草图中挑出几个相对较好的创意,进行精细设计,并绘制精细设计效果图(图1-9~图1-12)。绘制精细效果图的目的是为了让油泥模型师或者数字模型师看到更加清晰的设计表现效果,以便保证以后的模型能够更好地与设计师的设计意图相一致。

图1-9　菲亚特BRAVO设计方案效果图(一)　　图1-10　菲亚特BRAVO设计方案效果图(二)

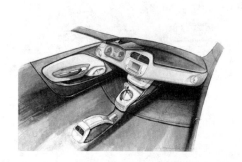

图1-11　菲亚特BRAVO内饰设计方案效果图(一)　　图1-12　菲亚特BRAVO内饰设计方案效果图(二)

除外形外,汽车的外观颜色和内部装潢也是设计中非常重要的一部分,颜色与外形都会显著影响动感和舒适感。外观颜色在很大程度上影响汽车的个性特征,内部装饰件则决定车内氛围。内饰的设计风格要求与外形设计风格相一致,以确保整车风格的统一。设计师在选择汽车内饰装潢时必须做到:在任何光线下都能带来和谐的空间感,所用的材料必须符合未来的发展趋势,保证在未来的5~10年都不会过时。

效果图和最后的整车细节未必完全相同,但是表现出来的气质却是一脉相承。

3. 制作油泥模型

效果图设计绘制完毕后要进行一次评审,通过评审选择3~5个或者更多方案进行1:5

的小比例模型制作。制作小比例模型主要是为了节约成本和节省时间,一般的汽车厂家都会使用油泥来制作小比例模型,其优点是易于修改,便于在模型制作阶段不断完善。

油泥模型有两种制作方法,一种是由油泥模型师人工雕刻,另外一种是由数字模型师先根据设计效果图在 alias 等软件里构建出三维数字模型,然后使用多轴加工中心铣削出油泥模型,最后经油泥模型师进行细节调整。在油泥模型制作过程中,设计师必须全程跟踪指导,以确保油泥模型能够符合自己的设计意图。

在完成小比例油泥模型制作之后,公司高层将组织造型设计师、结构设计师和工艺师对模型进行评审。这是第一次对实物模型的评审,将综合考虑包括美学、工艺、结构等多方面的因素,不过主要还是对模型外观美学的评判,通过评审挑选出其中的 2~3 个方案进行 1:1 的全尺寸油泥模型制作。

传统的全尺寸油泥模型都是完全由人工雕刻出来的,这种方法费时费力而且模型质量不能得到很好的保证,制作一个整车模型要花上三个月左右的时间。随着技术的进步,目前各大汽车厂家的全尺寸整车模型基本上都是由多轴加工中心铣削出来的,油泥模型师只需要根据设计师的要求对铣削出来的模型进行局部的修改,这种方法制作一个模型只需要一个月甚至更少的时间。

油泥模型制作完毕后,根据需要将进行风洞试验以测定其空气动力学性能。为了更直观地观察模型,通常进行贴膜处理,以便检查表面质量和获得逼真的实车效果(图 1-13~图 1-15)。这时要进行一次全尺寸模型的评审会,从中选出最终的设计方案,并对其提出一些修改意见。油泥模型师根据修改意见调整油泥模型,修改完毕后再次进行评审,并最终确定造型方案,冻结油泥模型。至此,造型阶段全部完成,项目进入工程设计阶段。

图 1-13 贴膜后的 S80 油泥模型方案(一)

图 1-14 贴膜后的 S80 油泥模型方案(二)

图 1-15 贴膜后的 S80 油泥模型方案(三)

三、工程设计

在完成造型设计以后,项目就开始进入工程设计阶段。工程设计阶段的主要任务是完成整车各个总成以及零部件的设计，协调总成与整车和总成与总成之间出现的各种矛盾，保证整车性能满足目标大纲要求。工程设计就是一个对整车进行细化设计的过程，各个总成分发到相关部门分别进行设计开发，各部门按照开发计划规定的时间节点分批提交零部件的设计方案。

工程设计阶段的工作内容主要包括以下几个方面。

1. 总布置设计

总布置设计是在总布置草图的基础上，进行深入细化设计，精确地描述各部件的尺寸和位置，为各总成和部件分配准确的布置空间，确定各个部件之间的相互连接关系、详细结构形式、特征参数、质量要求等条件。主要的工作包括发动机舱详细布置图、底盘详细布置图、内饰布置图、外饰布置图以及电气布置图（图1-16）。

图1-16　某轿车三维总布置俯视图

2. 车身造型数据生成

车身或造型部门在油泥模型制作完成后，使用三坐标测量仪对冻结的油泥模型进行测量，得到车辆外形和内饰两部分的点云数据（图1-17），工程师根据点云使用汽车A面制作软件（如Alias、IceM-surface、Catia等）构建汽车的外形和内饰数字模型（图1-18）。在车身造型数据完成以后，通常要使用这些数据重新铣削一个模型，目的是验证车身数据是否有错误。这个模型通常使用代木或者高密度塑料进行加工，以便日后保存。

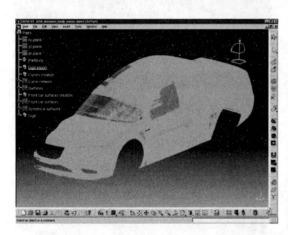

图1-17　测量得到的点云数据

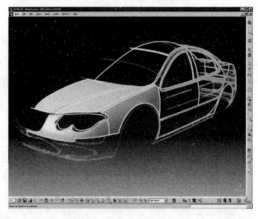

图1-18　使用Catia软件生成车身表面文件

3. 发动机工程设计

一般新车型的开发都会选用原有成熟的发动机动力总成，发动机部门的主要工作是针对新车型的特点以及要求，对发动机进行布置，确定与其他总成的连接关系，并进行发动机与传动系统的匹配。发动机工程设计与底盘工程设计同步进行，一直持续到样车试验阶段。

4. 白车身工程设计

白车身是指车身结构件以及覆盖件的焊接总成，包括发动机罩、翼子板、侧围、车门及行李舱盖在内的未经过涂装的车身本体。白车身是保证整车强度的封闭结构，设计工作任务是确定车身结构方案,对各个组成部分进行详细设计,使用UG、CATIA等工程软件完成三维数模构建,并进行工艺性分析,完成装配关系图及车身焊点图(图1-19)。

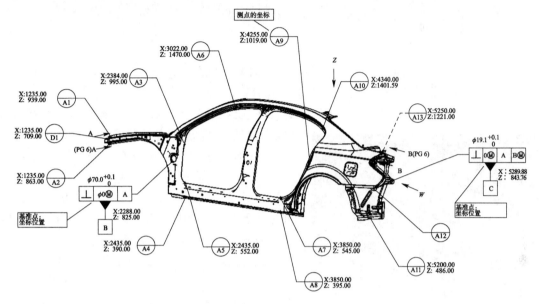

图1-19 某轿车白车身侧围部分设计图

5. 底盘工程设计

底盘工程设计是对传动系统、行驶系统、转向系统和制动系统四大系统进行详细设计,首先确定各个系统和零部件的尺寸、结构、工艺、功能及参数,然后进行结构设计和计算,完成三维数模(图1-20、图1-21)。在对零部件进行样件试验的基础上优化设计方案,最后完成设计图和装配图。

图1-20 底盘三维设计图　　　　　　图1-21 驱动桥三维设计图

传动系统的主要设计内容为离合器、变速器、分动器、驱动桥的设计,各个总成之间及与发动机之间的匹配分析。行驶系统的主要设计内容为悬架设计,在悬架设计过程中需对车辆的行驶平顺性、操纵稳定性等进行分析。转向系统的主要设计内容为转向器及转向传动机构的设计,进行内外转向轮的转角关系分析、梯形运动分析、车轮跳动分析、车轮跳动转向分析、转向系统可靠性分析等。制动系统的设计内容包括制动器及ABS的设计。

6. 内外饰工程设计

汽车外饰件的设计内容主要包括前后保险杠、玻璃、车门防撞装饰条、进气格栅、行李架、天窗、后视镜、密封条、车门机构及附件。内饰件的设计内容主要包括仪表板、转向盘、座椅、安全带、安全气囊、地毯、侧壁内饰件、遮阳板、扶手、车内后视镜等。

7. 电气工程设计

电气工程负责全车的所有电气设计，包括刮水系统、空调系统、各种仪表、整车开关、前后灯光以及车内照明系统。

8. CAE 模拟与分析

有的公司还会在汽车设计的各个阶段，借助计算机辅助工程（CAE—Computer Aided Engineering）分析手段对工程设计进行虚拟验证和分析，从而大大减少汽车研发的成本和周期。主要的分析项目有强度分析、刚度分析、干涉分析、复杂钣金件冲压成型过程分析、复杂塑料件注射成型过程分析、整车模态分析、操纵稳定性分析、振动响应分析、整车被动安全性分析等。

通过对零部件进行强度分析（图1-22、图1-23），可以考核各零部件是否满足强度要求，并进行基于强度约束的结构优化。通过分析零部件的结构刚度（图1-24），可以进行基于刚度约束的结构优化。对白车身的弯曲刚度和扭转刚度进行分析（图1-25），按照行业标准进行车身刚度的评价。干涉分析则可以检查两个零件之间是否存在装配干涉或者运动干涉现象。

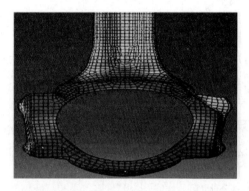

图1-22 发动机连杆标准工况压应力分析

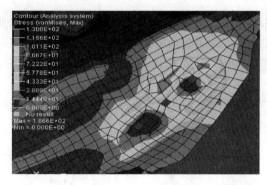

图1-23 车门内板铰链安装处应力分析

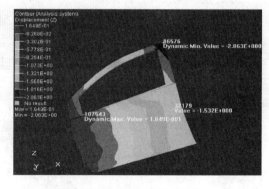

图1-24 车门下沉位移分析

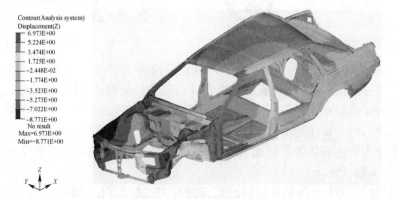

图1-25 车身扭转变形分析

复杂钣金件冲压成型过程分析(图1-26)，是通过在计算机上模拟板料变形的全过程，分析冲压过程中材料的流动、厚度的变化、破坏、起皱、回弹，以及残余应力和应变，从而判断产品设计和冲压工艺方案的合理性，并对修模过程提供直观形象的指导。其应用可以贯穿产品和模具开发的全过程，每次模拟就相当于一次试模过程。在钣金件冲压上应用CAE模拟技术，可以显著地减少试模次数，缩短新产品开发周期，并降低开发成本。

图1-26 钣金冲压褶皱预测仿真分析

复杂塑料件注射成型过程分析，可以进行填充、保压、冷却、翘曲、纤维取向、收缩等方面的分析，预测可能存在的气泡位置和熔接痕位置，确定最佳浇口位置和数目(图1-27)。在模具加工之前，模具设计人员首先在计算机上对整个注射成型过程进行模拟分析，预测可能出现的缺陷，可以提高一次试模的成功率，有效降低生产成本，缩短试制周期。

通过模态分析，可以得到结构在某一易受影响的频率范围内的各阶模态特性，预测结构在此频率范围内的实际振动响应(图1-28)。

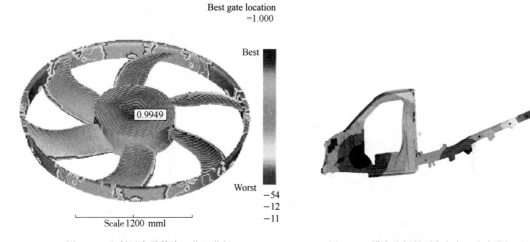

图1-27 塑料风扇最佳浇口位置分析　　　　图1-28 模态分析得到白车身Z向弯曲振型

使用ADAMS等多体动力学软件，可以对设计车辆的稳态回转性能、转向回正性能、转向轻便性、转向盘转向阶跃输入响应、转向盘转向脉冲输入响应、机动性(图1-29)进行模拟分析，以评价车辆的操纵稳定性，优化设计方案。

振动响应分析可以分析在带内饰的整车环境下，转向盘、座椅、地板和车顶以及其他设计所关心的结构的振动情况(图1-30)，判断车辆的行驶平顺性是否满足要求。

车辆被动安全性分析用于模拟汽车的正面碰撞(图1-31)、侧面碰撞、追尾碰撞、动态翻滚(图1-32)等事故情况，对车辆结构的耐撞性及其乘员约束系统的有效性进行分析，并对车辆的被动安全法规符合性给予评价，从而有效提高车辆设计的安全性，同时大幅减少实车试验的庞大支出。

经过以上各个总成系统的设计和仿真分析与优化，工程设计阶段完成，最终确认整车设计方案。此时可以开始编制详细的产品技术说明书以及详细的零部件清单列表、验证法规。

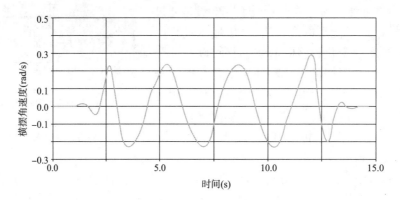

图1-29 蛇形试验车辆横摆角速度时域响应

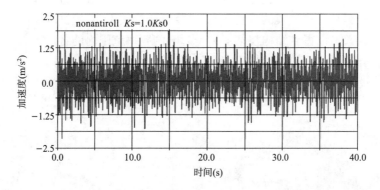

图1-30 座椅垂向加速度时域响应

图1-31 模拟碰撞试验

图1-32 模拟侧翻试验

四、样车试制与试验

工程设计阶段完成以后进入样车试制和试验阶段,试制部门根据工程设计的数据和试验需要制作各种试验样车,进行性能和可靠性两方面的试验。性能试验的目的是验证设计阶段各个总成以及零部件经过装配后能否达到设计要求,及时发现问题,做出设计修改,不断完善设计方案。可靠性试验的目的是验证汽车的强度及耐久性。试验应根据国家有关标准和公司规范逐项进行,不同车型有不同的试验标准。根据试制、试验的结果进行分析总结,对出现的各种问题予以改进设计,再进行第二轮试制和试验,直至产品定型。

汽车的试验形式主要有试验场测试、道路测试、风洞试验、碰撞试验等。各个汽车企业都有自己的试验场(图1-33),也有独立的专业汽车试验场。试验场内建造有各种典型路面(图1-34~图1-49),不同的典型路面模拟不同的路况。

图1-33 国内某汽车企业试验场

图1-34 高速直行路

图1-35 蛇形路

图1-36 比利时石块路

图1-37 涉水路

图1-38 多附着系数路

图1-39 鱼鳞坑路

图1-40 卵石路

图1-41 扭曲路

图1-42 搓板路

图1-43 轨枕路

图1-44 井盖路

图1-45 元宝路

图1-46 灰尘洞

图 1-47　标准坡道　　　　　　　　　　图 1-48　高速环道

图 1-49　稳定性圆场

道路测试是样车试验最重要的环节，通常要在各种不同的区域环境中进行。在我国，北到黑龙江，南到海南岛，西到青藏高原都要进行道路测试，以测定在高原（图 1-50）、高寒（图 1-51）、高温（图 1-52）、城市、乡村、涉水（图 1-53）等不同海拔、不同气候和不同路况条件下车辆的行驶性能及可靠性。

图 1-50　高原测试　　　　　　　　　　图 1-51　高寒测试

图 1-52　高温测试

图 1-53　涉水道路测试

风洞试验(图 1-54)主要是为了测试汽车的空气动力学性能,获取风阻系数,积累空气动力学数据。一般要对汽车正面和侧面的风阻进行测定,正面的试验用于计算正面风阻系数和举升力,侧面试验主要是考察测向风对汽车行驶的影响。

碰撞试验的目的是测试汽车结构的强度,通过各种传感器获得各个部分发生碰撞时的数据,考察碰撞发生时对车内假人造成的伤害情况。通过碰撞试验可以发现汽车安全上的问题,有针对性地对车身结构进行加强设计。碰撞试验主要包括正面碰撞(图 1-55)、侧面碰撞(图 1-56)及追尾碰撞(图 1-57)。

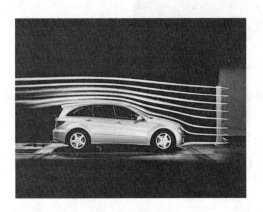

图 1-54　风洞试验

图 1-55　正面碰撞试验

图 1-56　侧面碰撞试验

图 1-57　追尾碰撞试验

试验阶段完成以后,新车型的性能得到确认,产品定型。

五、投产启动

投产启动阶段的主要任务是进行投产前的准备工作,包括制订生产流程链、各种生产设备到位、生产线铺设等,同时进行模具的开发和各种检具的制造。投产启动阶段需要半年左右的时间,在此期间要反复地完善冲压、焊装、涂装及总装生产线,在确保生产流程和样车性能的条件下,开始小批量生产,进一步验证产品的可靠性,确保小批量生产三个月左右产品无重大问题的情况下,正式启动量产。

学习任务二 汽车逆向设计的基本知识

一、逆向工程的概念

汽车正向研发需要大量的资金投入以及技术和人才的积累,虽然我国的汽车制造业得到了长足的发展,但是仍然没有形成很强的研发能力,而逆向工程(RE—Reverse Engineering)技术就是迅速提升我国汽车研发水平的重要手段之一。韩国和日本的经验证明,通过消化、吸收顶级汽车厂商的技术,不断加以改进、创新,就可以形成自己独有的技术和特色。逆向工程技术正是消化、吸收先进技术的重要方法之一,尤其在车身开发方面,逆向工程技术现在得到了越来越广泛的应用。

在工程技术人员的概念中,产品设计过程是一个从无到有的过程,即设计人员首先构思产品的外形、性能和大致的技术参数等,然后通过绘制图样建立产品的三维数字化模型,最终将这个模型转入到制造流程中,完成产品的整个设计制造过程。这样的产品设计过程称为"正向设计"过程。逆向工程产品设计可以认为是一个"从有到无"的过程,即根据已经存在的实物产品,反向推出产品设计数据(包括数字模型和设计图样)的过程。早期的船舶工业中常用的船体放样设计就是典型的逆向工程。随着计算机技术在制造领域的广泛应用,特别是数字化测量技术的迅猛发展,基于测量数据的产品造型技术成为逆向工程技术关注的主要对象。通过数字化测量设备(如三坐标测量机、激光测量设备等)获取物体表面的空间数据,利用三维软件建立产品的数字模型,进而利用 CAM(Computer Aided Manufacturing,计算机辅助制造)系统完成产品的制造。因此,逆向工程技术可以认为是将产品样件转化为三维模型的相关数字化技术和几何建模技术的总称。逆向工程的实施过程是多领域、多学科的协同过程。

作为一种新产品开发及消化、吸收先进技术的重要手段,逆向工程和快速成型(RP——Rapid Prototype)技术改变了传统产品设计开发模式,大大缩短了产品开发的时间周期,提高了产品研发的成功率。

与正向研发流程相比较,基于逆向工程设计的研发过程,设计师仍是依据项目策划阶段所确定的目标大纲,但概念设计已不是必备的程序,一般是按照目标大纲所确定的产品形式,直接选取产品样件进行三维数据测量,并输入 CAD(Computer Aided Design,计算机辅助设计)系统进行编修与重建,最后进行 NC(Numerical Control,数控)或 RP 的加工程序。

二、汽车逆向设计的基本流程

通过逆向工程技术,在消化、吸收先进技术的基础上,建立和掌握自己的产品开发设计技术,进行产品的创新设计,是提高汽车设计能力和制造效率的捷径。

采用逆向设计的量产汽车开发中的核心流程,主要包括项目策划、工程设计、样车试制与试验、投产启动四个阶段。除工程设计阶段外,其他三个阶段与正向研发流程基本相同。

采用逆向开发的汽车,工程设计阶段又可以分为采集样车几何外形的三维数据、对点云数据进行处理、CAD模型重建、产品和模具制造四个步骤(图1-58)。其基本过程是,利用数字化扫描设备扫描实物样车或用三坐标测量仪进行测量,将数据导入计算机,利用逆向工程软件处理获取的点云数据,形成曲线、曲面、实体模型,对实体模型进行适当修正与改进,形成最终的三维模型。相比正向建模,逆向工程建模的速度更快,效率更高,其关键技术是数据采集、数据处理和模型的重建。

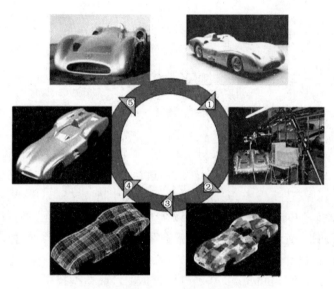

图1-58 汽车逆向设计流程图
1-数据采集;2-得到点云数据;3-数据处理;4-模型重构;5-制造产品

图1-59 数据采集

1. 数据采集

数据采集(图1-59)是逆向工程的第一步,采集方法直接影响到能否准确、快速、完整地获取实物的二维、三维几何数据,影响到重构CAD实体模型的质量,并最终影响产品的质量。

2. 数据处理

通过数据采集测量得到的点云数据如图1-60所示,点云数据在进行CAD模型重建前,必须进行格式转换、噪声滤除、平滑、对齐、归并、测头半径补偿和插值补点等处理。

3. 模型重建

将处理过的测量数据导入 CAD 系统,依据前面创建的曲线、曲面构建出如图 1-61 所示的原型 CAD 模型。

图 1-60 前围点云数据

图 1-61 前围三维造型曲面

单纯全流程逆向工程具有数据量大、调取数据麻烦、曲面定位和连续性控制困难等缺陷,为进一步提高设计效率,往往采用混合式设计流程。其优点是仅需要对修改部分作局部逆向工程快速重建,从而能缩短整个设计制造的周期。图 1-62 所示为某汽车混合设计的流程框图。

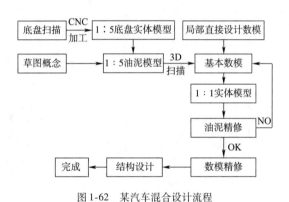

图 1-62 某汽车混合设计流程

学习任务三 汽车制造过程认识

汽车制造过程主要包括冲压、焊装、涂装和总装四大工艺过程。所谓工艺过程,就是从原材料到成品的过程和方法,它包含的内容非常广泛,包括工艺文件、工艺纪律检查、手段、方法、工具、设备、人员、装配顺序、现场条件等,它是人类在劳动中积累起来并经过总结的操作技术经验。工艺工作包括工艺管理、工艺技术、工艺装备和工艺人员培训等内容。

在四大工艺过程中,前三个过程主要是完成车身等钣金件的生产制造,总装过程则是将发动机和底盘等总成件与车身装配在一起而形成一辆完整的汽车,并通过检验、测试和调整使汽车产品满足设计和国家法律法规的要求,最终形成可以投放至市场的商品。除了前述的四大工艺过程外,总装过程所需要的发动机、底盘各系统、空调系统、电子控制系统等总成件还有前期的铸造、锻造、机械加工、热处理、注塑、电子元件制造等工艺过程。

下面主要对冲压、焊装和涂装三大工艺进行简要介绍,总装工艺则在后续各章节详细介绍。

一、冲压

冲压是使用压力机(图1-63)使金属板料在冲模中承受压力而被切离或成形的加工方法。采用冷冲压加工的汽车零件包括大多数车身零件以及发动机油底壳、制动器底板、汽车车架等，这些零件一般都经过落料、冲孔、拉伸、弯曲、翻边、修整等工序而成形。所谓工序，是指一个或一组工人，在一个工作地(设备)上，对同一个或同时对几个工件所连续完成的那一部分工艺过程。为了制造冷冲压零件，必须制备冲模。冲模通常分为两块，其中一块安装在压床上方并可上下滑动，称为上模(图1-64)；另一块安装在压床下方并固定不动，称为下模(图1-65)。生产时，坯料放在两块冲模之间，当上、下模合拢时，冲压工序就完成了。随后，对工件进行表面质量检查(图1-66)和成型质量检查(图1-67)，并对缺陷进行修整。冲压加工的生产率很高，可制造形状复杂而且精度较高的零件。

图1-63 压力机

图1-64 冲压模具(上模)

图1-65 冲压模具(下模)

图1-66 钣金件表面质量检查

图1-67 用于检验冲压件成型质量的检具

二、焊装

焊装是将两片金属局部加热或同时加热、加压而接合在一起的加工方法。车身焊装的常用设备有焊接机器人（图1-68）、压合机器人、悬挂式点焊机（图1-69）、固定点焊机、凸焊机、螺柱焊机、二氧化碳焊机、TIG（Tungsten Inert Gas——钨极惰性气体）焊机、激光焊机、涂胶机、测量机、焊接夹具及检验夹具等。

图1-68 焊接机器人　　　　　　　　　图1-69 悬挂式点焊机

在汽车车身制造中主要使用点焊，焊接包括定位、夹紧和点固三个阶段。首先将夹具上的定位元件与待焊件的定位基准相接触而实现定位（图1-70），再将待焊件夹紧（图1-71）以避免焊接过程中产生运动，然后施焊。点焊适于焊接薄钢板，操作时，两个电极向两块钢板施加压力使之贴合，并同时通电使贴合点（直径为5~6mm的圆形）加热熔化而接合。一般每隔50~100mm布置一个焊点，使两零件形成不连续的多点连接。焊好整个轿车车身（图1-72），通常需要上千个焊点。焊点的强度要求很高，每个焊点可承受5kN的拉力，甚至将钢板撕裂，仍不能将焊点部位分离。焊装完毕并经检验（图1-73）合格的车身，送入涂装车间。

图1-70 车身侧板和底板组装定位　　　　　图1-71 车身总成焊装夹具

图 1-72 车身焊装线

图 1-73 焊装检验完毕的白车身下线

三、涂装

涂装生产线主要由前处理线、电泳线、密封底涂线、中涂线、面涂线、精修线及其烘干系统组成。工件输送系统采用空中悬挂和地面滑橇相结合的机械化输送方式。

不同的汽车制造厂家,涂装的工艺流程会有所区别,常见的涂装流程如图 1-74 所示。

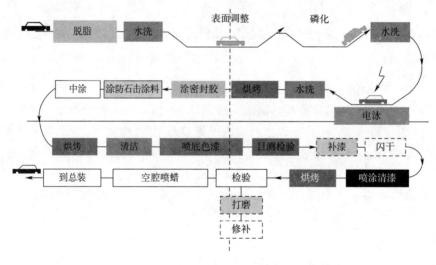

图 1-74 涂装流程示意图

1. 前处理

前处理是为了获得优质的涂膜,在涂装前对被涂零件表面进行的一切准备工作。典型的前处理工艺包括热水洗、预脱脂、脱脂、水洗、表面调整、磷化处理、水洗、纯水洗、纯水淋等几道工序。

第一道工序,用热水喷淋车身(图 1-75);第二道工序,用加热的脱脂液喷淋车身,进行预脱脂;第三道工序,车身通过脱脂槽进行浸渍脱脂,去除油污;第四道工序,对车身进行工业水喷淋水洗,然后通过工业水槽进行浸渍;第五道工序为表面调整,车身通过表面调整槽进行浸渍,使车身金属表面活化形成膜核,以加速磷化,促使磷化过程中形成结晶细小、均匀、致密的磷化盐皮膜;第六道工序为磷化处理,车身通过磷化液槽进行浸渍,表面金属与磷酸盐发生化学反应而生成一层稳定的磷酸盐保护膜;第七道工序,再次对车身进行工业水喷淋水洗,然后通过工业水槽进行浸渍;第八道工序,通过循环去离子水(纯水)槽进行浸渍,去除车身的带电粒子;第九道工序,用新鲜纯水对车身进行喷淋。

2. 电泳涂装

电泳涂装是利用外加电场使悬浮于电泳液中的颜料和树脂等微粒定向迁移并沉积于电极之一的基底表面的涂装方法。电泳涂装过程伴随着电解、电泳、电沉积、电渗等四种化学物理作用的组合过程,最终在车身表面形成涂膜。

电泳涂装工艺一般由电泳、清洗、吹干和烘干等工序组成,首先对车身进行电泳涂装(图1-76),然后依次经过超滤(UF—Ultra-Filter)水喷雾淋洗(出槽口或溢流槽上)→超滤水喷淋→超滤水浸渍→超滤水喷淋→纯水喷淋→纯水浸渍等几道工序后,最后烘干底漆。电泳的目的是在前处理过的车体表面泳涂上一层均匀的规定厚度的电泳涂膜。清洗工序则是洗净车体表面的浮漆,提高涂膜外观质量,回收电泳涂料。吹干工序使车体倾斜,倒掉车身内部的积水,并吹掉车体表面的水珠。烘干工序是使涂膜得以固化。

图1-75　白车身水洗

图1-76　电泳涂装

3. 密封、车底涂装线

在电泳涂装之后、中涂之前,还有焊缝密封和喷涂底板防护涂层的工序,以保证车身的密封,同时起到降低噪声和防锈的目的。现在的密封和车底涂料基本都采用PVC(Polyvinyl chloride——聚氯乙烯)材料,故该线又常被称为PVC涂装线。PVC涂装线一般由涂密封胶、喷涂车底涂料、装贴防振隔声阻尼片和预烘干等工艺组成。

在发动机舱、发动机舱盖、行李舱、车身底板等处的壁板结合部位一般都需填涂密封材料(图1-77),以使车身具有良好的密封性(水密封、机械密封性)、防锈性、耐久性和舒适性。车体下部的挡泥板内部、车轮罩内部、发动机罩内部底板、下纵梁等部位涂装车底涂层主要是为了防止飞石等物击伤车辆的下部涂膜,同时,车底涂层材料还具有防振、隔声和防锈等功能。车内底板铺设防振(阻尼)材料(图1-78)可以吸收车身板的振动能量,隔声(遮声)、吸声材料则可以降低因振动而产生的噪声,从而提高车辆的乘坐舒适性。

4. 中涂

底漆所使用的阴极电泳涂料的主要功能是增强涂膜对钢板的附着力和防锈性能,面漆的主要功能则是提高美观性和耐候性等,而两者之间的附着力较差,同时透过面漆涂膜的紫外线也易使耐候性差的电泳涂膜产生粉化。为此,在底漆涂层与面漆涂层中间涂中间涂料,以此来提高涂层的附着力和涂膜的耐久性。

图1-77 机器人涂密封胶

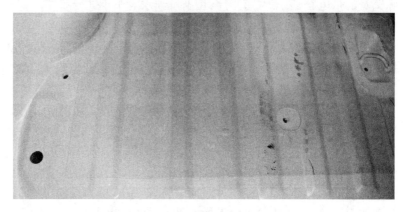
图1-78 铺设有防振阻尼片的车身底板

在中涂阶段,先打磨底漆,再进行除尘,然后喷中涂漆,最后对中涂漆烘干。喷涂工作可以使用机器人完成(图1-79),也有公司采用人工喷涂(图1-80)。

图1-79 机器人喷涂

图1-80 人工喷涂

5. 面涂

面漆涂装是汽车车身涂装的最终工艺,目的是形成车体外板的装饰效果,并对中涂层和电泳底漆起着保护作用。面涂阶段,先打磨中涂层,去除中涂层上的颗粒、纤维等,再除尘,最后喷面漆。

面漆一般分单层面漆、双层面漆(底色+清漆)、三层面漆(素色底色+底色+清漆)等几种。单层面漆以素色漆为主,一般喷两遍,然后流平5~10min,最后烘烤。双层面漆先喷底色(一般两遍),闪干5~10min后喷两道清漆,然后流平5~10min,最后烘烤。三层面漆则先喷两道素色底色,然后在其上喷底色两道,最后喷清漆。

在涂装线上通常还要在面涂后进行空腔注蜡(图1-81),通过全自动热灌蜡工艺和手工常温注蜡等手段在车身空腔结构内金属表面涂敷一层均匀的保护蜡膜,可以有效避免水分对车体内腔造成腐蚀,延长车身的使用寿命。

图 1-81 空腔注蜡工序

训练与思考题

1. 参观汽车制造企业,了解汽车的制造流程和各工艺阶段的主要工作内容。
2. 汽车的正向研发过程包括哪些工作内容?
3. 在汽车概念设计阶段有哪些工作内容?
4. 汽车总布置草图和总布置设计的主要内容各有哪些?有什么区别?
5. 汽车工程设计阶段有哪些主要设计内容?
6. 请比较汽车正向设计和逆向设计的异同点。
7. 简述汽车制造的四大工艺。

项目二　装配工艺基础

学习任务一　装配工艺认识

一、装配的定义

一台机械或电器产品往往是由成千上万个零件组成的,装配就是使用合适的技术手段将加工完成的合格零件按照一定的顺序和技术要求进行配合和连接,经过调试、检验、试验,使之成为半成品或成品,并且可靠地实现产品设计功能的过程。

由若干零件配合、连接在一起,成为机械产品的某一组成部分即部件,这一装配过程称为部装。把零件和部件进一步装配成最终产品的过程称为总装。

部件进入装配是有层次的,通常把直接进入产品总装配的部件称为组件;直接进入组件装配的部件称为第一级分组件;直接进入第一级分组件装配的部件称为第二级分组件;依此类推。机械产品结构越复杂,分组件的级数就越多。

1. 装配的连接形式

装配要把各种零部件、组件或总成组合起来,其主要的方法是连接。装配中的连接主要分为活动连接和固定连接两大类。

1)活动连接

活动连接是指两件或两件以上的零件自身或借助其他零件连接后,零件之间能相对运动。活动连接包括可拆式活动连接和不可拆式活动连接两种形式。

可拆式活动连接是指该活动连接可以拆卸后再次连接,而其中任何一个零件都不会发生损坏,如铰接、滑动轴承。

不可拆式活动连接是指该活动连接不允许拆开,或者拆开后必定损坏其中一件或几件零件,需经修复或更换零件后才能重新连接,如向心球轴承、液力变矩器总成。

2)固定连接

固定连接是指两件或两件以上的零件自身或借助其他零件连接后,相互之间不能活动。固定连接包括可拆式固定连接和不可拆式固定连接两种形式。

可拆式固定连接是指该固定连接可以拆开且可以重新连接,而不会损坏其中的任何零件。这种连接在机电产品中最为常见,如螺纹紧固件连接、键连接等。

不可拆式固定连接是指该固定连接不能拆开,一旦拆开必定损坏其中一个或多个零件,需经修复或更换零件后才能重新连接,如焊接、铆接、热压(过盈配合)等。这种连接方式在机电产品中也经常采用。

2. 装配的地位和作用

装配是机电产品生产中必不可少的最后一道工序,没有装配就没有完整的产品,它具有重要的地位和作用。

1)装配将最终检验零部件的制造质量

零件在加工过程中,尽管采取了各种手段来保证质量,但由于种种原因,不可避免地仍会产生少数不良品甚至不合格件,这些零件在装配过程中往往会被发现而加以剔除。因此,装配可以最终检验零部件的制造质量。在装配过程中,可以发现各种零件的不同质量问题,通过有意识地搜集、整理,并进行分析和信息反馈,将有利于零件制造质量的不断提高。

2)装配可以发现生产薄弱环节

产品的生产过程是一个复杂的过程,只有工厂的各部门、各单位统一协调,组织机构运转正常,形成一个有机的整体,才能保证生产有序地进行。装配作为产品生产的最后一道工序,对零部件的供应状态比较敏感,一旦零部件供应链出现问题,将会影响生产进度,调度部门就会及时查找原因,发现问题并给予处理。所以,装配又是生产计划调度部门发现生产薄弱环节的信息源。

3)装配影响产品最终质量

使用合格的零件,不一定装配出合格的产品。产品是否合格还要看最后一道工序——装配情况,如果装配工作马虎从事,再好的零件也不会装配出合格的产品。所以,装配工作质量的好坏将最终影响产品质量。只有严格按照作业指导书进行操作,才能保证装配质量。

综上所述,装配工作在机电产品生产企业中,具有非常重要的地位和作用,装配工作历来都受到生产厂家的高度重视。

二、装配生产的组织形式

装配的组织形式主要取决于生产规模、装配过程的劳动量和产品的结构特点等因素。

目前,在汽车制造中,装配的组织形式主要有两种,即固定式装配和移动式装配。具体分类如图 2-1 所示。

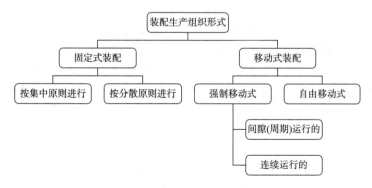

图 2-1 装配生产组织形式

1. 固定式装配

固定式装配是指全部工序都集中在一个工作地点(装配位置)进行。这时装配所需的零件和部件全部运送到该装配位置。

固定式装配又可分为按集中原则进行和分散原则进行两种方式。

1) 按集中原则进行的固定式装配

按集中原则进行的固定式装配是单件小批量生产大型机电产品常用的生产方式,其特点是全部装配工作都由一组工人在固定的装配地完成(图2-2),所有的零部件根据装配需要不断从附近的储存地或生产车间运来。这种装配方式连接种类多,对工人的技术要求高而全面,零件基本单件或少量生产,在装配过程中可能会出现修配的现象,装配周期也较长,劳动生产率较低,生产的组织管理相对较简单。如重型机械或大型船用柴油机的装配。

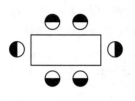

图2-2 按集中原则进行的固定式装配示意图

2) 按分散原则进行的固定式装配

按分散原则进行的固定式装配是把装配过程分为部件装配和总装配,各个部件分别由几组工人同时进行装配,而总装配则由另一组工人完成(图2-3)。由于工作相对分散,允许有较多的工人同时进行装配,使用的专用工具较多,装配工人能得到合理分工,实现专业化,技术水平和熟练程度容易提高。这种组织形式可显著缩短装配周期,提高劳动生产率。在单件小批量生产方式下,如条件允许,应尽可能采用按分散原则进行的固定式装配。

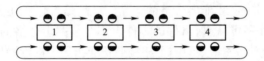

图2-3 按分散原则进行的固定式装配示意图

这种装配方式适用于以下情况:①多品种小批量轮换生产,如机床装配;②装配大而重且难以移动的产品;③制品刚度差,移动时易引起变形的产品。

按分散原则进行的固定式装配具有如下特点:①工人专业化程度有所提高,装配技术提升较快;②工艺文件编制比较复杂,各组工人之间的工作量要安排合理并尽可能均衡,以减少互相等候怠工;③装配工具的专用性提高;④工人行走路程较多,每个(组)工人要配备工具小车或便携式工具盒以适应移动作业;⑤劳动生产率较按集中原则进行的固定式装配稍高。

当生产批量大时,这种方式的装配过程可分成更细的装配工序,每个工序只需一组工人或一位工人来完成。每位工人只完成一位工序的相同工作内容,然后从一个装配台转移到另一个装配台。这种产品(或部件)固定在一个装配位置而工人流动的装配形式称为固定式流水装配,或称固定装配台的装配流水线。

固定装配台的装配流水线,是固定式装配的高级形式。由于装配过程的各个工序都采用了必要的工夹具,工人又实现了专业化工作,因此,产品的装配时间和工人的劳动量都有所减少,生产率得以显著提高。

这种装配方式在中、大功率柴油机的成批生产中已被广泛采用。

2. 移动式装配

移动式装配是指所装配的产品(或部件)不断地从一个工作地点移到另一个工作地点,在每一个工作地点由一位或一组工人重复地进行着某一固定的工序(图2-4),在每一个工作地点都配备有专用的设备和工夹具;根据装配顺序,不断地将所需要的零件及部件运送到相应的工作地点。这种装配方式也称为装配流水线。

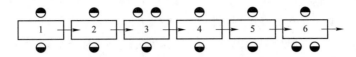

图 2-4 移动式装配示意图

根据产品移动方式不同,移动式装配又可分为自由移动式装配和强制移动式装配两种形式。采用自由移动式装配形式的输送线称为非同步装配线,采用强制移动式装配形式的输送线称为同步装配线。

1)自由移动式装配

自由移动式装配一般是将在制品置于专门设计的带轮支架上,靠推动小车移动,小车可以有轨道,也可不设轨道。在制品每移动到一个位置,随即完成某一工序的装配工作。还有一种装配形式是将每个在制品置于各装配点的固定支架上,利用传送带和起重机将在制品移位。在小批量生产汽车时,汽车的总装配常采用以下办法:前几个装配位置以固定支架来安置在制品,利用天车吊运移位,后几个位置靠推动装好车轮的汽车底盘来移位。

自由移动式装配的特点是:①生产节拍较长且不十分严格,各装配点之间相互制约较少,不一定同步移动,具有一定的自由度;②每个装配位置的装配工人是固定的,且各自完成固定的装配任务。因而需对每个工人详细制定作业内容和作业方法,并力求相互之间工作量和工作时间一致;③各装配点附近根据不同的装配内容摆放不同的零部件;④与固定式流水装配相比较,在工艺文件的编制、装配作业的机具、技术水平、专业化程度方面的要求都有所提高,生产现场的组织、管理更加严密,要求更高。

2)强制移动式装配

在产品大批量生产时,装配方式一般采用强制移动式装配,也称为"自动流水线装配"。装配过程中产品由传送带或小车强制移动,产品的装配直接在传送带或小车上进行,是装配流水线的一种主要形式。强制移动式装配在生产中又有两种不同的形式:一种是连续运动的移动式装配,装配工作在产品移动过程中进行;另一种是周期运动的移动式装配,传送带按装配节拍的时间间隔定时地移动。

自动流水线装配的特点是:①生产效率高;②生产节奏性强,工人作业分工细,专业化程度高;③生产组织和管理更加复杂严密,更具科学化、现代化。

三、汽车装配工艺的概念

汽车是一种高度复杂的机电产品,按构造可分为发动机、底盘、车身(含驾驶室和车厢)和电气设备四大部分。而底盘又由传动系统、行驶系统、转向系统、制动系统、操纵系统等组成。按组成汽车的大总成分,有发动机、离合器、变速器、前桥、后桥、车架、车轮、悬架弹簧和驾驶室、车厢等。在一个大型的综合性汽车制造厂,这些总成往往在相对独立的各专业厂中生产,再运到总装配厂或总装配车间进行总装。据统计,一辆中型货车总装配的零部件、总成大约有500多种、2000多件,而轿车的零部件和总成的数量更多,汽车总装的工作量占全部制造工作量的20%~25%,所以汽车总装配是一项相当复杂的工作。

从取得原材料到制成成品所经过的一切劳动阶段,称为该产品的生产过程。根据原材料和产品种类的不同,产品的生产过程可以很庞大复杂,也可以比较简单。生产过程又由加工过程、检验过程、运输过程(即物流)、自然时效过程及等待停歇过程等组成。

汽车总装配是使工作对象在数量、外观、性能等方面发生变化的生产过程。数量的变化表现为在装配过程中，零部件、总成的数量在不断增加并相互有序地结合起来。外观的变化表现为零部件、总成之间有序结合后具有一定的相互位置关系，外形在不断地变化。性能的变化表现为通过总装，将具有单一功能或局部功能的零件和总成件按照要求组合起来，最后成为一辆具有复杂功能的汽车。归纳之，汽车总装配工艺是操作者使用设备和工具对各零部件和总成进行操作，使之具有一定的相互位置关系并最终形成具有完整功能的整车的条件、手段、方法和过程。它包含的内容非常广泛，包括工艺文件、工具、设备、人员、装配顺序、现场等。

由于汽车构造的复杂性，汽车总装配除了具备一般装配所共有的特点外，还有以下所独有的特点：

(1) 连接方式多样。汽车总装配中的连接，一般情况下除了焊接方式外其他连接方式几乎都有。但最多的连接是可拆式固定连接和可拆式活动连接，即螺纹连接和键连接、销连接等。

(2) 产品结构复杂，零部件种类繁多，装配关系和装配位置多样化。

(3) 生产批量大。一般来说，一个汽车制造厂的汽车年产量应在几万辆以上，而通常认为建设一个轿车厂的经济规模为年产15万辆以上。所以汽车制造厂是技术密集型、资金密集型的大批量生产的企业。

(4) 采用流水生产。为适应流水生产的需要，各操作工人的单台作业时间要基本均衡，作业位置要根据作业内容和顺序合理安排。各操作工人必须在一定的节拍时间内，完成规定的作业内容。各装配点所需的零部件和总成必须根据生产需要，源源不断地运达。

四、汽车总装配工艺文件

工艺文件是指导工人操作和用于生产管理、质量控制、工艺管理等的各种技术文件。每个公司都建立有自己的工艺文件体系，如总装生产现场用工艺文件，有的公司采用"工位标准作业指导书"—"标准作业指导书"体系，有的公司采用"标准操作指导书"—"操作员指导书"体系，还有的公司采用"标准化作业指导书"—"总装工艺卡"—"标准化作业要领书"体系。虽然文件名称不尽相同，但是内容大同小异，其中一份文件是说明每个生产工位的作业内容和作业顺序，由于一个工位的工作内容可能包含多个工序，所以使用另一份文件详细说明每个工序的操作步骤。除了上述两份文件外，常用的总装配工艺文件还有检验指导书、关键工序明细表、质量控制点明细表、工时定额明细表、设备明细表、工量具清单、工位器具(包括工艺装备和吊具)清单、辅助材料消耗定额明细表、生产车间平面布置图、整车质量标准等。

1. 工位标准作业指导书

工位标准作业指导书是用于指导每个生产工位的工人进行装配作业的工艺文件，主要列出该工位的作业内容和基本要求，说明作业的顺序。

工位号按照生产线两侧分别以左、右进行编号，主要内容包括本工位所有作业的工序号、工序名称、操作工时、操作人数等。作业人员阅读工位作业指导书，就可以了解该工位有哪几项作业内容，按照怎样的顺序进行作业，所有的工作应该控制在多长时间内完成等内容。表2-1为某公司工位作业指导书示例。

项目二 装配工艺基础

工位作业指导书示例

表 2-1

××汽车有限公司		工位作业指导书		产品型号		工位号	DC22L		
				产品名称		工位名称			
				文件编号				共 页	第 页
序号	工序号	工序名称	工时(min)	操作人数(人)	页数	备注	工序图		
1	MDWP1A0521	在仪表板横梁上粘贴前风窗玻璃垫	0.26	1					
2	MDWP1A0C21	在前风窗左侧贴垫块	0.14	1					
3	MDWP1A0C41	在前风窗上侧贴垫块	0.03	1					
4	MDW83JGH51	关闭机罩	0.03	1					
5	MDW83HVB21	撕下左三角窗装饰条的保护膜	0.06	1					
6	MDWP1D1261	安装左后三角窗玻璃	0.13	1					
7	MDWP1AI281	检查左后三角风窗玻璃溢胶的情况(左)	0.10	1					
8	MDWP1A0241	手动安装前风窗玻璃	0.85	1	两边同步协调				
9	MDWP1AGH31	安装左侧风窗玻璃防滑限位块	0.10	1					
10	MDWP1AH281	检查前风窗玻璃溢胶的情况(左)	0.13	1					
标记	处数	更改文件号	签字	日期	标记	处数	更改文件号	签字	日期
编制(日期)		校对(日期)		审核(日期)		标准化(日期)		会签(日期)	批准(日期)

2. 标准作业指导书

标准作业指导书是用于详细说明某一工序的作业方法和质量要求、具体指导工人操作的工艺文件。

作业指导书相对于工位作业指导书来说，更加具体和细化，将每一个工序分解为多个作业步骤，并规定按照标准的操作顺序进行装配作业。其主要内容包括工序号、工序名称、所装零部件和总成名称、操作步骤、所用设备和工艺装备、操作注意事项、质量要求、检测方法等。一般配有图片，以使作业方法更加直观明了。

作业指导书中的工序号和工序名称与工位作业指导书中的工序号和工序名称相对应，作业人员通过查找与工位作业指导书中的工序号相对应的作业指导书，就可以了解该工序应该装配哪个零部件、使用何种设备和工艺装备、详细操作步骤和操作方法、质量控制方法等内容。通过标准作业指导书的引导，不同的作业人员在某一特定工序的作业过程中，作业方法都是统一的，从而避免了因为随意操作而导致的装配质量不确定性等问题。

表2-2为某公司的标准作业指导书示例。

3. 检验指导书

检验指导书是说明质量检验的检查内容、检查方法、检查手段、质量要求和质量指标、所用检具和量具，供质量检验部门或管理部门进行质量控制、考核、管理的工艺文件。由于检验指导书是用于指导检验作业的工艺文件，所以有的公司将检验指导书也称为作业指导书。

检验指导书也没有统一的格式，一般都采用文字加图示的方式表述，也有的公司采用纯文字表述。表2-3为某客车外观检验的作业指导书（部分）示例。

4. 关键工序明细表

根据对汽车产品质量形成影响程度的不同，可以将工序分为一般工序、重要工序和关键工序三类。一般工序是对产品形成质量起一般作用的工序。重要工序是形成产品质量重要特性值和对形成重要特性值起决定作用的工序；对生产能力有直接影响的工序，即出现问题直接影响整车或大总成质量的工序；内外质量信息反馈中，重大质量缺陷发生频次高的工序。关键工序是形成产品质量关键特性值和对形成关键特性值起决定作用的工序。

由于关键工序对汽车产品形成质量具有决定性的影响，生产过程中，在对一般工序进行质量控制的同时，应采取有效的控制措施，对关键工序和重要工序中的主要因素进行重点控制，以保证工序经常处于受控状态。

在对工序重要程度分级之后，编制关键工序明细表，作为对不同重要程度的工序进行分类质量控制的依据。每一个关键工序在作业指导书中都以控制点标记的形式予以标识，以引起作业人员的注意。关键工序明细表的主要内容包括序号、零件号及零件名称、工序号及工序名称、关键参数及质量要求、控制点标记、检测方式、计量工具、检测频次、工序控制手段等。表2-4为关键工序明细表示例。

5. 质量控制点明细表

质量控制点是为了保证关键工序处于受控状态，在一定时期和条件下，在产品制造过程中必须重点控制的质量特性、关键部位或薄弱环节。设置质量控制点是对关键工序和重要工序中的主要工序因素进行重点控制，使产品质量和生产能力得以提高。

表2-2 标准作业指导书示例

××汽车公司	标准作业指导书		产品型号		T23R1	重要项目
			产品名称		安装风窗刮水器连杆	
			工序号			
			工序名称			
序号	操作顺序及作业方法	零件数量	注意事项	工艺装备	工时(min)	
1	取前刮水器连杆(CC5205115N)将固定端伸入前围空气盒穿过两岸孔	1	使刮水器连杆臂同时旋转	手枪式电池螺丝刀9N·m	0.5	设备名称
2	用螺母(Q32206)固定拧紧,做好红色标记,力矩:(8.9±2N·m)	6	完成扭力要求后用标记笔做好"红色标记"	带球接杆 L=50mm	1.35	零件功能 传动刮水器
3	把连杆球头节推入电动机球头			套筒 S=10	0.15	
4	关上罩盖			接杆6.3mm	0.10	
				工时合计	2.10	
				力矩范围(8.9±2N·m) 工具设定值 9N·m		
更改栏	序号	更改文件号	更改文件名	更改处数	签字	日期
	1					
	2					
		编制	校对	审核	批准	文件编号
						页码 共1页 第1页

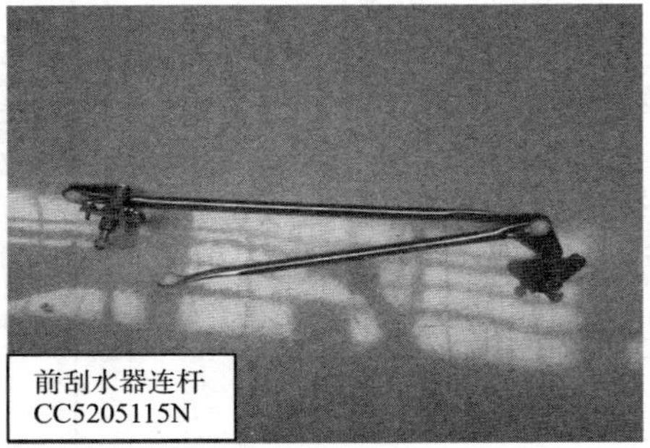

前刮水器连杆 CC5205115N

螺母 Q32206

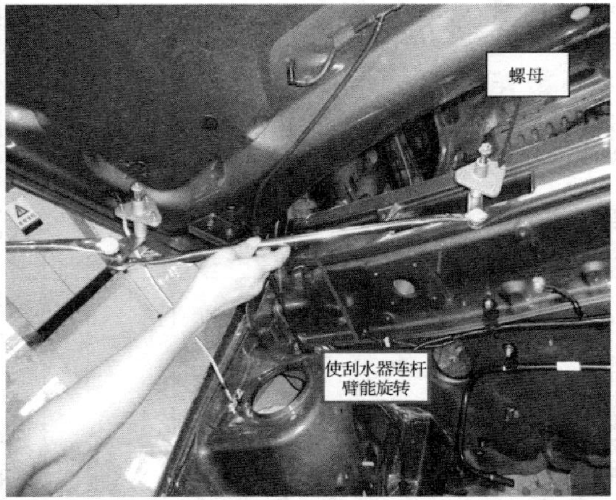

螺母

使刮水器连杆臂能旋转

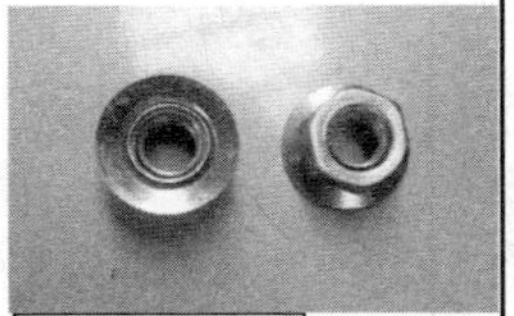

外观检验指导书（部分）　　　　　　　　　　　　　　　　表2-3

××汽车公司		检验指导书		产品名称	客车系列	分组号	01	
				产品型号		分组名称	外观检查	共2页 第1页
序号		检验内容	主要质量要求	检验器具	检验方案		检验方法或图示说明	
					抽检	全检		
01 外观检查	1 车外前区	车身前部、前风窗、前组合灯、前保险杠、前乘客门、整体车身、一级踏步高装配质量	①外表不允许有掉漆、开裂、划伤等现象，装配部位面差不超过2mm，车门开、关可靠，防夹性能满足要求 ②车体周正，整体车身无明显歪斜，左右侧高度差不大于20mm；前乘客门一级踏步高符合国家标准GB13094—2007	3m卷尺、钢直尺		√	目测、体感	
	2 车外中后区	侧窗、中乘客门、空调顶盖、两侧流水槽、行李舱、侧舱门、车身后部、后风窗、发动机舱、后组合灯、后保险杠等装配质量	①检查各部位的外表、填缝胶平整，侧窗锁扣开关可靠，面差不超过2mm ②车门开关可靠，防夹性能好 ③各侧舱门开启角度符合技术要求且开关可靠 ④后舱门开启角度符合技术要求且开关可靠，后组合灯无进水、破裂现象	钢直尺		√	目测、体感	
				编制			日期	
				校对			日期	
				审核			日期	
标记	处数	更改文件号	签名	日期			批准	日期

关键工序明细表（示例）　　　　　　　　　　　　　　　　表2-4

序号	关键工序名称	所属制造部	法规、关键参数及品质要求	建立控制点标记	备注
1	气密性检查	底盘	(1)管路中的接头不允许有渗漏气现象发生 (2)管路中各部件与排气管的距离不应小于75mm，距离在75～200mm时，应设置固定牢固的隔热防护板	▼	
2	座椅装配	总装	(1)同向座椅间距必须符合相应等级评定要求，最小不允许小于650mm；相向座椅间距不允许小于1200mm (2)当同向座椅间距大于1000mm或相向座椅间距大于1800mm，且坐垫前面沿座椅纵向不大于600mm的范围内没有防护栏或能起到防护作用的物体时，应装置安全带	▼	
			……		

编制：　　　　　　　　　　审核：　　　　　　　　　　批准：

质量控制点明细表的主要内容包括控制点编号、零件的名称及编号、工序号、质量项目及技术要求、检测的方式及频次、管理手段等，见表2-5。

项目二 装配工艺基础

质量控制点明细表(示例)   表2-5

序号	零件号及名称	工序号	质量项目及要求	检测方式	检测设备	检测频次	质量特性分类 A	B	C	管理手段
1	转向盘装配	680	螺母拧紧力矩69~86N·m		扭力扳手		▲			
2	转向机装配	430	螺母拧紧力矩59~86N·m		扭力扳手		▲			
3	发动机加油量	10	加油量(略),牌号(略)					▲		
			……							
制表		校对		审核		会签			批准	

6. 工时定额明细表

工时定额是完成各装配工序所需的作业时间,它们的累计数就是总装配的工时定额。工时定额决定于企业的生产组织方式和工序能力,与所选用的设备、工艺装备、装配机具的水平即工艺水平有关,也与工人的熟练程度和个人素质、工艺流程的设定和车间平面布置有关。工时定额明细表的内容包括工序号、工序名称、工时定额三部分。

工时定额明细表是人力资源部门对人员配备和人员工资进行定额管理的依据。

7. 设备明细表

设备明细表在工厂设计阶段是配备变配电间和电缆电线设计的依据,在工厂建设期间是设备部门进行设备采购、组织设计制造的依据,在工厂建成后是进行设备管理、维修的台账,也是工厂进行资产和财务管理的依据之一。设备明细表包括序号、设备名称、规格型号及数量、制造厂、电力安装容量、价格及价格依据等内容,见表2-6。

设备明细表(示例)   表2-6

××汽车有限公司冲焊生产线、车身涂装生产线总装车间   共×页 第×页

序号	平面图编号	设备名称	型号	主要技术规格	设备台数 原有	新增	合计	电力安装容量(kW) 每台	合计	每台质量(t)	价格 人民币(万元) 每台	合计	美元(万元)	备注
		一、生产设备												
1	4-1007	内饰装配线	非标	$L=416m$		1	1	140	140		624	624		3m滑板
2	4-1027	底盘装配线	非标	$L=420m$		1	1	70	70		294	294		CPC+摩擦驱动
3	4-1035	最终装配线	非标	$L=360m$		1	1	140	140		540	540		3m滑板
4	4-1046	整车完整性检查线	非标	$L=120m$		1	1	15	15		144	144		双板链
5	4-1021	发动机变速器合装线	非标	$L=20m$		1	1	20	20		30	30		积放式摩擦辊道输送
6	4-1023	动力总成分装线	非标	$L=56m$		1	1	20	20		45	45		链牵引式小车
7	4-1022	副车架分装线	非标	$L=20m$		1	1	20	20		30	30		积放式摩擦辊道输送
8	4-1026	后悬分装线	非标	$L=20m$		1	1	20	20		30	30		积放式摩擦辊道输送
9	4-1004	VIN码标牌打印机				1	1	1	1		6	6		
10	4-1010、11	玻璃涂胶系统	非标			2	2	40	80		120	240		
11	4-1002、03	拆门机械手				2	2	2	4		12	24		
12	4-1012	车门分装及输送线	非标	$L=800m$		1	1	60	60		390	390		CPC+摩擦驱动
		……												

主任工程师: 审核: 校对: 设计:

8. 工具清单、工位器具清单等

总装配车间内工具、工位器具、各种吊具、夹具、简易工装数量较多,可以编制工具清单和工位器具清单等,作为工具管理部门采购、设计制造、分发、日常维修管理的依据。工具清单内除包括各种风动工具、扳手、锤子外,也包含简易的检测器具,如定力矩扳手、卡尺、量规、卷尺等。

两种清单一般按照序号、名称、规格或编号、数量等进行编制。

9. 辅助材料消耗定额

辅助材料是指除汽车零部件和总成外,装车所需要的其他各种材料,如燃油、润滑油、润滑脂、冷却液、制动液、密封胶、棉纱、擦布等。按每辆汽车所需的用量进行列表,内容包括名称、规格或型号、数量。

辅助材料消耗定额是材料供应部门进行采购和核算、考核生产成本的依据。

10. 总装配车间工艺平面布置图

总装配车间工艺平面布置图能直观地展示车间内设备布置情况、总装配线工作地的布置情况、各分装地及零部件总成储存地的区域位置及内部布置状况、车间内其他相关部门的位置、车间内水电和压缩空气等动力的使用点,以及车间的长度、宽度和高度等内容(图2-5)。

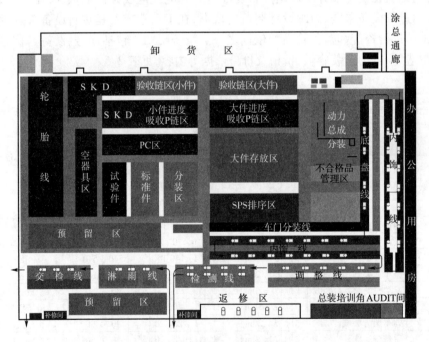

图2-5 总装车间工艺平面布置图

总装配车间工艺平面布置图在生产线的设计阶段为其他专业设计提供原始资料和依据,在生产准备阶段是车间进行各种工位器具、工艺装备、分装地、零部件总成存放地布置的依据。

11. 整车质量标准

整车质量标准是由汽车制造企业根据车型设计目标值、企业的工艺能力、该车型的功能和国家对机动车的强制性规定所确定的该型车应该达到的质量技术指标,是制订装配质量控制和质量检验标准的基础性文件和唯一来源。

不同品牌和不同等级的汽车,其装配工艺和质量检查标准各不相同,但基本的控制项目是一致的。整车质量标准一般包括间隙、面差、噪声、密封、排放、灯光、转毂以及功能件的检验等几个方面。

外观质量标准一般是以设计的目标值为依据,对于内饰件通常还要考虑到材料的收缩率、加工参数对零件成形的影响、与环境件的配合以及制造成本等因素制定合理的公差。

所有的外观质量标准均以文字或图示的形式给出,在标准中明确规定各零件之间的相对位置关系,一般以间隙和面差(表面高度差)来表示(图2-6),并规定部件在工作状态下的噪声,如座椅电动机噪声等。

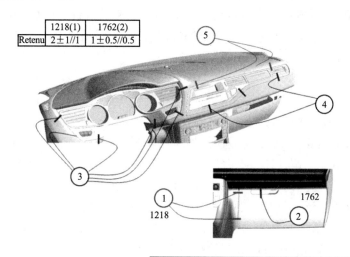

① 副驾驶侧杂物盒/中央操控台底座

间隙	>	3	⇨ C	间隙不均	> 1	⇨ C
间隙	>	4	⇨ B	间隙不均	> 2	⇨ B

② 副驾驶侧杂物盒把手/副驾驶侧杂物盒门

间隙	>	1.5	⇨ C	间隙不均	> 1.5	⇨ C
间隙	>	2	⇨ B	间隙不均	> 2.5	⇨ B

③ 组合仪表与仪表板之间间隙

间隙	>	0.5	⇨ C	⇨
间隙	>	1	⇨ B	

④ 造型装饰件/仪表板
　无线夹显现,保证其固定

				⇨
面差	>	1.5	⇨ B	

⑤ 副驾驶侧的仪表板面板/仪表板
　直到有2个仪表板泡沫波纹变形
　如果有超过2个仪表板泡沫波纹变形

		⇨		⇨
面差	>	1.5	⇨ B	⇨
面差	>	1	⇨ B	

图2-6　仪表板与环境件配合间隙和面差标准示例

学习任务二　常用装配技术手段的认识与实践

在汽车装配过程中,各零部件的安装与连接主要采用螺纹紧固件进行连接紧固。除此之外,通常还采用铆接、黏结、镶嵌、扎带和直接安放等方法将零部件连接在一起。对于过盈配合的两零件,常用压入法或温差法进行装配。另外,在有些配合件的装配过程中还会应用单配技术。装配过程中还会加注各种油液。

一、螺纹连接

螺钉、螺栓连接是一种广泛使用的可拆卸的固定连接,是机械装配的基本方法,具有结构简单、连接可靠、装拆方便等优点。在汽车装配中,大部分零件都采用螺纹连接,据统计约占汽车装配作业工作量的31%,个别部位的螺纹连接采用手动扳手,较普遍的是采用风动扳手或电动扳手、电动螺丝刀以及自动螺纹拧紧机等。

1. 螺纹连接的类型

螺纹连接有螺栓连接、双头螺柱连接、螺钉连接和紧定螺钉连接四种基本类型。

螺栓连接是将螺栓杆穿过被连接件的孔,拧上螺母,将几个被连接件连成一体。被连接件的孔不需切割螺纹,因而不受被连接件材料的限制。通常用于被连接件不太厚,且有足够装配空间的情况。螺栓连接有普通螺栓连接和铰制孔用螺栓连接之分。图2-7是普通螺栓连接,被连接件上的孔和螺栓杆之间有间隙,故孔的加工精度可以较低。其结构简单,装拆方便,应用广泛。汽车上的绝大部分螺栓连接都是普通螺栓连接。图2-8是铰制孔用螺栓连接,孔和螺栓杆之间常采用基孔制过渡配合,因而孔的加工精度要求较高,一般用于需螺栓承受横向载荷或需靠螺栓杆精确固定被连接件相对位置的场合。有些汽车发动机的连杆盖与连杆大头之间就采用铰制孔用螺栓连接,以实现定位和紧固的双重作用。

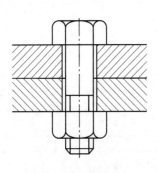

图2-7　普通螺栓连接

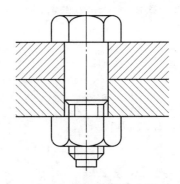

图2-8　铰制孔用螺栓连接

双头螺柱连接(图2-9)用于被连接中的一个零件太厚,且需经常装拆或结构上受到限制不能采用螺栓连接的场合。有些汽车发动机的汽缸盖与汽缸体之间、进排气管与汽缸盖之间、车轮轮毂与轮辋轮盘之间就是采用双头螺柱连接。

螺钉连接(图2-10)是不用螺母,直接将螺栓(或螺钉)旋入被连接件之一的螺纹孔内而实现连接,也是用于被连接件其中之一较厚的场合,但由于常常装拆容易使螺纹孔损坏,所以不宜用于需经常装拆的场合。许多轿车发动机的汽缸盖与汽缸体之间、变速器盖与壳体之间都是采用螺钉连接。

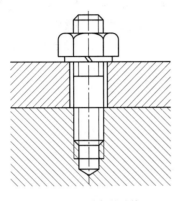

图 2-9　双头螺柱连接

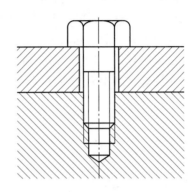

图 2-10　螺钉连接

紧定螺钉连接(图2-11)是利用紧定螺钉旋入并穿过一零件,以其末端压紧或嵌入另一零件,用以固定两零件之间的相对位置,并可传递一定的力或转矩。紧定螺钉连接多用于轴上零件与轴之间的固定连接,有锥端螺钉连接(图2-11a)、平端螺钉连接(图2-11b)、圆柱端螺钉连接(图2-11c)三种类型。

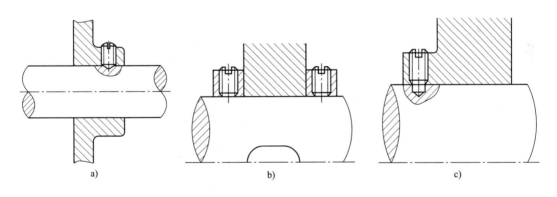

图 2-11　紧定螺钉连接

2. 螺纹连接的预紧与防松

对螺纹连接件施加一定的预紧力,可以提高螺纹连接的可靠性、防松能力和螺栓的疲劳强度,增强连接的紧密性和刚性,防止受载后被连接件间出现缝隙或相对滑移。但是,过高的预紧力也会导致连接的失效。螺纹连接预紧力的控制方法将在后续进行介绍。

螺纹连接一般具有自锁性,此外,螺母及螺栓头部的支承面与被连接零件结合面之间的摩擦力也有防松作用,故拧紧后一般不会松脱。但在冲击、振动或交变载荷作用下,以及在高温或温度变化较大时,螺纹之间的摩擦力会瞬时减小或消失,连接就可能松动。为此,螺纹连接件往往还需设置防松动结构,以防螺栓、螺母等在工作中松脱,造成事故,从而造成车辆损坏甚至人身伤害。

　　螺纹连接防松结构按工作原理可分为摩擦防松、机械防松和破坏螺纹副关系(如铆冲、黏结、焊接)防松三种类型。摩擦防松是使螺纹接触面间保持一定的压力,始终有阻止螺旋副转动的摩擦阻力矩,包括弹簧垫圈防松(图2-12)、自锁螺母防松(图2-13)和对顶螺母(双螺母)防松(图2-14)三种方法。机械防松是使用机械装置把螺母和螺栓连成一体,消除了它们之间相对转动的可能性,包括开口销(图2-15)、止动垫圈(图2-16)和串联钢丝防松(图2-17)三种方法。破坏螺纹副关系防松是通过铆冲(图2-18)、黏结、焊接(图2-19)等方式使螺纹损坏,从而使螺纹副不能发生相互转动。

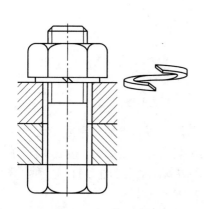

图2-12　弹簧垫圈防松

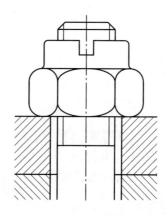

图2-13　自锁螺母防松

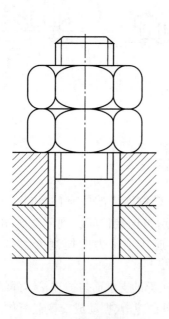

图2-14　对顶螺母防松

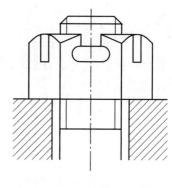

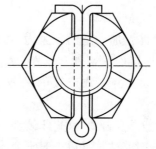

图2-15　开口销防松

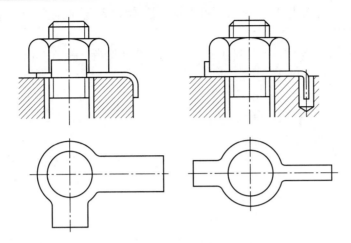

图2-16　止动垫圈防松

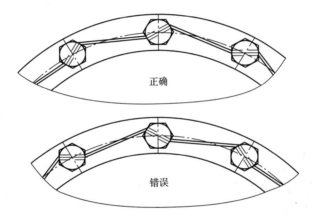

图2-17　串联钢丝防松

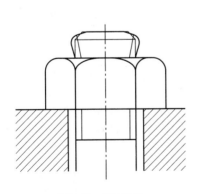

图2-18　铆冲防松

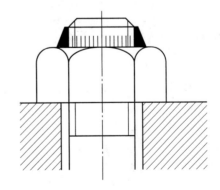

图2-19　焊接防松

3. 螺纹连接的技术要求

为保证螺纹连接结构的可靠性，装配过程应满足下列技术要求：

(1)螺钉、螺栓和螺母紧固时严禁打击或使用不合适的螺钉旋具与扳手。紧固前和紧固后，螺钉槽、螺母和螺钉、螺栓头部都不得有变形或损伤。

(2)安装螺栓时应自由穿入孔内,不得强行敲打;螺栓不能自由穿入孔内时,需采用旋转锉、钻头和铰刀扩孔,并清除毛刺。

(3)有规定拧紧力矩要求的紧固件,应采用力矩扳手紧固,未规定拧紧力矩的螺栓,其拧紧力应满足国家标准或企业规定的要求。

(4)同一零件用多个螺钉或螺栓紧固时,各螺钉或螺栓需按一定顺序逐步拧紧,如有定位销,应从靠近定位销的螺钉或螺栓开始。

(5)用双螺母时,应先装薄螺母、后装厚螺母。

(6)螺栓和螺母拧紧后,螺栓头应露出螺母1~2个螺距,一般露出不超过5mm(有特殊要求的例外)。

(7)螺钉、螺栓和螺母拧紧后,其支承面应与被紧固零件贴合。

(8)沉头螺钉拧紧后,钉头不得高出沉孔端面。

此外,根据具体的工作状况,还可能要求达到规定的配合,螺栓、螺母不发生偏斜或弯曲,防松装置可靠等。

二、铆接

使用铆钉将两个或以上的零、构件连接在一起的工艺方法称为铆接。被铆接零件、构件和铆钉的材料可以是金属,也可以是塑料等。车架、车身等总成件的装配都会使用铆接技术,图2-20所示为车架的铆接生产线,图2-21所示的发动机罩支撑杆保护垫与发动机罩之间采用铆接。

图2-20 车架铆接线

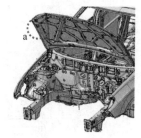

图2-21 发动机罩支撑杆保护垫与发动机罩之间采用铆接

图2-22 冲铆压力机

按照铆接温度的不同,铆接分为冷铆和热铆。冷铆是铆钉在常温下进行铆接;热铆时需将铆钉预热,红热的铆钉穿入铆孔,铆好钉头后,在冷却过程中收缩的应力将使连接更紧密。

按照工艺的不同,铆接可以分为冲铆、旋铆、拉铆和热熔铆几种。

冲铆也称作压铆工艺,通过压力机(图2-22)使铆钉或零件受压力后发生塑性变形从而将零件连接起来。冲铆一般需要工装限位即冲铆模具帮助才能完成铆接过程,也可以不需要专用的铆接模具,甚至可用手工的方式进行铆合。采用冲铆工艺时,实心铆钉的铆成头可以为凸出的球面或圆柱形(图2-23),也可以为凹进或其他形状,空心铆钉的铆成头为翻边形(图2-24)。

图2-23　冲铆圆柱形铆成头　　　　　　　　图2-24　冲铆翻边形铆成头

旋铆也称作冷碾铆接法,即利用铆柱对铆钉局部加压,并绕中心连续摆动直到铆钉成型的铆接方法,需要装有旋铆头(图2-25)的专用旋铆机(图2-26)及旋铆模具才能完成铆接过程。按照冷碾轨迹,可将旋铆分为摆碾铆接法及径向铆接法,其中摆碾铆接最为常用,能够满足大多数零件的铆接要求。旋铆的铆成头也可以为凸、凹、翻边等各种形状。旋铆后铆钉几乎无弯曲、鼓肚、墩粗等变形现象,同时与铆钉相连的零件毫无变形,缺陷较少。旋铆适用于承受较大的扭力和径向力及垂直度要求较高的产品,但不适用于薄料(0.8mm以下一般不采用)。

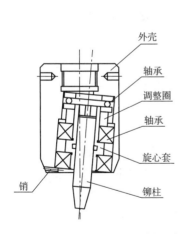

图2-25　旋铆机铆头　　　　　　　　图2-26　旋铆机

拉铆是借助于拉铆枪使放置于铆钉孔内的拉铆钉发生形变而与被铆件铆合的一种冷铆工艺。按照动力源不同,拉铆枪可分为气动(图2-27)、电动、液动、手动等类型。拉铆常用的铆钉有抽芯铆钉(图2-28)和拉铆螺母(图2-29)两种,其中在汽车装配上常用的为拉铆螺母。拉铆螺母主要应用于某一零件、构件上需要设置螺纹孔,但是由于构件太薄或者结构内部空间狭小而不适合使用焊接、压铆等工艺获得螺纹孔的场合。

热熔铆主要用来连接如塑料制件与钣金件,或者热固性塑料与热熔性塑料等由不同材料制造的零件。在模塑件上预留铆柱、肋翼、立筋等,将其对应穿过钣金件上的预制孔,并对伸出部分的铆柱等加热使其软化,再用特制金属成型铆头压紧铆柱使其冷却重新成型并夹紧而实现连接。热熔铆在汽车上主要用于塑料内饰件如车门内板(图2-30)等的装配连接。

图2-27 气动拉铆枪

图2-28 抽芯铆钉

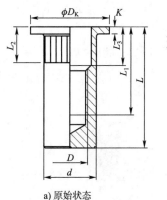

a) 原始状态　　b) 拉铆完成后

图2-29 拉铆螺母

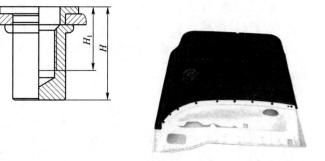

图2-30 采用热熔铆的汽车门板

三、黏结

黏结是借助黏结剂在零件表面上所产生的黏合力,将同种或不同种材料牢固地连接在一起或使其密封的工艺方法。随着化工技术和汽车制造技术的发展,黏结技术在汽车制造上的应用日益广泛,不仅可以起到增强汽车结构、紧固防锈、隔热减振、密封的作用,还能够代替某些部位的焊接、铆接等传统工艺方法,简化生产工艺,优化产品结构。

1. 汽车用黏结剂

按照化学成分,可以将黏结剂分为无机胶和有机胶两大类,见表2-7。

汽车上常用有机合成胶,根据黏结剂应用的部位和所在工艺阶段,大致可将汽车用黏结剂分为焊装工艺用胶、涂装工艺用胶、总装工艺用胶和其他特殊工艺用胶等四大类别。

黏结剂按照化学成分分类 表2-7

无机胶	盐类	硅酸盐	硅酸钠(水玻璃)、硅酸盐水泥
		硼酸盐	溶接玻璃
		磷酸盐	磷酸—氧化铜
		硫酸盐	石膏
	陶瓷		氧化铝、陶土
	低熔点金属		锡—铅
有机胶	天然胶	动物胶	骨胶、虫胶、皮胶
		植物胶	淀粉、糊精、松香、天然橡胶、阿拉伯(树)胶
		矿物胶	矿物蜡、沥青、黏土
	合成胶	合成树脂 热固性	环氧树脂、酚醛树脂、不饱和聚酯、聚酰亚胺、脲醛树脂、间苯二酚甲醛树脂、聚异氰酸酯
		合成树脂 热塑性	烯类聚合物[聚乙烯类、聚氯乙烯(PVC)类、聚乙烯醇(PVA)类、聚乙烯醇缩醛、聚丙烯酸类]、饱和聚酯、聚酰胺(PA)、纤维素类
		合成橡胶	氯丁橡胶、丁苯胶、丁腈胶、丁基胶、聚硫橡胶、有机硅橡胶
		复合型	酚醛—氯丁橡胶、酚醛—丁腈橡胶、酚醛—聚乙烯醇缩醛、环氧—酚醛、环氧—丁腈橡胶、乙烯—醋酸乙烯共聚物(EVA)、环氧—聚酰胺

常用的焊装工艺用胶有折边胶、点焊密封胶和膨胀减振胶。折边胶用于车门、发动机罩、行李舱盖等卷边结构处的黏结和密封,常采用单组分环氧树脂胶。点焊密封胶于钣金件点焊前涂布在搭接部位,主要用途是密封缝隙和防锈,其成分有橡胶型、树脂型或者两者混合型,我国的主要品种为橡胶型、聚氯乙烯和丙烯酸酯型。膨胀减振胶一般由合成橡胶或树脂添加发泡剂制成,在车身焊装过程中将黏结剂涂布在车门内外板之间、车身外覆盖件与加强筋之间,在涂装烘干工序中使其膨胀、固化,将覆盖件同加强筋结合为一体,起到减振降噪的作用。

涂装工艺用胶有焊缝密封胶、抗石击涂料和指压密封胶,其基材成分一般都使用PVC。焊缝密封胶主要用于在车身焊装后涂在焊缝处,起到密封防漏、防锈的作用。抗石击涂料喷涂在汽车底盘上,用于缓冲汽车高速行驶过程中砂石等对底盘的冲击,降低车内噪声,延长使用寿命。指压密封胶是可以用手直接塞堵、压实、抹平的一种密封胶,主要用于汽车车身工艺孔、大缝隙或其他凹凸不平等缺陷的密封、填平和修饰。

总装工艺用胶有内饰胶、风窗玻璃胶、厌氧胶和硅酮密封胶。内饰胶是用于汽车顶篷、地板、地毯、仪表板、隔声材料、车灯、标志、门板等内外饰件与车身的黏结用胶,以前主要采用溶剂型氯丁胶。由于该类胶中所含甲苯具有毒性,现在已经有越来越多的公司开始采用新研制的水基聚丙烯酸酯和水基聚氨酯黏结剂。目前风窗玻璃常采用橡胶密封条、橡胶密封条—密封胶、黏结剂直接黏结等三种固定密封方式,前两种主要采用丁基类非固化型密封胶对密封条与车窗玻璃及窗框的间隙进行密封,后一种则采用聚氨酯类黏结剂进行黏结。厌氧胶主要用于螺纹紧固件的紧固防松,硅酮密封胶则用于平面密封垫片的辅助密封甚至是直接取代垫片单独使用。

其他特殊工艺用胶如用于摩擦片与制动蹄黏结的制动蹄片胶、滤芯胶、铸造工艺用胶等。制动蹄片胶用于制动蹄与摩擦片之间的黏结，一般是以改性酚醛树脂为基材的黏结剂。滤芯胶用于滤清器芯的黏结，一般使用聚氨酯（PU）黏结剂和增强树脂补强的PVC塑溶剂。在发动机、汽缸盖等零件的铸造工艺中一般使用酚醛树脂等黏结剂。

2. 黏结工艺

黏结工艺主要包括被黏结件表面处理、黏结剂的调配、涂胶、固化、清理、检查等步骤。

1）表面处理

表面处理包括表面清洗、机械处理和化学处理等过程，在实际应用中，可以全过程处理，也可以只选择其中的一两个过程。通过表面处理，被黏结件与黏结剂达到最佳结合状态，可以使黏结剂发挥出最大效能。

表面清洗的目的是去除表面附着的杂质、油污和灰尘等，常用的清洗剂有有机溶剂（丙酮、甲乙酮、汽油、无水乙醇、四氯化碳、三氯乙烯、过氯乙烯等）和碱液。

机械处理是通过喷砂、钢丝刷、砂纸打磨等方式对被黏结件表面进行处理，以提高被黏结表面的粗糙度，同时去除金属表面的锈蚀。

化学处理是将被黏结件的表面在室温或更高温度下浸入碱液、酸液或某些无机盐溶液中，除去表面疏松氧化物和其他污物的一种工艺方法。对于某些较活泼的金属在处理后还需适当"钝化"处理，以获得牢固和稳定的黏结表面。

不管以何种方法对被黏结件表面进行处理后，都不得用手去接触被粘面，以免被粘面重新被污染。

2）涂胶

涂胶应在表面处理后8h以内进行，有时要涂上底胶保护清洗过的表面。涂胶的方法很多，如刷涂法、刮涂法、喷涂法、辊涂法、灌注法、机器人涂胶等。涂胶要均匀，胶层要薄，厚薄要一致，要防止产生缺胶和漏胶，同时在胶合时要当心胶层内产生夹空和气泡。

3）固化

黏结剂固化需要在一定的温度和一定的压力下经过一定的时间完成。

黏结剂的品种不同，固化所需的温度也不同。有的能在室温固化，有的需要高温固化，也有一些可在低温固化。加热固化时升温速度不能太快，应缓慢而均匀加热。加热固化到规定时间后，应缓慢降温。

在固化过程中对黏结剂施加一定的压力，可以使胶层与被黏结物紧密接触，防止出现气孔、空洞和分离现象，还可以提高黏结剂的流动性，使其易于渗透和扩散。施压大小随黏结剂种类和性质不同而异，一些分子量低、流动性好的黏结剂，不需要施加较大压力；对较稠或固体的黏结剂，或者固化过程中放出低分子产物的黏结剂，则应施加一定的压力。

黏结剂需要经过一段时间才能完成固化过程，固化时间的长短决定于黏结剂的种类和自身特性，并且受固化温度的影响。

四、过盈配合件装配

在安装过程中，有许多零件间需要紧密配合，用以传递大的转矩或防止连接脱落。过盈配合就是利用材料的弹性使孔扩大变形后套在轴上,当孔复原时,产生对轴的箍紧力,使两零件连接。

过盈连接的配合面多为圆柱面,也有圆锥形式的配合面。采用圆柱面过盈配合时,如果过盈量较小或零件较小,一般用压入法装配;当过盈量较大或零件尺寸较大时,常用温差法装配。

采用温差法装配时,可加热包容件或冷却被包容件,也可同时加热包容件和冷却被包容件,以形成装配间隙。由于存在间隙,装配过程中零件配合面的平面度不致被擦平,因而连接的承载能力比用压入法装配高。圆柱面过盈连接拆卸时,配合面易被擦伤,不易多次装拆。

圆锥面过盈连接利用包容件与被包容件相对轴向位移获得过盈配合,可用螺纹紧固件或液压设备实现相对位移。圆锥面过盈连接的压合距离短,装拆方便,装拆时配合面不易擦伤,可用于多次装拆的场合。

1. 热过盈装配

热过盈装配就是通过加热包容件,使之膨胀,尺寸变大,然后进行安装,这种工艺又称红套。红套时应注意加热温度的控制,并事先备好内径测量样棒和红套定位工具。

红套加热的温度应保证红套时的装配间隙,要求加热均匀,并应防止零件变形,因此通常采用烘箱电热或油煮等加热方式,且达到加热温度后,需再保温一段时间,才能进行装配。对于一些尺寸和质量较大的零件,采用气割火焰加热时,由于加热温度不均匀,零件各处的膨胀量不一样,则应适当提高加热温度。

为确保红套时的装配间隙,使装配能顺利完成,应事先准备好加热零件内径测量的样棒,在装配前,用样棒检查零件的内孔直径,确认达到要求后,再进行装配。样棒可用圆钢制成,两端磨光磨尖,其长度为套合处的孔径应该膨胀到的预定套合尺寸,装配时只要样棒能通过,则可以进行套合。

在红套时,零件安装的具体位置是有严格规定的,而红套过程要求能迅速准确,因此红套时一般要用定位工具来定位。如正时齿轮套在曲轴上时,齿轮的轴向位置和圆周方向的位置均需要精确定位,为了操作方便,一般采用定位环来定位。

红套操作时首先应注意安全保护,零件较小,用手拿时,一定要戴石棉手套;零件较大时,需用吊具吊起,也应戴石棉手套操作,以免烫伤;加热后一定要用量棒检查后才能装配,套入时应迅速,一旦发现有问题时,应果断拆下重新加热红套。

2. 冷过盈装配

冷过盈装配又称冷套,其方法是将被包容零件冷却,使其收缩,尺寸变小,然后立即将其装配,待恢复到常温后,则与配合的零件形成过盈配合。

冷过盈装配中,通常采用液氮作为冷却剂来冷却零件。液氮为低温液化气体,在标准大气压力下的沸点为 -195.65℃。由于很多材料在低温下会脆裂,因此应确保盛装液氮的容器在此低温下不发生脆裂,通常选用钢质材料制成的容器。另外,由于液氮在常温下就会汽化,所以为节省液氮的使用量,对冷却容器还应采取一定的保温措施。

在冷套的操作过程中,也应注意安全保护。在往冷却容器里加入液氮或将零件放进液氮过程中,由于温差非常大,液氮会迅速沸腾和飞溅,应注意避免液氮飞溅到皮肤上,造成冻伤,尤其是在夏天,穿着较少时,应更加小心。

零件在放进和取出时,应考虑好放入和取出的方法。由于冷套时,冷却的零件一般很小,最好使用专用工具夹取操作,操作时也应戴上石棉手套。

冷套时,被冷却的零件必须达到所需的冷却温度才能进行装配,和红套不同的是被冷却零件的温度是不便于测量检查的,只能通过观察零件与液氮的反应情况来判断零件的温度,一般当液氮不再沸腾时,说明零件的温度已接近液氮的温度,可以取出进行装配。因为液氮沸腾后即汽化蒸发,当冷却容器较小时,一次装入的液氮量不足以将零件冷却到所需的温度,可分几次加入液氮,直到零件不再沸腾为止。

冷却前应检查零件表面是否有伤痕,以免在冷却时,由于低温脆硬和内应力而产生裂纹。

实际工作中,零件的装配是采用红套还是冷套,应当从成本等诸多方面来选择,一般选择尺寸和质量较小的零件进行加热或冷却。

3. 液压过盈装配

当过盈配合的表面是锥面时,多采用液压扩孔装配的方法进行安装。锥面配合的过盈量与两个配合锥面之间的相对位移有关,位移越大,过盈量就越大。要保证装配后使用正常,确保过盈量达到设计要求,就必须保证安装时位移量达到相应的数值。为此必须确定相应的安装参数,安装时,当相应参数达到要求,即可认为达到安装所需要的过盈量。

五、单配技术

当批量生产时,零件的尺寸分布符合正态分布规律,只要生产过程正常,就可以以经济的方式满足零件间配合的要求。但在汽车制造和装配中,有时也会遇到一些需要现场加工,并且装配精度要求较高的零件。这些零件数目较少,而且有些零件的加工精度很难保证,不可能用选配的办法达到配合要求。这样,就需要使用单配技术,即根据已经生产出的零件的尺寸制造与之相配的零件。单配的零件有可能出现名义尺寸的改变,但这种变化一般不大,所以配合公差仍可按图样要求。单配后的零件配合精度较高,经济性较好。

在汽车制造和装配中,单配技术的应用范围较小,主要用在一些配对定位的场合,例如发动机正时机构中间齿轮(或链轮)轴与机体之间的圆柱定位销(孔)、发动机端盖与机体的定位销(孔)等。这些定位销或螺栓大多采用圆柱形,也有少量采用圆锥形。圆柱配合面的优点是加工方便,缺点是定位销或螺栓与孔的尺寸精度要求较高,否则,不能达到配合精度要求。且圆柱配合面经多次拆装后,孔与定位销或螺栓之间的配合精度降低,容易松动。圆锥形配合面的特点正好相反,虽然加工圆锥形配合面比加工圆柱形配合面困难一些,但却容易达到紧密配合,经多次装拆,配合面也不易松动。

学习任务三 装配精度控制的认识与实践

常见的装配工作包括清洗、连接、校正调整、平衡、组装、试验验收及涂装、包装等内容,装配是整个汽车制造工艺过程中的最后一个环节,装配工作对产品质量影响很大。若装配不当,即使所有零件都合格,也不一定能装配出合格的、高质量的汽车产品。反之,若零件制造精度并不高,而在装配过程中采用适当的工艺方法,如进行选配、修配、调整等,也能使汽车产品达到规定的技术要求。

一、装配精度的概念

装配精度是汽车设计时根据其使用性能要求规定的装配时必须保证的质量指标。

一般情况下,装配精度是由有关组成零件的加工精度来保证的,决定于相关零件尺寸所组成的尺寸链。对于某些装配精度要求高的项目,或组成零件较多的部件,装配精度如果完全由有关零件的加工精度来直接保证,则对零件的加工精度要求很高,这会给加工带来困难,甚至无法加工。一般情况下,应通过各种装配工艺方法使汽车产品获得要求的装配精度。

装配精度主要包括零部件间的尺寸精度、相对运动精度、相互位置精度和接触精度。零部件间的尺寸精度又包括配合精度和距离精度。

配合精度是指相关零部件两个配合面之间的间隙大小,包括间隙、过盈等配合要求。距离精度是指相关零部件两个面之间的距离大小,如相邻两零件端面之间的距离。

装配中的相互位置精度是指产品中相关零部件间的平行度、垂直度、同轴度及各种跳动等。相对运动精度指产品中相对运动的零部件间在运动方向和相对运动速度上的精度,主要表现为运动方向的直线度、平行度和垂直度,相对运动速度的精度即传动精度。接触精度是指相互配合表面、接触表面间接触面积的大小和接触点的分布情况。

二、装配尺寸链简介

产品或部件在装配过程中,由相关零部件的有关尺寸(表面或中心线间距离)或相互位置关系(平行度、垂直度或同轴度)所组成的尺寸链称为装配尺寸链。如汽车发动机曲轴主轴颈与推力轴承配合轴向尺寸的尺寸链(图2-31)。

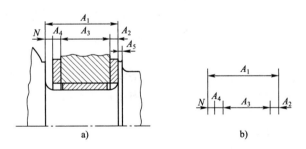

图 2-31 主轴颈与推力轴承配合轴向尺寸链

在装配尺寸链中,每一个尺寸都是尺寸链的组成环,如 A_1、A_2、A_3、A_4、A_5,它们是进入装配的零件或部件的有关尺寸,而装配精度指标常作为封闭环,如轴向间隙 N。显然,封闭环不是一个零件或一个部件上的尺寸,而是不同零件或部件的表面或中心线之间的相对位置尺寸,它是装配后形成的。

各组成环都有加工误差,所有组成环的误差累积就形成封闭环的误差。因此,应用装配尺寸链就便于揭示累积误差对装配精度的影响,并可列出计算公式,进行定量分析计算,据此来确定合理的装配方法和零件相关尺寸的公差。

装配尺寸链按照各环的几何特性和所处的空间位置,可分为线性尺寸链、角度尺寸链、平面尺寸链和空间尺寸链。其中最常见的是前两种。

线性尺寸链是由彼此平行的直线尺寸所组成的尺寸链,它所涉及的都是距离尺寸的精度问题。图 2-31 所示即是线性尺寸链。

角度尺寸链是由角度(含平行度和垂直度)尺寸所组成的尺寸链(图 2-32),其各环的几何特征多为平行度或垂直度。它所涉及的都是相互位置精度问题。

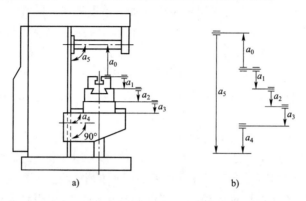

图 2-32　铣床角度尺寸链

应用装配尺寸链分析与解决装配精度问题,首先应建立装配尺寸链,然后分析达到装配精度的方法,最后通过计算确定经济的、至少是可行的零件相关尺寸的公差。正确地建立装配尺寸链,是运用尺寸链原理分析和解决零件精度与装配精度关系问题的基础。

装配尺寸链的封闭环为产品或部件的装配精度。找出对装配精度有直接影响的零部件尺寸和位置关系,即可查明装配尺寸链的各组成环,正确查找组成环是建立装配尺寸链的关键。

一般查找装配尺寸链组成环的方法是,首先根据装配精度要求确定封闭环,然后取封闭环两端的两个零部件为起点,沿着装配精度要求的位置方向,以零部件装配基准面为查找线索,分别找出影响装配精度要求的有关零部件,直至找到同一个基准零部件或同一基准表面为止。这样,各有关零部件上直接连接的相邻零部件装配基准间的尺寸或位置关系,即为装配尺寸链中的组成环。

查找装配尺寸链也可从封闭环的一端开始,依次查找相关零部件直到封闭环的另一端。还可从共同的基准面或零部件开始,分别查找到封闭环的两端。

三、保证装配精度的方法

装配工艺方案要根据生产类型、产品结构、大小、精度、装配件数量、装配的复杂程度等因素综合分析后确定。

装配的任务之一是保证装配精度,但是零件总是有加工误差,装配时这种误差的累积就会影响装配精度,要靠零件的加工精度来保证装配精度必然会受到技术性和经济性的制约,因此,在一定程度上装配精度要依赖于装配工艺方法。

常用的装配方法有互换装配法、选择装配法、修配法、调整法等四种。

1. 互换装配法

互换装配法是指装配所用的同一种零件之间可以互相替用的一种装配方法,又可以分为完全互换装配法和不完全互换装配法。

1)完全互换装配法

完全互换装配法是以完全互换为基础来确定部件或产品中各个零件的公差,零件不需要作任何挑选、修配或调整,装配成部件或产品后就能保证达到预先规定的装配技术要求。其实质就是用控制零部件的加工误差来保证产品的装配精度。

完全互换装配法的主要优点:可以保证完全互换性,装配过程较简单;可以采用流水装配作业,生产率较高;不需要技术水平高的工人;产品的部件及其零件的生产便于专业化,容易解决备件的供应问题。

但是,这种方法也存在一定的缺点,即对零件的制造精度要求较高,当零件数较多时有的零件加工显得特别困难。因此,这种方法只适用于生产批量较大、装配精度较高而零件数少的情况,或装配精度要求不高的多零件装配中,如汽车内、外饰件的装配。对于零件数目较多且装配精度要求高的场合,一般采用不完全互换装配法。

2)不完全互换装配法

不完全互换装配法又称部分互换装配法。采用这种装配方法时,大部分零件不需要经过挑选、修配或调整就能达到规定的装配技术要求,但有很少一部分零件要加以挑选、修配或调整才能达到规定的装配技术要求。

不完全互换装配法在大批量生产中,装配精度要求高和零件数较多的情况下使用,显得更优越。

2. 选择装配法

在大量或成批生产条件下,当装配精度要求很高且组成环数较少时,可考虑采用选配法装配。

选择装配法就是将零件的公差放大到经济可行的程度,然后从加工出的零件中选择合适的个体进行装配,以达到规定的装配技术要求。用此法装配时,可在不增加零件机械加工难度和费用的情况下,使装配精度提高。

选择装配法在实际使用中又有两种不同的形式:直接选配法和分组装配法。

1)直接选配法

直接选配就是从许多加工好的零件中任意挑选一个来装配,如果不合适再换另一个,直到满足装配技术要求为止。例如,在柴油机活塞组件装配时,可以凭感觉直接挑选易于嵌入环槽的合适尺寸的活塞环。

这种方法的优点是不需要预先将零件分组,但挑选配套零件的时间较长,因而装配工时较长,而且装配质量在很大程度上取决于装配工人的经验和技术水平。

2)分组装配法

分组装配法是将加工好的各种零件按实际尺寸的大小分别分成若干组,然后取相对应组级的零件进行装配,同一组内的零件可以互换。零件的分组数根据使用要求和零件的经济公差来决定,分组数越多,则装配精度就越高。部件中各个零件的经济公差数值,可能是相同的,也可能是不相同的。

利用这种方法,可在不减小零件制造公差的情况下,显著地提高装配精度。但它也有一些缺点:例如增加了检验工时和费用;在对应组内的零件才能互换,因而在一些组级可能剩下多余的零件不能进行装配等。分组装配法主要适用于装配精度要求高、零件数少(一般不超过四个)的部件装配。例如,柴油机制造中的活塞销和活塞销孔、燃油设备的柱塞副、针阀副、齿轮油泵等的装配中,已广泛采用。

3. 修配法

在单件小批或成批生产中,当装配精度要求较高,装配尺寸链的组成环数较多时,常采用修配法来保证装配精度要求。

修配法是将装配尺寸链中的各组成环按经济加工精度制造,装配时按各组成环累积误差的实测结果,通过修配某一预先选定的组成环尺寸,或就地配制这个环,以补偿各组成环由于按经济精度制造而产生的累积误差,使封闭环达到规定精度的一种装配工艺方法。

常见的修配方法有单件修配法和合并加工修配法两种。在机床制造中,还可以利用机床本身的切削加工能力,用自己加工自己的方法来保证某些装配精度要求,这种方法称为自身加工修配法。

1) 单件修配法

在装配时,选定某一固定的零件作为修配件进行修配,以保证装配精度的方法称为单件修配法。此法在生产中应用最广。

2) 合并加工修配法

这种方法是将两个或多个零件合并在一起当作一个零件进行修配。这样减少了组成环的数目,从而减少了修配量。

采用合并加工修配法时,由于要对零件进行合并作业,给加工、装配和生产组织工作带来不便,一般多用于单件小批生产中。

使用修配法可以放大零件的制造公差而得到高的装配精度,特别对于装配技术要求很高的多零件部件,更为显著。

修配法的缺点是,没有互换性,装配时增加了钳工的修配工作量,需要技术水平较高的工人;由于修配工时难以掌握,不能组织流水生产等。修配法主要用于单件小批量生产中要求高精度的装配场合,在通常情况下,应尽量避免采用修配法,以减少装配中钳工工作量。

4. 调整法

调整法是将尺寸链中各组成环按经济精度加工,装配时通过更换尺寸链中某一预先选定的组成环零件或调整其位置来保证装配精度的方法。装配时进行更换或调整的组成环零件称为调整件,该组成环称为调整环。

调整法和修配法在原理上是相似的,但具体方法不同。根据调整方法的不同,调整法分为可动调整法、固定调整法和误差抵消调整法三种。

1) 可动调整法

在装配时,通过调整、改变调整件的位置来保证装配精度的方法称为可动调整法。

可动调整法不仅能获得较理想的装配精度,而且在产品使用过程中,由于零件磨损使装配精度下降时,可重新调整使产品恢复原有精度,所以,该法在实际生产中应用较广。如内燃机的配气机构,通过气门间隙调整螺钉调节冷态时的气门间隙;通过调整螺母调节车轮轮毂轴承的预紧度等。

2) 固定调整法

在装配时,通过更换尺寸链中某一预先选定的组成环零件的不同厚度来保证装配精度的方法称为固定调整法。预先选定的组成环零件即调整件,需要按一定尺寸间隔制成一组专用零件,以备装配时根据各组成环所形成累积误差的大小进行选择。选定的调整件应形状简单,制造容易,便于装拆。常用的调整件有垫片、套筒等。

固定调整法常用于大批量生产和中批量生产中装配精度要求较高的多环尺寸链。如变速器装配过程中,使用调整垫片调节各轴上零件的轴向间隙;采用准双曲面齿轮传动的主减速器中,使用调整垫片调整齿轮的啮合印痕等。

3) 误差抵消调整法

在产品或部件装配时,通过调整有关零件的相对位置,使两者加工误差相互抵消一部分,以满足装配的精度,这种方法称为误差抵消调整法。该方法在机床装配时应用较多。

调整法装配的优点是,可加大组成零件的尺寸公差,使各个零件易于制造;用可调整的活动补偿件或分组调整件使组件达到任意精度;装配时不用钳工修配,工时易掌握,易于实现流水生产;在装配过程中,通过调节补偿件的位置或更换调整件的方法来保证产品的装配精度。其缺点是,因为需要设置调整件,增加了产品的零件总数。

调整法适用于精度要求高的装配,或者在使用中零件因温升及磨损等原因导致其尺寸发生变化的装配。

制订汽车产品的装配工艺,应根据产品结构、装配精度要求、装配尺寸链环数的多少、生产类型及具体生产条件等因素合理选择装配方法。一般情况下,只要组成环的加工经济性较好,应优先采用完全互换法。若生产批量较大,组成环又较多时应考虑采用不完全互换法。当采用互换法装配使组成环加工难度增加或不经济时,可考虑采用其他方法。大批大量生产,组成环数较少时可以考虑采用分组装配法,组成环数较多时应采用调整法;单件小批生产常用修配法,成批生产也可酌情采用修配法。

学习任务四 螺纹连接预紧控制的认识与实践

在汽车产品中,螺纹连接应用十分广泛。仅仅在发动机上,螺纹紧固件通常就有上百个品种、上千件的数量,规格从 M4~M32 不等,其中大约 100 个与车辆的安全性能密切相关。虽然螺栓是一种极普通的机械零件,但是在汽车产品中,一旦螺纹连接出现损坏,将造成严重后果。据统计,我国中重型柴油机 15% 的故障是与螺纹连接失效有关,而汽车整车质量有 1/3 的问题与螺纹拧紧质量有关。因此,加强对装配拧紧度的控制,对提高整车的质量具有极其重要的作用。

一、螺纹连接预紧基础

绝大多数螺纹连接在装配时都必须拧紧,使连接在承受工作载荷之前,预先受到力的作用,这个预加作用力称为预紧力。预紧的目的在于增强连接的可靠性和紧密性,以防止受载后被连接件出现缝隙或发生相对滑移。

螺纹连接的预紧力将对螺栓的总载荷、连接的临界载荷、抵抗横向载荷的能力和接合面密封能力等产生影响。过大或过小的预紧力均是有害的,所以预紧力的大小、准确度都十分重要,预紧力控制是螺纹连接的关键控制项目。

如果螺纹连接预紧力控制不当,将会造成下述各种不良后果,甚至发生严重事故。

(1)螺纹连接零件的静力损坏。若螺纹紧固件拧得过紧,即预紧力过大,则螺栓可能被拧断,被连接件可能被压碎、咬粘、扭曲或断裂,也可能螺纹牙被剪断而脱扣。

(2)被连接件滑移、分离或紧固件松脱。对于承受横向载荷的普通螺栓连接,预紧力使被连接件间产生正压力,依靠摩擦力抵抗外载荷,预紧力的大小决定了它的承载能力。若预紧力不足,被连接件将出现滑移,从而导致被连接件错位、歪斜、折皱甚至紧固件被剪断。对于承受轴向载荷的螺栓连接,预紧力使接合面上产生压紧力,受外载荷作用后的剩余预紧力是接合面上工作时的压紧力。预紧力不足将会导致接合面泄漏,如压力管道漏水、发动机漏气,甚至导致两被连接件分离。预紧力不足还将引起强烈的横向振动,致使螺母松脱。

(3)螺栓疲劳破坏。在交变载荷作用下,大多数螺栓因疲劳而失效,预紧力不当将会加剧疲劳破坏。

(4)增大设备质量与成本。若预紧力过小,需使用较多和(或)较大的紧固件,往往也需采用较大的被连接件,因而增加了产品质量。同时,许多产品的成本是与需要装配的零件数目成正比的,所以预紧力过小将导致装配成本和制造成本以及维修费用的增加。

二、螺纹拧紧控制方法

螺纹拧紧的实质是要将螺纹的轴向预紧力控制在适当的范围,而不论两个被连接体间的压紧力还是螺纹上的轴向预紧力,在工作现场均很难直接检测,只能通过螺纹拧紧度实现间接控制。典型的螺纹拧紧控制方法有扭矩控制法、扭矩/转角控制法、屈服点控制法和螺栓伸长量控制法四种。

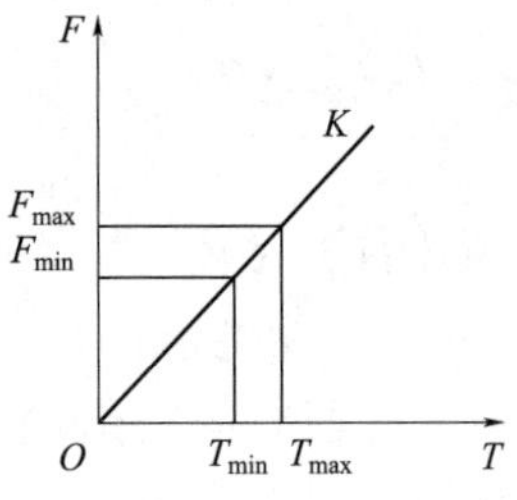

1. 力矩控制法

根据理论研究及试验结果,在螺栓弹性区内拧紧螺纹连接件时,拧紧力矩 T 与螺栓所受轴向预紧力 F 之间存在如图 2-33 所示的线性关系(图中 K 为比例常数)。通过控制力矩,就可以间接控制预紧力,这即是力矩控制法的理论基础。

在拧紧螺栓时,外加的力矩在产生所需压紧力的同时,还需克服螺纹牙间的摩擦力及螺栓头或螺母与被连接件接触面上的摩擦力。研究表明,大约 55% 的力矩是用于克服螺栓头或螺母与被连接件接触表面上的摩擦力,35% 用于克服螺纹牙间的摩擦力,只有 10% 左右的力矩转化成压紧力,如图 2-34 所示。

图 2-33 拧紧力矩与预紧力关系

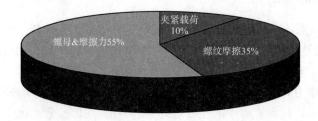

图 2-34 螺纹紧固件拧紧力矩的分配

由于拧紧时所用力矩 90% 用于克服摩擦阻力,这样摩擦阻力的变化对所获得的压紧力有很大影响,用相同的力矩拧紧两个摩擦阻力不同的连接时,所获得的压紧力相差很大。

螺纹紧固件与工件间摩擦系数离散度越大,拧紧质量越差(预紧力离散度越大)。摩擦系数过大时,螺栓预紧力会太小(拧紧太松);摩擦系数过小时,螺栓预紧力会太大(螺栓会有拧至塑性变形区甚至断裂的危险)。仅仅通过提高拧紧工具的力矩控制精度是无法提高拧紧质量的,必须对螺纹连接件的摩擦系数进行同步控制。

在我国,许多汽车螺纹紧固件生产厂家对螺纹件不作摩擦系数控制,汽车制造厂也不对螺纹件作摩擦系数检验,而国外公司对摩擦系数都有严格的要求。神龙汽车有限公司引进雪铁龙汽车公司的技术,要求正常螺纹件的总摩擦系数为 0.15 ± 0.03,弱摩擦螺纹件的总摩擦系数为 0.075 ± 0.015。由于国内汽车标准件厂未完全掌握控制螺纹件摩擦系数的技术,所以在进口螺纹件的国产化方面遇到了一些技术困难。为安全起见,力矩法设计的预紧力一般控制在螺栓屈服强度的 40%~60%。表 2-8 为某汽车公司对常用普通螺纹紧固件拧紧力矩的规定。

普通螺纹紧固件拧紧力矩示例 表 2-8

螺纹规格	拧紧力矩(N·m)		
	性能等级 5.6	性能等级 8.8	性能等级 10.9
M6	5~7	6~10	11~14
M8	12~15	19~24	22~29
M8×1	14~18	21~28	24~31
M10	24~30	35~47	43~53
M10×1.25	28~32	41~53	48~59
M10×1	30~36	42~54	51~58
M12	42~53	60~72	80~101
M12×1.5	44~56	66~82	88~107
M12×1.25	47~60	72~85	94~114
M14	72~87	96~126	144~175
M14×1.5	80~96	106~132	160~204
M16	108~127	156~200	199~234
M16×1.5	116~144	168~204	214~252
M18	156~180	192~226	240~260
M18×1.5	162~192	204~240	250~300
M20	216~243	312~372	384~439
M20×1.5	240~264	324~384	433~480

采用力矩控制法时,控制目标直观,控制程序简单,操作过程简便,易于利用扭力传感器来检查拧紧的质量,应用最广泛。但是,这种控制方法只能在材料弹性区内应用,未能充分利用材料潜能,受摩擦系数影响较大,预紧力离散度大,控制精度低。

力矩控制法一般采用手动、电动或气动工具多次或一次直接将螺纹副拧紧到规定力矩，通常用于不太重要的装配位置。

2. 力矩/转角控制法

力矩/转角控制法也称转角法，是根据螺纹副拧紧过程中螺母的转角与螺栓所受轴向预紧力之间的关系而进行预紧力控制的一种方法。力矩/转角控制法的拧紧过程是，先按力矩法将螺纹件拧紧到规定的初始力矩（一般是力矩控制法最终装配力矩的25%），使螺栓、螺母与被连接件之间相互贴合并消除一些如表面凹凸不平等不均匀因素后，再将螺纹件继续转动一规定的角度，此转动的角度通过计算或试验而获得。

目前常用的力矩/转角控制法有弹性区内控制和塑性区内控制两种。在弹性区域内预紧力 F 与转角 θ 呈线性关系，如图2-35所示（图中 C_a 为螺栓刚度），C_a 为一常数，所以通过控制转角 θ 即可控制预紧力 F。塑性区内控制是将螺纹紧固件拧紧到屈服点之上，发生永久变形，此时预紧力与螺栓的屈服强度有关，如图2-36所示。

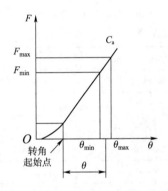
图2-35　转角与预紧力关系图（弹性区域）

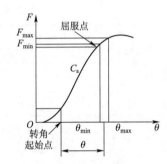
图2-36　转角与预紧力关系图（塑性区域）

采用力矩/转角控制法，螺纹件摩擦系数仅对初始力矩所产生的前期预紧力有影响，但它在总预紧力中所占比例较小。

采用弹性区内控制时，摩擦系数的变化仅影响到转角控制的起始点。在角度控制阶段，因螺栓刚度恒定，预紧力与螺栓伸长量成正比，而伸长量与转角度数成正比。因此，摩擦系数对最终预紧力数值影响不大，控制精度比单纯控制力矩的方法大大提高。但是，如果系统刚度很大，由转角误差（$\theta_{max} - \theta_{min}$）引起的轴向力的变化将很大，对螺栓预紧不利。

采用塑性区域力矩/转角控制法，由于设定的拧紧转角值是使螺纹紧固件进入屈服点后不远的塑性变形区，拧紧力的大小取决于材料的屈服极限。此时，预紧力的变化只随材料的均匀性而变，即预紧力的离散主要取决于此批螺栓的屈服强度的离散度，因此控制精度很高。

采用力矩/转角控制法，拧紧质量稳定，螺纹件摩擦系数对拧紧质量的影响小，能充分利用螺栓的承载能力。但是，力矩/转角控制法不适用于小转角的短螺栓。由于预紧力较大（尤其是拧到塑性区），螺栓的螺纹部分及杆部发生塑性变形，一般要求螺纹件只使用一次。

力矩/转角控制法一般使用智能控制的自动拧紧机，主要应用于重要的装配部位，尤其是发动机上的重要螺栓连接，如发动机缸盖螺栓、连杆螺栓的连接。

3. 屈服点控制法

屈服点控制法也称力矩斜率法或弹性极限法或倾斜度拧紧法,是通过监测拧紧力矩随角度变化曲线的斜率,将螺纹件拧紧至屈服点的方法。

螺栓在拧紧的过程中,其力矩—转角曲线的斜率即 $dT/d\theta$ 曲线(力矩梯度曲线)如图2-37所示。当螺栓、螺母与被连接件之间消除间隙并相互贴合后,开始实质性的拧紧过程。刚开始时,曲线斜率上升很快,之后经过短暂的变缓后而保持恒定。继续转过一定角度后,其斜率经短暂的缓慢下降后,又快速下降。当斜率下降到一定值(一般定义为最大斜率值的1/2,即 $1/2 \times dT/d\theta max$)时,说明已达到屈服点,此时发出停止拧紧信号,结束拧紧过程。

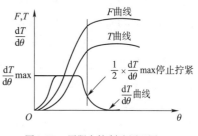

图2-37 屈服点控制法原理图

屈服点控制法根据力矩梯度曲线的变化规律,将螺纹件拧紧至螺栓的屈服点,其拧紧质量(预紧力离散度)只与螺栓屈服强度离散程度有关。

屈服点控制法的优点是,不受力矩控制法的摩擦系数和转角控制法的转角起始点的影响,克服了力矩控制法和弹性区转角控制法的致命缺点,提高了装配精度;将螺栓拧至其屈服点,最大限度地发挥了螺纹件强度的潜力;由于轴向预紧力提高,其抗松动和抗疲劳性能随之提高。其缺点是控制系统复杂,拧紧设备价格昂贵,而且对螺栓的材料、结构和热处理要求很高。

屈服点控制法需要使用具有运算功能的自动拧紧机,一般应用于要求比较高的装配部位,如发动机的缸盖螺栓及连杆螺栓等。

4. 螺栓伸长量控制法

螺栓伸长量控制法,是在拧紧过程中或拧紧结束后,测量螺栓的伸长长度,判定是否达到屈服点或规定伸长量,从而控制螺栓轴向预紧力的一种方法。

螺栓的原始尺寸一定时,其伸长量只与它所承受的轴向预紧力有关,可以排除摩擦系数、接触变形、被连接件变形等可变因素的影响。所以,通过螺栓伸长量控制预紧力可以获得最高的控制精度,可被用作重要螺栓连接的预紧力控制方法。

只需在结构上保证能使仪器(量具)接近螺栓两端面,便可直接测量拧紧前后螺栓的长度或进行实时监测。螺栓伸长量一般使用超声波测量,超声波的回声频率随螺栓的伸长而加大,一定的回声频率就代表了一定的螺栓伸长量。螺栓的两端面是测量面,需磨成光滑的平面或做出锥形中心孔,以保证测量的精度。

螺栓伸长量控制法对螺栓的精度要求较高,测量较困难,应用不太广泛,只是在日本的企业中有所应用。

三、螺纹连接装配的质量评价

螺纹连接的装配质量直接关系到汽车产品的安全性和可靠性,对螺纹连接的质量进行评价显得极其重要。对螺纹连接装配质量的评价包括以下两项内容:执行螺纹件拧紧工艺的电(气)动拧紧机(或扳手)的准确性和可靠性是否能满足要求;已经拧紧的螺纹副是否满足设计要求。

1. 拧紧设备的准确度评价

对拧紧控制的准确性，即力矩或转角的准确度进行评价，多数汽车企业是采用模拟实际工况的动态校准法将拧紧设备的输出值与用作测量标准的传感器的读数值加以比对而进行。在汽车行业，实施力矩或转角控制的拧紧设备的准确度指标往往采取相对误差形式表示，一般为±5%，也有达到±3%的。

评价拧紧设备准确拧紧的能力一般用机器能力指数 C_m 和 C_{mk} 表示。机器能力指数 C_m 和 C_{mk} 是指在工序稳定的情况下，机器设备所具有的保证产品质量的能力。

求机器能力指数 C_m 的方法为，将被评定的用于装配的拧紧设备调整至规定状态，经过若干小时无故障运转，然后取50个连续生产出来的工件作为样本。利用附属于设备的在线测量仪器，或借助外界的精度更高的检测装置，测取实际力矩（质量特性）值，由此获得一组或二组质量特性值的实测数据，求出平均值和标准偏差 S_m，并进而计算出 C_m 值。

根据测算出的 C_m 或 C_{mk} 值对被检螺纹拧紧设备进行机器能力评定，各主要工业国家、各大企业集团执行的评定原则并不完全一致，德国大众汽车公司对螺栓拧紧设备应该具备的机器能力的要求见表2-9。

表2-9 螺栓拧紧设备的机器能力要求

被检设备的情况	机器能力指数	
	C_m	C_{mk}
新设备验收	≥1.67	≥1.67
经过检修、改造后的设备	≥1.33	≥1.33
在用设备定期或不定期的评定	≥1.33	≥1.33

2. 已装配螺栓的连接质量评价

在汽车制造业，大多数企业都在装配工序后利用指示式力矩扳手以抽检的方式对相关的螺纹紧固件进行拧紧力矩测试，以评价螺栓连接的质量。

除了类似于在求机器能力指数 C_m 时进行的力矩测试外，还有一类是整车或总成（指发动机、变速器等）经过连续运行、承受过负载后再对相关的螺栓连接质量进行评价。德国大众汽车公司把前一类测得的力矩命名为 M_{na1}，后一类为 M_{na2}。为了准确测得 M_{na1} 和 M_{na2}，必须满足以下条件：

（1）电动拧紧机的机器能力指数 C_m、C_{mk} 必须达到1.67或更高，即务必经过设备能力验证，要求工序能力指数 C_{pk}≥1.33。

（2）通过"事后法"进行拧紧力矩测试时，必须采用紧固法，不能用松开法或标记法。执行紧固法时需注意拧动螺栓（或螺母）的角度应尽量小，最大不超过10°。

（3）在测试过程中，由于摩擦作用，有时会出现一个不应算作 M_{na} 的峰值力矩，即所谓的"起动力矩"。为准确地测出 M_{na} 值，不能使用那些只显示一个峰值的指示式力矩扳手。

（4）工序间的力矩值 M_{na1} 的求取，必须在装配完成后的30min内进行。

（5）不能、也不必要把测得的力矩 M_{na1} 和 M_{na2} 的值与图样或工艺上的额定值或控制值相联系、作比较。因为，在以紧固法再次拧紧期间，力矩值的分布特性与装配工序的拧紧力矩特性相比已有很大差别,故这种比对毫无意义。

（6）对 M_{na1} 和 M_{na2} 值正确评价应该采用如下方式,通过采集至少 100 个实际力矩测量值,然后借助统计分析的方法求出标准偏差 s,再根据不同用户的实际情况以 $\pm 2s$ 或 $\pm 3s$ 作为控制范围的上、下极限,用作检验、评价螺栓连接拧紧效果,M_{na1} 和 M_{na2} 值必须落在设定的界限范围之内。

训练与思考题

1. 装配的连接形式如何分类？汽车上最常见的连接形式有哪些？
2. 汽车装配的组织形式有哪些？如何选择装配组织形式？
3. 汽车总装配的工艺文件有哪些？哪几个文件是具体指导操作工作业的？
4. 识读工位标准作业指导书、标准作业指导书、检验指导书,理解各种指导书的编制方法、各工步的作业要求和要领。
5. 根据整车质量标准和相关技术文件,编制某一指定工序的标准作业指导书或检验指导书。
6. 在汽车装配过程中有哪些常用的装配技术手段？
7. 螺纹连接有哪几种基本类型？各自的适用范围如何？并举例说明在汽车装配中的应用。
8. 螺纹连接有哪几种防松结构？并举例说明在汽车装配中的应用。
9. 列举一些铆接、黏结、过盈装配技术在汽车装配中的应用实例。
10. 简述常用的装配方法及其适用性,并举例说明在汽车装配中的应用。
11. 试比较四种典型的螺纹拧紧控制方法的优缺点。
12. 训练手动扭力扳手、气动扳手和电动扳手的使用和调整方法,了解自动拧紧机的使用方法。
13. 正确选用工具,采用力矩控制法、力矩/转角控制法对指定的螺纹紧固件进行拧紧训练。

项目三　汽车发动机装配与调试

学习任务一　认识发动机装试线

汽车发动机装试线是对发动机顺序装配和调试的流水生产线,由于工艺复杂,装试线在整个生产过程中占有极其重要的地位。

发动机是汽车中最关键的部件之一,在汽车发动机装配过程中,由于被装配零件的多样性和工艺的复杂性,要求每个环节的控制都必须具备高可靠性和一定的灵敏度,才能保证生产的连续性和稳定性。

汽车发动机装试线一般分为分装、总装(图3-1、图3-2)、涂装、试验、包装等几大生产流程板块。为了缩短总装流程,往往将在功能和结构上具有关联和相对独立性的一组零件在分装线上组装成一个组件或总成,比如活塞连杆组、汽缸盖组件、机油泵总成等,然后再将这些组件或总成运送至总装线进行总装。在总装和分装线上,配置有在线检测、在线数据采集和自动化装配设备、动态信息管理系统等,以提高生产效率。

图3-1　汽车发动机总装线

图3-2　装配完成的发动机总成

发动机装配生产的组织形式一般采用强制移动式装配和自由移动式装配两种类型,输送线相应地使用同步装配线和非同步装配线,现在应用较广泛的是具有柔性功能的非同步装配线。

一、同步装配线

同步装配线又称刚性装配线,要求装配线上所有工位的装配节拍要尽量一致,输送线的输送节拍为线上最慢工位的装配节拍。同步装配线有步进(启停)式输送和链式匀速输送两种方式。

1. 步进式输送

步进式输送是典型的强制移动式装配线的输送形式,只有全线所有工位的装配作业都完成后,输送线才能进行输送。步进式输送又可分为抬起平移式和推(拉)式两种方式。

1)抬起平移式步进输送

发动机一般由带支腿的托盘支撑,线上托盘则由沿装配线等距离(工位距离)布置的轨道支撑,这种输送形式利用杠杆原理,待线上各工位被装发动机作业都完成后,通过机械装置先将线上所有发动机及托盘抬起一定高度,脱离支撑导轨,然后沿装配线作业方向平移一个工位距离,机械装置再将所有被装发动机及托盘放置在轨道上,随后机械装置返回原位,完成一个输送循环。这种输送装置还需要设置空托盘的返回装置,因此,一般采用双层结构输送,上层为装配输送,下层为空托盘返回输送。

一个单独的抬起步进式输送装置,一般只能适应30m左右的线体输送,因此,适用于装配工位比较少的小型发动机装配线。对于工位较多的装配线输送,需要采用多个抬起步进式输送装置联合完成装配线的输送。这种输送线由于没有发动机工位停止器和定位装置,所以线体结构比较简单且造价便宜,但这种装配线只能满足发动机手工装配作业需要。

2)推(拉)式步进输送

采用这种输送形式,被装发动机也是由带支腿托盘支撑,但托盘必须放置在装配线的滚动轨道或滑道上,线上托盘也是按等距离(工位距离)布置,同时线上托盘可以沿轨道滚动或滑道滑行。其输送装置功能也是将装配线上所有的托盘同时向前推(拉)一个工位距离,与抬起步进式输送形式不同的是,推(拉)式步进输送装置不用将装配线上所有托盘及发动机抬起,只是在全线所有发动机装配工作完成后,将线上所有托盘平推(拉)一个工位距离。这种输送装置可以同时实现数十米的托盘输送。

常用的推(拉)式输送装置有推杆式、带钩形输送链条等。推杆一般采用油缸推动,也可采用钩形链条拉动。与抬起平移式步进输送线相同,对于直线布置的输送线还需要设置托盘返回装置,输送线一般也是采取双层结构,上层为装配作业输送,下层为空托盘返回,输送线两头设置托盘举升装置。由于没有在线停止器、定位装置,因此输送线造价较低,不能在线进行自动装配作业。

2. 链式匀速输送

链式匀速输送又包括带固定支架的板式输送链输送和输送链带活动支架(小车)两种形式。

1)带固定支架的板式输送链输送(图3-3)

这种形式的装配线采用双链条输送,两链条中间一般采用木板或钢板连接形成板式链。中、大型发动机输送链的链板一般与装配线地面平齐,这样便于操作者站立移动装配,最大限度地保证了操作者与被装配发动机的接近性。同时,在链板上固定安装有发动机支架,工作时

图3-3 带固定支架的板式输送链

板式输送链一直处于缓慢匀速移动状态。如线上设置有拧紧机等设备,也与装配线随行作业。

为了适应装配线装配节拍的调整,输送链传动装置还应具备调速功能。在实际应用中,也有一些厂家采用固定装配作业,即在全线作业完成后,启动板式输送链以较快的速度步进一个工位距离,停下再进行下一台发动机的装配作业。

板式输送链一般采取地上地下循环布置,地上作业,地下为板链及支架的返回路径。板式输送链的传动机构一般布置在地面以下,节省地面空间但是维护不太方便,同时必须在厂房土建时就预留好板式输送链的基础。由于板式输送链链板与地面平齐设计,使得工人行走无障碍,非常便于发动机的装配和物流。

由于支架固定,并且通常不设置在线定位装置,这种形式的板式输送链一般只适应单一品种发动机的装配输送和手工装配作业。其优势是输送结构比较简单,造价也比较便宜。

2) 输送链带活动支架(小车)

这种链条输送线将发动机支架与输送链设计成可分离的形式,发动机支架带两组以上的滚动轮,可以滚动行走,俗称小车。同时,沿装配线输送方向布置两条小车轨道,小车由轨道支撑。输送链一般采用地拖链拖动,并布置在两条小车轨道的中间。

装配线运行时地拖链一直以小于 10m/min 的速度缓慢匀速移动,同时带动与地拖链连接的小车运行,但是各工位的操作工人可随时通过拔插连接销使发动机小车与输送链脱开或连接运行,因此,全线工位的布置可不受等间距限制。装配工位还可实现一定数量的小车积累存放,具有一定的非同步输送柔性功能。

由于小车为活动式且可更换,因此可根据不同规格发动机设计配备不同的小车,特别适于多品种发动机的装配输送及混流装配。同时,可脱开式活动小车也特别方便发动机装配中的随机调整,如对于装配中发现故障的发动机,可随时将其支撑小车与输送链脱开,并将小车和发动机拖至发动机维修区域。这种活动小车的负载由地面轨道支撑,可承载大型发动机的装配输送工作。

输送链带活动支架输送系统的链条也是布置在地下,小车轨道与地面平齐,发动机装配作业的物流和接近性非常好,操作也比较方便,因此应用较多。其缺点是没有在线定位功能,不能实现自动装配,同时地拖链传动装置位于地下会造成维护不便。这种形式的装配线一般采用地面环形布置,可以充分利用输送线的长度,避免配置小车和输送链的返回路径。

二、非同步装配线

非同步装配线又称为柔性装配线,发动机的输送移动是根据各装配工位的作业情况,随时放行随机运行的,各工位发动机的装配和输送不再同步一致,因此具备了柔性功能。为了提高工位的连续装配效率,非同步装配线的工位间距一般布置得比同步装配线的工位间距要大,以实现工位发动机的积放储备。

非同步装配线从发动机的缸体设计、托盘设计、在线定位装置等环节都保证了发动机的在线定位功能,可以实现发动机的在线精确定位并保证发动机的自动装配、检测。目前,常用的发动机非同步装配线主要有差速链输送、摩擦滚杠输送、摩擦滚轮输送和自动导引小车(AGV——Automated Guided Vehicle)输送等几种。

1. 差速链输送

差速链输送线采用摩擦传动,差速链条(图3-4)运动时其上的滚轮旋转,滚轮上面放置托盘,发动机由托盘支撑,旋转的滚轮通过摩擦力带动托盘前移完成发动机的输送。因滚轮线速度(托盘输送速度)大于链条的速度,故名差速链。这种输送线在电视机、电冰箱装配中应用较多,受差速链承载能力的限制,一般只应用于小型发动机的装配输送。

图3-4　差速链条

由于差速链的摩擦传动特点,通过在线上设置工位停止器,托盘可以实现随时停止、随时放行,具有良好的柔性。通过提高发动机与托盘的定位精度,并设置工位定位装置,可以实现发动机在线自动装配及检测等作业。

2. 纵置摩擦滚杠输送

这种输送方式沿装配线运行方向布置一条或两条滚杠,发动机托盘放置在滚杠上,托盘下部设置多组锥形摩擦滚轮分别与两条滚杠接触,通过滚杠转动带动托盘下部锥形滚轮转动使托盘前行。通过工位停止器可以实现发动机托盘的停止积放,通过工位定位装置可以实现发动机在线自动装配、检测。这种输送形式国内最初在上海大众汽车公司发动机厂开始应用,主要用于轿车小型发动机的装配输送。与摩擦滚轮式输送相比,其特点是造价相对便宜。

3. 摩擦滚轮输送

摩擦滚轮输送线(图3-5)沿发动机装配线间隔布置横向滚轮轴,每个滚轮轴左右各布置一个摩擦滚轮,一般滚轮轴的间距要小于托盘长度的1/3,发动机托盘放置在摩擦滚轮上。输送线一般采用电动机减速器通过链条或锥齿轮带动滚轮轴转动,再通过摩擦滚轮带动托盘及发动机前行。由于摩擦滚轮式输送线具有较好的非同步输送、可积放、柔性装配功能,以及输送平稳等特点,目前在汽车发动机装配线中应用最多。

图3-5　摩擦滚轮输送线

4. AGV输送

AGV(图3-6)是一种可以按照规定的路径将物料从一个地点运输到另一个地点的无人驾驶的由计算机控制的运输工具,可由磁或激光等导引。AGV从早期的有轨导引车发展而来,最早出现于20世纪70年代,目前在企业的物流系统和离散制造的装配系统中已经起着非常重要的作用。而且在今后,将成为工厂物流处理的主要设备。

AGV行驶线路不需要预先铺设轨道等导向装置,其行驶依靠电磁或光学等非接触式自动导引装置,因此行驶路线的地面干净整洁,便于现场装配物流及发动机装配操作。AGV自备控制系统,还具有编程装置、安全保护装置以及各种移载功能。不仅如此,AGV还具有行驶检测功能,在遇见人或障碍物时会停止,具备非同步装配线需要的积放、在线自动装配、自动检测等所有功能,特别是AGV的行驶、转移、停止、定位等工作完全自我控制完成,符合现代汽车装配智能化、灵捷化的发展趋势。此外,AGV还具有通信功能,能够与上位计算机进行无线通信,多个AGV与上位控制计算机共同组成一个控制系统,简称AGVS。上位控制计算机可配以相应的通信模块与生产线控制系统进行通信连接,实现对发动机装配线全方位的控制。

图3-6　AGV自动输送装配系统

AGV在完成装配线输送的同时,还能够延伸实现发动机缸体上线和发动机总成下线的物流输送。当发动机缸体加工完成后,即可放置在装配线AGV上,直接由AGV输送至发动机装配线开始装配作业,真正实现精益生产(JIS——just in time,也有称准时制生产)。当发动机装配完成后,也可以由AGV将装配好的发动机直接输送至发动机试验台或仓库。因此,AGV已成为现代汽车发动机装试线上的关键设备之一。

三、发动机装试线实例

图3-7所示为轿车用发动机装试线总体布置示意图,该装试线由总装线、四条分装线(汽缸盖、活塞连杆组、曲轴、变速器)和装配、转位及试验设备组成。总装线采用摩擦滚轮和摩擦滚杠两种输送形式,汽缸盖分装采用无动力辊筒输送线,活塞连杆组分装采用摩擦滚杠输送线,曲轴分装采用差速链输送线,变速器分装采用摩擦滚轮输送线。在装试线上除了完成发动机的总装外,还完成变速器的装配,最后将发动机和变速器组装为动力总成,发动机的出厂试验则在线下完成。

该装试线总装的基本流程为:缸体以顶面向上的状态上线,打号机6打印序号,经清洗机7清洗后,由翻转机5将缸体翻转180°呈顶面向下状态,经主轴承盖螺栓拧松机8将主轴承盖卸下后,安装由曲轴分装线Ⅳ分装完成的曲轴,经翻转机9将缸体翻转90°,安装由活塞连杆分装线Ⅲ分装完成的活塞连杆组,再由翻转机将缸体翻转复位,使用力矩检测机10对曲轴回转力矩进行检测后,由缸体平行移载机11将缸体组件放置到托盘上,进行机油泵等安装,由涂胶机12对油底壳涂密封胶,安装油底壳,由缸体翻转移载机13将缸体组件翻转180°使其呈顶面向上状态,由油封压装机14压装曲轴油封,安装由缸盖分装线Ⅴ分装完成的汽缸盖总成和其他外围零部件,将变速器分装线Ⅵ分装完成的变速器总成与发动机组合装配,经试漏机进行密封性检测合格后,送试验台进行出厂试验。

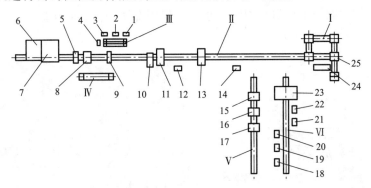

图3-7 发动机(含变速器)装试线总体布置示意图

Ⅰ-总装返修段;Ⅱ-总装线;Ⅲ-活塞连杆分装线;Ⅳ-曲轴分装线;Ⅴ-缸盖分装线;Ⅵ-变速器分装线;1-活塞销装配机;2、3-活塞环装配机;4-连杆螺母拧松机;5、9-翻转机;6-打号机;7-清洗机;8-主轴承盖螺栓拧松机;10-力矩检测机;11-缸体平行移载机;12-涂胶机;13-缸体翻转移载机;14-油封压装机;15-气门锁夹压装机;16-火花塞导管压装机;17-缸盖试漏机;18、21-轴承压装机;19、20-油封压装机;22-螺栓拧紧机;23-磨合试验机;24-试漏机;25-回转台

学习任务二 发动机装配工艺

装配过程对产品质量具有决定性的影响,成熟的发动机装配线可在节约成本的前提下,通过合理的工艺规程、正确的操作方法完成产品的组装,以满足质量要求。汽车发动机由成百上千个零部件组成,作为汽车的"心脏",其制造技术是整车制造技术的集中体现。能否保证发动机具有良好的性能,实现可靠地运转,很大程度上取决于发动机制造过程的最后工序——装配。在汽车发动机的装配过程中,应严格按作业标准进行操作,特别是对装配质量有重要影响的项目应进行重点控制。

从发动机的构造来看,根据各零部件和总成的功能属性,发动机分为机体组、曲柄连杆机构、配气机构、燃料供给系统、电子控制系统、冷却系统、润滑系统和起动系统八个部分。由于各功能部分在物理结构上并不完全独立而是相互混叠,所以不能按照其功能模块设计装配工艺,一般是按照先内后外、先下后上的原则安排装配流程。

不同类型和不同品牌的发动机,除了结构存在一定的差异外,不同厂家的工艺装备也有较大的差异,所以装配工艺都会有所区别。装配流程则是大同小异,都与学习任务一中三节介绍的装配流程相似,质量控制的参数项目一般也是相同的。下面按照基本装配流程介绍各部分的装配工艺。

一、汽缸体装配

汽缸体的装配内容主要有装配汽缸套、各种水堵和油堵等零件,装配工作往往是在机加工线完成。

汽缸体加工装配的基本流程为,铸造毛坯件按照先基准后其他、先面后孔的原则,先精铣基准面,再铣其他平面,钻油道孔、水道孔、螺纹孔,镗汽缸套座孔,然后压装汽缸套,安装主轴承盖,再镗、铰主轴承座孔,镗、珩磨汽缸孔,清洗缸体总成,安装水堵和油堵,检验合格后送总装线。

汽缸套压装可以使用通用压力机械,也可以使用专用的汽缸套压装机(图3-8),或者使用机器人(图3-9)。

图3-8 汽缸套压装机压装汽缸套

图3-9 机器人安装汽缸套

汽缸体加工装配过程中与装配相关的重点检验项目主要有缸套凸出量检测、汽缸孔和主轴承座孔的分组、汽缸体总成的泄漏检测,外观检查项目主要有缸体与其他零部件的安装密封面、汽缸套内孔和主轴承座孔表面质量。

1. 在线检测项目

1)汽缸套凸出量检测

汽缸分为有汽缸套式和无汽缸套式两种结构,有汽缸套式是常见的一种结构形式,又分为干式和湿式两种。对于湿式汽缸套,应注意在汽缸套的密封环槽内按标准要求安放密封件。安装汽缸套时,应使用专用设备将其压入汽缸体的缸套座孔内,并确保压入到位。对于顶部设计有凸出台肩的汽缸套,压装汽缸套后,台肩的凸出量应在设计公差范围内,凸出量一般使用测量机自动检测(图3-10),再进行人工复检(图3-11)。

图3-10 测量机自动检测缸套凸出量

图3-11 复检缸套凸出量

2)汽缸套内孔和主轴承座孔表面粗糙度检测

汽缸套内孔表面均应经过珩磨加工,珩磨质量的好坏决定了发动机工作时汽缸内表面与活塞的润滑程度,并最终影响发动机的寿命。曲轴主轴承座孔与主轴瓦(轴承)外圆表面配合,座孔表面质量将影响两者之间的配合紧密度。这两处表面质量要求主要是对表面粗糙度的要求,表面粗糙度一般使用粗糙度仪(图3-12)进行检测。

图3-12 粗糙度仪

3)汽缸孔和主轴承座孔尺寸分组

有些厂家在珩磨汽缸孔和精铰主轴承座孔后对缸孔和主轴承座孔进行孔径分组。汽缸孔径分组的目的在于与同样进行过外径分组的活塞分组选配,以提高活塞和汽缸孔之间的配合间隙精度。由于活塞的外径组级根据汽缸孔的孔径组级选取,所以分组的准确性将最终影响发动机的敲缸特性。主轴承座孔径分组,同时曲轴的主轴颈外径也要分组,每道轴瓦的厚度则由相应主轴承座孔和主轴颈外径的组级决定。孔径可以使用通用内径量仪测量,也可以使用专用量仪(图3-13、图3-14)或者三坐标测量机(图3-15)进行测量。

图3-13 使用缸孔量仪测量汽缸孔径

图3-14 缸孔量仪校对规

图3-15 三坐标测量机测量孔径

根据测量结果可以对汽缸孔和主轴承座孔径分组,同时还可以计算每个孔的圆度误差和圆柱度误差等参数。分组数量和每个组级的极限尺寸按照设计要求,组级以数字如1、2、3、4或字母如A、B、C、D表示,每个汽缸孔和主轴承座孔的尺寸组级打印在汽缸体上。

2. 外观检查项目

需要进行外观检查(图3-16)的主要项目包括水泵总成安装面、曲轴箱通风装置安装面、机油滤清器安装面、正时机构安装面、变速器/起动机安装面、汽缸体上表面、汽缸体下表面等密封平面,要求表面平整,无损伤、变形和其他缺陷。

图 3-16　汽缸体外观检查

水泵总成、曲轴箱通风装置安装面(图 3-17)是水泵和曲轴箱通风装置的安装基础,发动机工作时,具有一定压力的冷却液和曲轴箱内泄漏气体会通过该安装面,该安装面存在缺陷将导致冷却液和曲轴箱油气的泄漏。

机油滤清器安装面(图 3-18)是机油滤清器在汽缸体上的安装基础,安装面上有润滑油通道,该安装面存在缺陷将导致润滑油外泄。

水泵总成/曲轴箱通风装置安装面

图 3-17　水泵总成/曲轴箱通风装置安装面

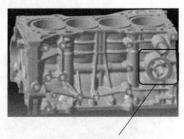

机油滤清器安装面

图 3-18　机油滤清器安装面

正时机构安装面(图 3-19)与正时机构外壳和油底壳共同构成曲轴箱密封空间,该安装面损伤将导致曲轴箱油气泄漏。

变速器与起动机安装面(图 3-20)是变速器和起动机的安装基础,该安装面与曲轴主轴承座孔的轴线有垂直度要求。若表面损伤,在安装变速器和起动机时,将无法保证变速器输入轴与发动机曲轴的同轴度和起动机转子与曲轴的平行度。

汽缸体上表面(图 3-21)为汽缸体与汽缸盖的结合面,同时也是冷却水道、润滑油道、燃烧室的分界面。发动机工作时,该表面承受燃烧室中可燃混合气燃烧所产生的巨大高温气体压力,是发动机中最重要的安装面之一。表面损伤和缺陷将可能使汽缸盖与汽缸体结合不严,导致可燃混合气外泄、压缩比降低、油道与水道和燃烧室贯通。

汽缸体下表面(图 3-22)是下曲轴箱(油底壳)的安装表面,对于一般式汽缸体,下表面同时还是曲轴主轴承盖的安装基础,是发动机中最重要的安装面之一。该表面存在损伤、变形等缺陷将影响曲轴箱的密封性以及曲轴主轴承座孔的精度。

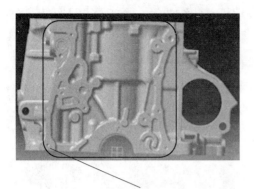

正时机构安装面

图3-19　正时机构安装面

变速器/起动机安装面

图3-20　变速器/起动机安装面

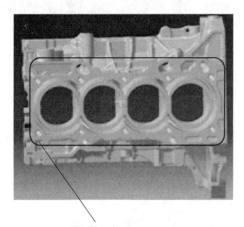

汽缸体上表面

图3-21　汽缸体上表面

汽缸体下表面

图3-22　汽缸体下表面

3. 汽缸体总成泄漏检测

汽缸体总成一般进行两次泄漏检测，第一次检测安排在水道和油道加工完成后、缸体精加工之前，第二次检测则在全部加工完成后进行。

泄漏检测的方法有湿式浸水法和干式法两种，不管采用哪一种方式，都需要用堵板将被试流道与外界的所有接口封堵，使工件内部被试流道形成一个密封空间。湿式浸水法是向被试流道内充入压缩气体后，将工件浸入水中，由人工观察是否有泄漏气泡产生，并由人工判断泄漏量是否在允许的范围内。湿式法操作简单、直观，但是工件易生锈，并且检测结果受人为因素的影响较大。干式法分为压力测量法（绝对压力法、差压法）和流量测量法（体积流量法、质量流量法）两大类，是向被试流道内充入压缩气体后，通过传感器检测一段时间内密封流道内气压的变化或泄漏流量值，从而判断工件的密封性能。

泄漏检测的设备为试漏机（图3-23），一般的试漏机都具有干式和湿式两种检测功能，并且具有自动上料、自动封堵、自动夹紧、自动转换检测方式、自动输送的功能。首先使用干式检测模式，试验合格的工件，自动输送至下线工位；当检测出不合格的工件后，自动启动湿式检测模式，将工件浸入水中，由人工观察并确定泄漏部位。

装配、试验完成后,合格的缸体总成放在发动机总装线的第一个工位投入线上,同时由打号机打印发动机序号(图3-24)。打号机按照使用的动力源划分,分为气动、液压、激光、电化学等类型。

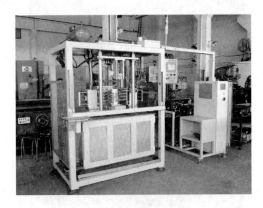

图3-23　缸体缸盖试漏机

图3-24　打印发动机序号

二、曲轴装配

曲轴组件是曲柄连杆机构两大组件之一,其作用是将活塞连杆组传递来的往复运动转换为旋转运动,向外输出动力并带动其他机构的运动,主要包含曲轴、正时齿(带、链)轮、主轴瓦、飞轮、液力变矩器、扭转减振器等零部件(图3-25)。

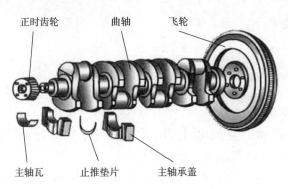

图3-25　典型曲轴组件示意图

曲轴组件装配质量的重点控制项目主要有主轴瓦的选配和主轴承盖的拧紧度控制,主要检测项目有曲轴回转力矩和轴向间隙的测量。

1. 主轴瓦的选配

主轴瓦与曲轴主轴颈之间的配合间隙应满足标准要求,此间隙决定于汽缸体上的曲轴主轴承座孔径、曲轴主轴颈外径和主轴瓦厚度。曲轴主轴承座孔径和曲轴主轴颈外径均有多个尺寸分组,每一个曲轴主轴承座孔径组和一个曲轴主轴颈外径组的组合都有一个轴瓦厚度组与之配合,三者配合方可得到标准的配合间隙。主轴承座孔径组级来自于汽缸体加工完成后的测量分组结果,曲轴主轴颈外径组级来自于曲轴加工完成后的测量分组结果。曲轴轴径测量可以使用通用量仪,也可以使用专用量仪(图3-26)、曲轴凸轮轴综合测量机

(图3-27)或三坐标测量机测量。除了测量主轴颈外径,连杆轴颈的外径也一并测量,并根据测量结果进行分组,每一道主轴颈的外径组级号和每缸的连杆轴颈外径组级号都打印在曲轴上。

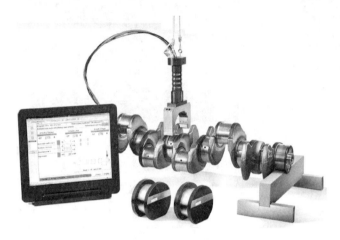

图3-26 使用专用量仪测量曲轴轴径

图3-27 曲轴凸轮轴测量机

如某型号四缸汽油机的主轴承座孔径组级分别为BCBCB、曲轴主轴颈外径组级分别为32323,轴瓦厚度组级以颜色标示在轴瓦侧面,主轴瓦的选配情况如图3-28所示。

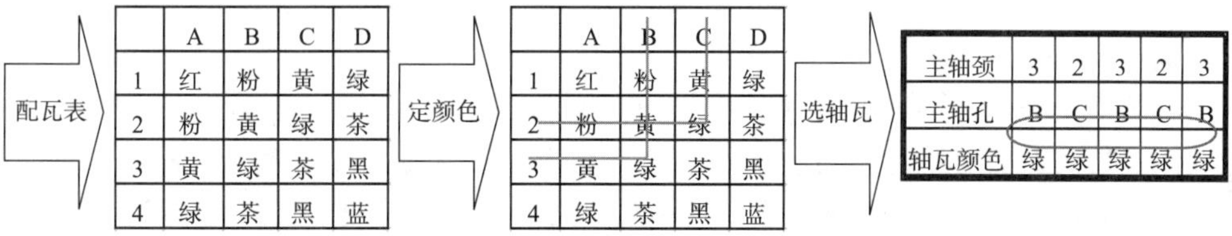

图3-28 主轴瓦选配示意

轴瓦可以通过人工选配,现在许多公司都使用轴瓦选配机(图3-29)自动选配。轴瓦选配机配置有机械手、送料机构和料库,可以自动读取本工位发动机型号和序号、每一道曲轴主轴颈外径组级和主轴承座孔径组级等信息,自动确定轴瓦组级,并将轴瓦信息写入发动机托盘随行信息卡(RFID——Radio Frequency Identification 卡)中,以便线尾纪录、查询和统计。

2. 曲轴的装配

曲轴装配前,使用主轴承盖螺栓拧松机拧松主轴承盖螺栓,由胀开装置使主轴承盖与轴承座分离,取下主轴承盖按顺序放置于轴承盖盒内(图3-30)。曲轴就位可以使用通用或专用吊装设备、助力机械手,也可以使用装配机器人(图3-31)。

图3-29 轴瓦选配机

图3-30 自汽缸体上取下主轴承盖

图3-31 机器人搬运曲轴

安装曲轴时,应注意:①主轴瓦是否安装;②主轴承盖上的顺序标记是否与实际相符;③主轴承盖上的朝前标记是否朝向发动机前方,或检查汽缸体主轴承座和轴承盖上的轴瓦定位槽是否位于同一侧;④按规定拧紧度拧紧主轴承盖螺栓,一般使用两轴螺栓拧紧机拧紧。检查工作可以通过人工完成,也可以使用设备自动检查。如可以使用激光测距仪检测主轴承盖厚度判断主轴瓦是否安装,安装轴瓦后厚度会增加,如果厚度较小,说明主轴瓦未安装。也可以采用充气法检测主轴瓦状态,向通往曲轴油道的通路中充气,随后保持充气压力,如果没有安装轴瓦,压力会快速下降。主轴承盖的方向则可以使用具有图像识别功能的视觉检测系统判断,通过摄像头读取方向标志物形状与标准图形进行比较,从而可以判断安装的正确性。

曲轴装配完毕,应检查曲轴回转力矩和轴向间隙。通过检查回转力矩,可以判断曲轴和主轴瓦间是否夹杂有异物、主轴瓦选配和安装的正确性、主轴承盖是否错装和拧紧度是否合适等。轴向间隙则用以判断曲轴止推片是否错装、漏装等。回转力矩和轴向间隙可以分别使用扭力扳手和塞尺检测,也可以使用曲轴回转力矩及轴向间隙测量机(图3-32)通过扭力传感器和直线位移传感器自动测量,将测量结果与标准值进行对比,即可判断装配的正确性。

图3-32 曲轴回转力矩及轴向间隙测量机

3. 曲轴扭转减振器

曲轴扭转减振器(图3-33)的作用是降低曲轴在高速回转时所产生的固有振动,防止曲轴折断,有些发动机的曲轴扭转减振器还作为驱动发动机上辅助机构的皮带轮。

装配曲轴扭转减振器时应注意,必须确保减振器在曲轴上装配到位,并按规定的拧紧度拧紧锁紧螺母。

三、活塞连杆组装配

活塞连杆组(图3-34)是曲柄连杆结构两大组件之一,包含活塞、活塞环、活塞销、连杆总成和连杆轴瓦等,主要作用是承受汽缸中的气体爆发压力,并将此力传递给曲轴。

活塞连杆组工作条件恶劣,机构受力复杂,对其装配质量的重点控制项目主要是机构的动平衡、运动副配合间隙和连杆螺栓拧紧力矩的控制,采取的措施主要是应用分组选配技术以获得各缸运动部件质量和配合间隙的均衡性,对拧紧过程进行全程监测。主要检测项目有活塞和连杆的安装方向、活塞环的开口方位、曲柄连杆机构整体回转力矩等。

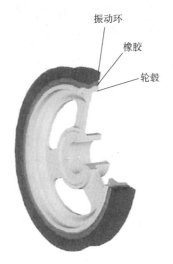

图3-33 曲轴扭转减振器

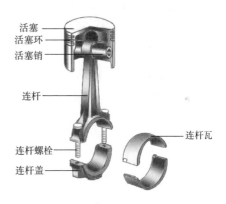

图3-34 活塞连杆组典型构成

1. 活塞的分组选择

活塞的选择包含两个方面:一是活塞质量的分组;二是活塞尺寸的分组。

活塞在汽缸中作往复高速运动,会产生很大的惯性力和冲击力,质量分组是选择质量差尽量小的一组活塞装配于一台发动机上,目的是使各个活塞产生的惯性力和冲击力得到总体平衡,降低发动机的振动。

当发动机的汽缸孔径分组后,则活塞的直径也必须与汽缸孔径对应进行分组,相同尺寸组级的活塞与汽缸孔配对使用,如汽缸孔径的尺寸组级为A,则相应活塞的尺寸组级也应为A,以保证各缸活塞和汽缸配合间隙的一致性,并符合设计要求。活塞的尺寸组级打印在活塞上。

2. 连杆的分组选择

连杆的分组选择包括连杆大头孔径分组和质量分组(图3-35)。

连杆按照大头的孔径分为多个组级,分组的目的是用于连杆轴瓦的选配。一台发动机上装用的连杆,其大头孔径分组可以不同。孔径分组标记一般打印在连杆杆身上。

连杆按照质量不同也分为多个组级,一台发动机上装用的连杆,其质量分组必须相同,否则将会因惯性力不平衡而导致发动机工作时的振动。

连杆大头孔是将连杆盖和连杆杆身按照规定的拧紧度拧紧后进行精加工而成,因此连杆盖和杆身具有配对的唯一性,不可与其他连杆组互换。由机加工线运送来的连杆,杆身和连杆盖是装配在一起的,需要首先由打号机对选配好的每台发动机的连杆分配并打印缸号,然后使用连杆螺栓拧松机将连杆螺栓拧松,由胀开装置将连杆盖与杆身分离(图3-36)。

图3-35 连杆称重分组工位

图3-36 连杆打印缸号和拧松连杆螺栓

3. 连杆轴瓦的选择

连杆轴瓦与曲轴连杆轴颈之间的配合间隙应满足标准要求,此间隙决定于连杆大头孔径、连杆轴瓦厚度和曲轴连杆轴颈外径。连杆大头孔径和曲轴连杆轴颈外径均有多个尺寸分组,每一个连杆大头孔径组和一个连杆轴颈外径组的组合都有一个轴瓦厚度组与之配合,三者配合方可得到标准的配合间隙。

如某型号汽油机的连杆大头孔径、曲轴连杆轴颈外径和连杆轴瓦的分组选配表如图3-37所示。

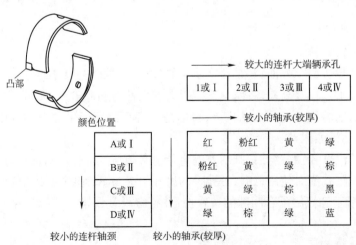

图3-37 连杆轴瓦分组选配表

4. 活塞销的装配

活塞销有全浮式和半浮式两种结构,汽车发动机一般采用全浮式结构(图3-38)。全浮式活塞销有两种装配方法,一种是常温下装配,还有一种是热装配。采用常温装配设计的活塞销,装配前在活塞销表面涂布润滑油,然后将其压入活塞销孔和连杆小头。采用热装配设计的活塞销,需将活塞加热使销孔胀大后,再将活塞销装入活塞销孔和连杆小头。活塞销安装到位后,在活塞销孔两端装入限位卡环。可以使用通用压装设备装配活塞销(图3-39),也可以使用活塞销自动压装机(图3-40)装配。自动压装机除可以压装活塞销和卡环外,还具有自动加热活塞销孔的功能。

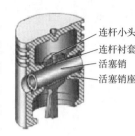

图3-38 全浮式活塞销与活塞和连杆的装配

图3-39 使用活塞销压装器装配活塞销

图3-40 活塞销自动压装机

装配活塞销时还应注意活塞和连杆的方向标记,即活塞顶部的向前标记应和连杆侧面的向前标记位于同一侧,方向不能装反。有些厂家使用视觉检测系统对装配完毕的活塞连杆组进行自动检测(图3-41),该系统通过拍摄活塞顶面结构和安装方位图像,并与储存在计算机中的标准图样进行对比,判断活塞选择的正确性和总体装配的正确性。

图3-41 视觉检测系统检测组装结果

5. 活塞环的装配

正式装配前,首先检查各道活塞环的端隙、侧隙和背隙,应符合标准要求。有安装方向要求的锥面环、扭曲环等,还应注意活塞环侧面的向上标记,不能装反。

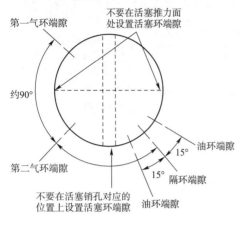

图3-42 发动机活塞环开口布置图

活塞环装入活塞环槽后装入发动机前,应调整各道环开口的相互位置,各道环开口应相互错开,相邻两道环的开口应相距尽量远,以提高汽缸工作空间的密封效果。不要将活塞环开口设置在活塞推力面处,也不要将其设置在与活塞销对应的位置上。组合式油环的两道钢片和一道衬环的开口也要错开,以防汽缸壁磨损不均匀。某发动机活塞环的开口布置如图3-42所示。

活塞环一般使用活塞环安装机(图3-43)安装,活塞环预置在一个伺服传动装置上,通过程序控制,借助专用胎具能准确无误地自动将活塞环装入活塞相应槽中,同时还具有防错装、漏装功能。装配活塞环后的活塞连杆组由托盘按照每个发动机一组的形式(图3-44)运送至发动机总装线。

图3-43 活塞环安装机

图3-44 活塞连杆组(每台一组)

6. 活塞连杆组与曲轴的装合

活塞连杆组装入汽缸(图3-45)并与曲轴连杆轴颈连接时,应注意:①活塞连杆组上打印的缸号与汽缸孔的对应性;②连杆大头孔径、曲轴连杆轴颈外径和连杆轴瓦的分组配合性;③活塞和连杆的朝前标记是否朝向发动机前方;④连杆杆身和连杆盖是否同一对;⑤连杆杆身和连杆盖上的轴瓦定位唇槽应在同一侧;⑥使用拧紧机按规定拧紧度拧紧连杆螺栓。

活塞连杆组安装紧固完毕,应使用曲轴活塞连杆组回转力矩检测机对曲柄连杆机构整体的回转力矩进行检测,以检查活塞连杆组的安装质量,测

图3-45 活塞连杆组入缸

定的力矩值应在标准范围之内。也有公司使用振动试验法检查连杆轴瓦装配状态,如果振动时出现噪声和异响,则可判断出连杆轴瓦漏装。

四、汽缸盖装配

汽缸盖是配气机构的安装本体,密封汽缸体上表面,并与活塞顶部和汽缸孔共同形成燃烧室,承受发动机工作时可燃混合气产生的高温气体压力和周期性的热冲击。

汽缸盖的装配内容主要包括配气机构大部分零件和油堵与水堵等,主要的装配工作在缸盖分装线完成,另有小部分如气门导管、气门座圈等在机加工线装配。装配质量的重点控制项目主要有气门座圈密封面和气门导管的同轴度、缸盖螺栓拧紧度的控制、安装正时机构时保证配气相位的准确性,主要检测项目有汽缸盖的密封性能、气门和座圈的密封性能。

1. 机加工线装配检测项目

汽缸盖在机加工线上的加工装配基本流程为,铸造毛坯件上线后,首先初检,然后加工各平面、螺纹孔、水道孔、油道孔、气门导管和气门座圈的安装底孔、汽油机的火花塞孔、柴油机的喷油器孔等,经清洗机清洗后,送试漏机检测泄漏情况,再安装气门导管、气门座圈、摇臂轴座、凸轮轴承盖(顶置式凸轮机构),精加工后再次清洗,安装堵盖后再次进行泄漏检测,最后成品检查、打号。

气门座、气门导管与其底孔的配合都是过盈配合,为保证压装质量和防止汽缸盖变形,一般采用温差法装配,一种是将气门座圈放在液氮容器中冷冻后压装,另一种是将汽缸盖加热后压装,目前也有工厂采用常温压装法。在设计上一般对气门导管的压入深度或外伸量有规定,可以借助于工装或者直接使用专用气门导管座圈压装机(图3-46)控制该尺寸。为保证气门与座圈配合严密,气门座圈锥面与气门导管孔之间有严格的同轴度要求。在工艺上一般采用硬质合金复合镗刀一次将气门座圈和气门导管的底孔加工完成,以使底孔获得良好的同轴度。气门座圈一般也使用专用压装机装配,压装气门座圈和导管后,再采用镗气门座圈、枪铰气门导管孔的加工方法使其满足同轴度要求。

顶置式凸轮机构的凸轮轴轴承孔(图3-47)位于汽缸盖上,其直径公差、圆度、表面粗糙度、同轴度及孔的位置等精度要求都较高,一般是在装配凸轮轴轴承盖之前,先分别对轴承座孔和轴承盖孔单独粗加工,轴承盖与轴承座合装

图3-46 气门导管座圈压装机

后,再用整体镗刀对轴承孔精加工,以获得良好的加工精度。加工完成后,每一道轴承盖与轴承座一一对应,再次装配时不能互换。

汽缸盖的泄漏检测设备和方法与汽缸体基本相同,外观检查项目也与汽缸体基本相同,主要包括进气歧管安装面、排气歧管安装面、EGR装置安装面、汽缸盖下表面、火花塞安装孔、喷油器安装孔、正时机构安装面、节温器安装面等密封面,要求表面平整,无砂眼、缩孔、

冷隔、毛刺、损伤、变形和其他缺陷，并检查所有加工部位有无遗漏。

进气歧管安装面（图3-48）是进气歧管与汽缸盖之间的安装密封面，该平面是管道内可燃混合气和管道外空气的阻隔面，该表面存在损伤和其他缺陷将导致可燃混合气与外界空气互窜。

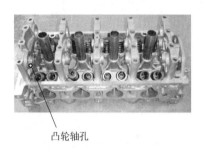

凸轮轴孔

图3-47　凸轮轴孔

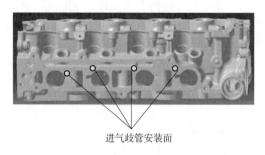

进气歧管安装面

图3-48　进气歧管安装面

EGR装置安装面（图3-49）是EGR装置在汽缸盖上的安装基础，发动机工作时，具有一定压力的排气会通过该面，该表面存在损伤和其他缺陷将导致废气的泄漏。

EGR安装面

图3-49　EGR装置安装面

排气歧管安装面（图3-50）是排气歧管与汽缸盖之间的安装密封面，该安装面阻隔排气歧管内废气外窜，该表面存在损伤和其他缺陷将导致发动机排出的废气从此处泄漏。

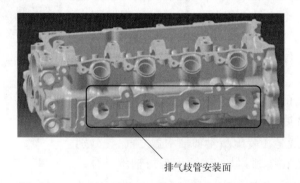

排气歧管安装面

图3-50　排气歧管安装面

汽缸盖下表面（图3-51）为汽缸体与汽缸盖的结合面，同时也是冷却水道、润滑油道、燃烧室的分界面。发动机工作时，该表面承受燃烧室中可燃混合气燃烧所产生的巨大高温气体压力，是发动机中最重要的安装面之一。该表面损伤和缺陷将可能使汽缸盖与汽缸体结合不严，导致可燃混合气外泄、压缩比降低、油与水和可燃混合气的混合。

在清洗汽缸盖时,应注意清除水道和油道中夹藏的机加工时产生的金属屑,以避免装配时金属屑掉落而损伤缸盖下表面,或使汽缸盖与汽缸体之间密封不严。

检查火花塞安装孔和喷油器安装孔(图 3-52),精度应达到设计标准,否则会导致装配困难或工作时可燃混合气外泄。

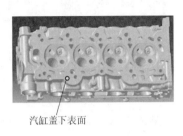

图 3-51 汽缸盖下表面

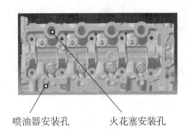

图 3-52 火花塞和喷油器安装孔

正时机构安装面(图 3-53)与正时机构外壳共同构成曲轴箱密封空间,损伤、变形等缺陷将导致曲轴箱油气泄漏。安装正时机构外壳前,应检查安装面有无损伤和其他缺陷,安装时应加密封垫并涂密封胶。

节温器安装面(图 3-54)是节温器在汽缸盖上的安装基础,有冷却液通道通过该安装面,表面损伤及其他缺陷将会导致密封不严而使冷却液泄漏。

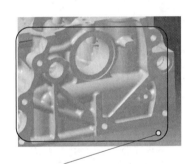

图 3-53 正时机构安装面

图 3-54 节温器安装面

2. 分装线装配项目

汽缸盖在分装线上的装配项目主要是配气机构,如进排气门、气门油封、气门弹簧、弹簧座圈、气门锁夹、摇臂组件等,另外还有火花塞、喷油器、水管接头、冷却液温度传感器等。对于顶置式凸轮机构,还须安装凸轮轴组件。分装线多使用装配设备进行安装,如使用气门油封压装机(图 3-55)安装气门油封,使用气门锁夹压装机(图 3-56)安装气门锁夹和弹簧组件,使用气门拍打机(图 3-57)对进、排气门进行全自动拍打磨合,使用多轴螺栓拧紧机紧固凸轮轴承盖螺栓、摇臂轴座螺栓等,以提高作业效率。气门锁夹压装后,往往还需要检查压装效果,可以人工检查,现在也有一

图 3-55 气门油封压装机

些厂家使用视觉检测系统对装配结果进行自动检测。气门安装磨合完毕,使用试漏机对每个气道分别进行泄漏测试,不合格件进行返修处理。

图3-56 气门锁夹压装机

图3-57 气门拍打机

安装摇臂和摇臂轴(图3-58)的过程中要注意保护摇臂与凸轮、摇臂轴及气门的接触点/面不受损伤,否则将导致漏气现象、发动机摇臂抱死并最终导致整机损坏等严重后果。摇臂轴与摇臂轴座装配时,应注意保护摇臂轴座孔不被刮伤。

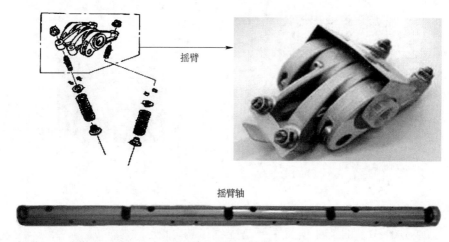

图3-58 摇臂和摇臂轴

配气相位的准确性在很大程度上决定于凸轮轴正时信号的精准程度,曲轴的正时信号通过正时齿轮机构或正时链条或正时皮带传递到凸轮轴。在装配凸轮轴组件(图3-59)和正时机构时,应注意凸轮轴的初始圆周方位,正时齿轮(或正时链轮或正时皮带轮)上的正时记号必须与汽缸盖(或机体)上的记号对正,以确保配气相位的准确性。安装凸轮轴时还要注意保护各凸轮面不被划伤或损坏,否则将影响到气门的动作精度,导致漏气。

有些发动机凸轮轴上还安装有凸轮轴位置传感器信号盘(图3-60),它向凸轮轴位置传感器提供激发信号,促使凸轮轴位置传感器向ECU提供凸轮轴位置信号。安装时要注意正反之分,如果装反,发动机将可能无法点火。

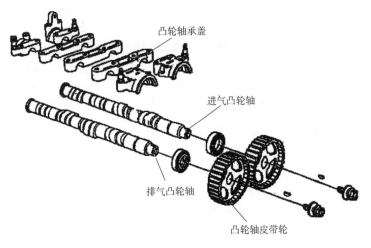

图 3-59 凸轮轴及其组件

图 3-60 凸轮轴位置传感器信号盘

3. 汽缸盖与汽缸体的装合

汽缸盖安装于汽缸体上之前,应完成前述的各项检查工作,确保无质量缺陷。装合时,应在汽缸盖与汽缸体结合面之间放置汽缸垫,同时注意汽缸垫的方向,不能装错。拧紧汽缸盖螺栓时,应按照规定的拧紧顺序和拧紧度拧紧。拧紧顺序的一般要求是从中间向外围对角交叉分步循环拧紧,而拧紧度则根据技术要求进行控制,现在一般都使用多轴螺栓拧紧机(图 3-61)自动拧紧。

汽缸盖和正时机构安装完毕,应调整摇臂和气门杆顶部间的气门间隙,过大会导致气门不能完全打开,过小则在发动机正常工作时气门杆因遇热伸长而使气门不能完全关闭。

有些发动机厂在汽缸盖和汽缸体装合后会再进行一次外观检查,可以采用人工检查,也有公司使用视觉检测系统自动检查装配的正确性,该系统可以从多个角度拍摄发动机的图像(图 3-62),并与储存在计算机中的标准图样进行对比,判断各零部件装配的正确性。

图 3-61 多轴缸盖螺栓拧紧机

图 3-62 视觉检测系统拍摄图像

五、燃料供给系统装配

燃料供给系统的作用是根据发动机各种不同工况的要求,将燃油和空气混合成一定浓度的可燃混合气,供给燃烧室进行燃烧、做功。最后,燃料供给系统还要将废气排出。燃料供给系统的特性直接影响到发动机的工作性能。

燃料供给系统主要由燃油供给系统、进气系统和排气系统组成。

1. 燃油供给系统装配质量重点控制项目

1)安装燃油滤清器

安装燃油滤清器(图3-63)时,应保持结合面的清洁,防止灰尘和杂物进入滤清器内部。滤清器的结合面上有一密封圈,安装时应保护好密封圈,以防划伤而导致密封不良。

2)安装分油器—喷油器总成

分油器—喷油器总成(图3-64、图3-65)包括分油器(油轨)、喷油器等燃油供给系统的关键部件,总成的装配质量直接关系到燃油供给系统能否正常工作。

图3-63 燃油滤清器

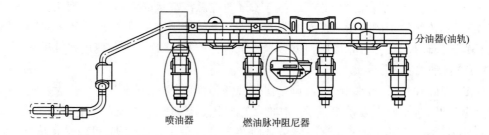

图3-64 电控汽油喷射系统分油器—喷油器总成

安装分油器—喷油器总成时的质量控制要点为:

(1)分油器的表面涂装不得有划伤、脱落等缺陷,否则在长时间使用后可能因锈蚀导致漏油甚至引发火灾。

(2)分油器及油管应正确安装,任何的偏移、歪斜都可能使分油器的油压处于非正常状态,导致喷油量不正常,影响发动机正常工作。

(3)喷油器表面应保持清洁,任何异物都可能堵塞喷油孔,影响喷油质量。

2. 进气系统装配质量重点控制项目

进气系统装配质量控制项目主要是对进气歧管(图3-66)装配质量的控制,控制要点主要有:

(1)各相似车型的进气歧管总成不允许互换或误装,误装将导致发动机怠速不稳,换挡时速度不平顺。

(2)进气歧管、进气歧管垫、缸盖安装面均要求良好的平面度和表面质量,原则上不允许有划伤、砂孔等缺陷,否则会使结合面不密封而导致漏气现象。

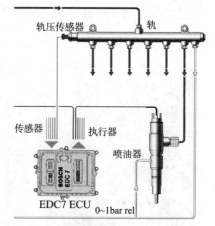

图3-65 高压共轨柴油喷射系统分油器—喷油器总成

(3)有一些发动机进气歧管总成中集成设计有冷却液通道,安装时应保证各冷却液通道口、空气通道口都处于正常位置,任何的偏移、歪斜都可能导致后续安装困难及漏气、漏水。

3. 排气系统装配质量重点控制项目

排气系统装配质量控制项目主要是对排气歧管(图3-67)装配质量的控制,控制要点主要有:

(1)排气歧管通过螺栓固定在缸盖上,螺栓的拧紧力矩必须得到保证,否则会导致漏气、排气管异常振动等现象。

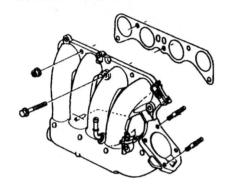  

图3-66　进气管组件　　　　　　　　　图3-67　排气管组件

(2)排气歧管、排气歧管垫、缸盖安装面均要求良好的平面度和表面质量,原则上不允许有划伤、砂孔等缺陷,以防漏气。

(3)排气歧管罩应良好紧固地安装在排气歧管上,保证发动机舱内的其他部件不受排气高温的损害。

(4)三元催化转化装置属于贵重易碎物品,安装时需要小心谨慎。

六、电子控制系统装配

发动机电子控制系统由传感器、电子控制单元(Electronic Control Unit,ECU)和执行器组成。传感器把发动机的工作状态参数以电子信号和数据的形式输入电子控制单元,电子控制单元将输入信号与存储器内的设定值进行比较,然后向燃油供给系统、点火系统、进气和排气等系统发出相应的信号指令,使发动机发挥最佳工作性能。图3-68所示为发动机典型电子控制系统示意图。

电子控制系统的装配重点控制项目有检查线束是否有破损、接插件接插可靠和正确无误、线束固定牢固、防止电子控制单元和传感器与执行器碰撞变形或损坏等。

如果线束破损,将导致线路短路,严重时还会引发火灾。接插件接插不牢固,接头接触不良,将导致电控系统工作不稳定或完全不能工作。接插件接插错误,电控系统不能正常工作,还有可能损坏电控元器件。线束固定不牢固,长时间使用后有可能松脱而与周围零件碰擦,磨破绝缘层后导致电路短路。电子控制单元在剧烈碰撞下有可能使得元器件焊点松动,导致线路接触不良。电控元器件变形或损坏后,将不能正常工作或完全不能工作。在安装时应严格按照工艺规程进行操作,保证装配质量。

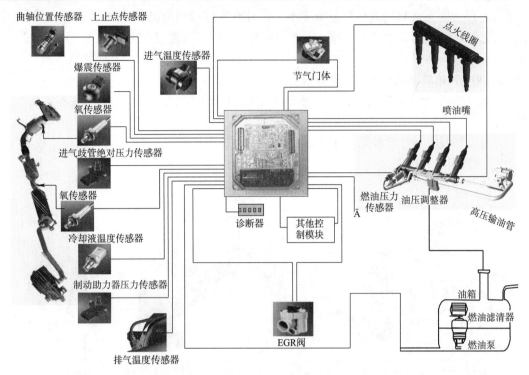

图 3-68 发动机典型电子控制系统示意图

电子控制系统的元器件和线束一般采用人工安装,为提高作业效率,有些公司也使用工业机器人安装某些易装配的元器件,图 3-69 所示即是使用机器人安装点火线圈的场景。

七、冷却系统装配

发动机的冷却方式一般可分为水冷式和风冷式两种,水冷式比风冷式冷却效果要好,车用发动机多采用水冷式冷却系统。

水冷式冷却系统(图 3-70)的主要部件包括水泵、节温器(图 3-71)和散热器。

图 3-69 机器人安装点火线圈

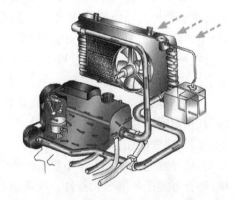

图 3-70 水冷式冷却系统组成

安装水泵时,检查水泵与汽缸体相接触的表面,应无损伤及其他缺陷。在水泵与汽缸体相接触表面处应加密封垫并涂密封胶,以防冷却液泄漏。若水泵采用皮带传动,还应将皮带张紧力调整到标准值。

安装节温器时,不能让支架、阀门承受过大的外力,防止其变形而致阀门密封不严。

散热器的散热管管壁很薄,散热片的厚度也很薄,它们极易损伤,在安装时应注意保护,不能使它们受到碰撞。

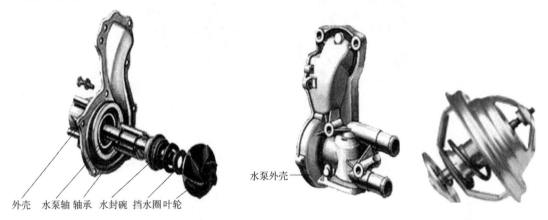

图 3-71 水泵与节温器

八、润滑系统装配

润滑系统的作用是连续不断地将一定压力的机油送到相对运动的各摩擦表面,防止金属表面直接接触,减少零件间的摩擦和磨损,并起到冷却和清除磨粒的作用。

润滑系统的主要部件有机油泵、集滤器(图 3-72)、油底壳、机油滤清器(图 3-73)、机油压力开关等。

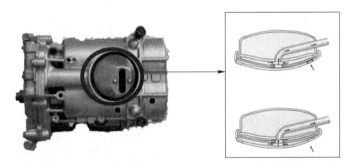

图 3-72 机油泵与集滤器

安装集滤器时应注意不要触及其内部金属网或使其变形,否则将影响过滤效果。

机油滤清器安装前须保证安装座表面光洁无杂质,安装时必须保证滤清器密封面与安装座面平行拧紧(图 3-74)。否则将可能直接导致发动机高速运转时机油的泄漏,发生严重事故。

油底壳用来收集与存放机油,并有一定散热作用。一般采用钢板冲压或者铝合金压铸两种方式制成。

钢板冲压而成的油底壳(图 3-75),一般在油底壳内、外涂有耐腐蚀、耐油、耐热涂层。安装此类油底壳,除注意在安装面涂胶防止漏油之外,还需要特别注意保护壳体表面的耐腐蚀涂装不被刮伤,否则涂装刮伤处极易被腐蚀进而导致壳体穿孔漏油的严重事故。

图 3-73　机油滤清器

安装前清洁安装面

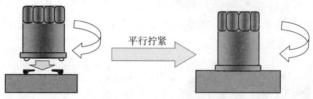

平行拧紧

图 3-74　机油滤清器的安装

铝合金压铸油底壳(图 3-76)，与薄钢板冲压件相比有更好的强度和刚性，对降低发动机的振动和噪声有很大好处。安装此类油底壳，除注意在安装面涂胶防止漏油之外，还需要特别注意防止壳体安装面不被碰伤、变形等，否则也将由于密封不良导致漏油。

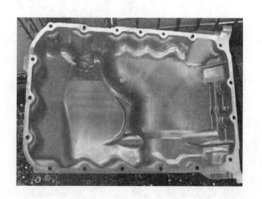

图 3-75　钢板冲压油底壳　　　　　　　　图 3-76　铝合金压铸油底壳

九、起动系统装配

起动系统(图3-77)的主要部件有起动机、蓄电池等。安装起动机时,应保证起动机的凸缘面与发动机上的起动机安装座面平行,否则会导致起动时驱动齿圈与飞轮齿圈接触不良。

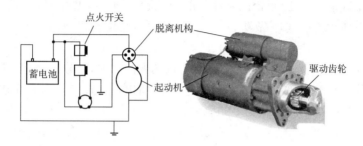

图3-77 起动系统组成

十、最终检验

发动机总装的最终检验项目主要有发动机总成泄漏试验和外观检查。泄漏试验使用发动机总成试漏机(图3-78)分别对发动机冷却液系统、燃油系统和润滑油系统进行密封性测试,测试的结果应满足规范要求。外观检查(图3-79)主要采用目视和触摸方式检查是否存在错、漏装的情况和内部是否有异物等,如放水塞、发动机吊钩、机油尺、通气软管、隔热罩螺栓、机油冷却软管等是否漏装,出水接头和氧传感器是否误装等。

图3-78 发动机总成试漏机

图3-79 发动机最终外观检查

学习任务三 发动机试验与调整

一、发动机试验概述

发动机试验分为性能试验和出厂磨合试验两种类型。

新设计及重大改进的发动机定型和转产生产的发动机验证均需进行性能试验。试验项目包括各种负荷下的动力性及经济性试验,无负荷下的起动、怠速、机械损失功率试验、有关汽缸密封性的活塞漏气量及机油消耗量试验等,用来评定汽车发动机的性能。

由于发动机零部件众多,制造和装配过程复杂,某型号的发动机即使性能试验合格,但是在大批量生产过程中也有可能因为制造和装配工艺不稳定而使大量产品不合格。因此,在发动机装配完后,都要通过一系列的磨合试验,以优化运动副的配合状况,检验发动机的制造装配质量,这就是出厂磨合试验。出厂磨合试验需要将发动机放置在专用台架上,按照一定的规范进行试验,分为冷磨合试验和热磨合试验两种。冷磨合试验的最大特点就是发动机依靠外动力拖动而自身不做功,热磨合试验就是在发动机自行运转状态下进行磨合试验。

冷磨合试验和热磨合试验都包含磨合和测试两方面的内容,分别简称为冷磨、冷试和热磨、热试。由于磨合和测试两项内容是同时进行的,所以也有直接简称为冷试和热试。因为加工工艺、刀具、机床及零件本身变形的原因,制造完成的发动机各配合零件无论经过多精细的加工,即使宏观观察很光洁,但仍有观察不到的加工痕迹,始终存在着不同程度的缺陷,如表面粗糙度和形状误差,新装配运动副的两个零件之间的配合面不能达到最大承载面积。直接投入重负荷工作,零件表面就会产生划痕、早期磨损等损坏现象,从而降低使用寿命。磨合就是在发动机使用前,按照一定的规范使发动机运转,逐步提高运动副配合表面的承载面积和配合精度,使摩擦表面性质从初始状态过渡到使用状态,防止早期损坏的工艺过程。测试是在磨合试验过程中检查发动机各组成系统的运行情况,获得发动机的性能指标,同时还可以检查发动机的零部件质量,装配是否有错漏装,是否存在漏水、漏气和漏油等现象,并通过调整使其满足设计要求。

出厂磨合试验一般要求根据国家及行业有关标准或规范,由工厂编制出厂磨合试验大纲,并按大纲要求进行磨合试验,出具出厂试验报告。不同厂家的生产方式、工艺条件、制造质量和发动机性能不尽相同,其试验规范和检测项目也不相同。出厂磨合试验与性能试验相比,内容相对较少,方法也简单些。

一般发动机出厂前都应经过磨合试验,也有一些国外或合资厂家产品设计和质量控制较好,只采用抽检的方式进行。由于汽油机的压缩比较小,功率通常也不太大,负荷较小,所以出厂磨合试验一般只做性能和参数测试,在进行测试的同时以很短的时间完成磨合过程。而柴油机的压缩比大,功率也较大,相应地负荷也较大,出厂试验除了需要对性能和参数进行测试外,还需要进行较长时间的磨合,以提高零部件的承载能力。一般情况下,发动机的功率越大,机加工工艺能力越弱,需要的磨合时间也越长。目前,国外汽车厂家一般不进行冷磨合,直接采用冷试检测发动机的装配质量状况,汽油机冷试所用时间一般为 1~2min,热磨合试验的时间一般为 4~6min,有的长达 20min,也有一些厂家已经取消热磨合;柴油机冷试所用时间一般为 3~5min,热磨合试验的时间一般为 5~100min。国内汽车厂家汽油机热磨合试验的时间一般为 10~20min,柴油机冷磨合一般为 30~40min,柴油机热磨合试验的时间一般为 30~90min,也有达到 2~3h 的,现在各厂家正在逐步引入冷试技术,并逐渐缩短冷磨合时间。

随着机加工和装配工艺能力的逐步提高,汽油机和小型柴油机正向着消除和大幅度减少热试的方向发展,强调生产过程的在线测试,使用冷试技术来提高发动机在热试中的一次通过率,简化热试台架,热试仅用来进行抽检,减少对复杂热试台架的数量要求。大型柴油机也正在逐渐通过冷试来减少热试的测试循环时间和测试次数。

二、发动机性能试验

发动机的性能试验在性能试验台（图3-80）上进行。GB/T 18297—2001《汽车发动机性能试验方法》规定了汽车用发动机性能台架试验方法,其中包括起动、怠速、功率、负荷特性、万有特性、压燃机调速特性、机械损失功率、各缸工作均匀性、机油消耗量和活塞漏气量十项性能的试验目的、试验条件、试验方法、测量项目及数据整理方法等,用来评定汽车发动机的性能。汽车发动机的质量检验试验等,都应该按照GB/T 18297—2001规定的方法进行。

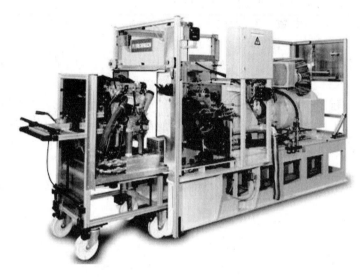

图3-80 带输送车的汽油机性能测试台

1. 试验一般条件的控制

除有特殊规定以外,一般应按下列条件进行性能试验。

（1）使用规定牌号的燃料及机油,柴油不得添加消烟添加剂。

（2）试验前按照规定的磨合规范进行磨合。

（3）水冷机的冷却液出口温度控制在361K±5K,必要时可减少温度允差；风冷机的指定点、散热片等温度按设计规定。

（4）机油温度按设计规定或控制在368K±5K,必要时可减少温度允差。

（5）柴油温度控制在311K±5K,汽油温度控制在298K±5K。必要时可减少温度允差。

（6）排气背压按设计规定或低于6.7kPa。

（7）若发动机不带风扇,所有试验均可设置外加风扇或相应的装置向发动机吹拂。

（8）测量数据时的发动机运行转速与选定转速相差应不超过1%或±10r/min,测量应待转速、转矩及排气温度稳定1min后进行,转速、转矩、燃料消耗量及进气温度尽量同时测量。测量燃料消耗量的时间应不少于20s,取连续两次测量的平均值,前后两次的转矩及燃料耗值相差应小于2%,两次测量的时间间隔约1min。

2. 起动试验

起动试验用于评定发动机的低温、中温及热机起动性。起动性的优劣以起动发动机所需要的拖动时间进行评价。

柴油机低温起动试验在263K的环境温度下进行,汽油机在255K的环境温度下进行。加足防冻液及润滑油的发动机(含变速器)、充足电的蓄电池和燃油一起置入规定的低温环境,待蓄电池电解液、防冻液及润滑油温达到规定的环境温度±1K时,即可开始低温起动试验。

暖机起动试验前,在40%~80%额定转速下运转,待冷却液温度达到361K±5K后,怠速10s,停机120min,环境温度不限,即可开始中温起动。

热机起动试验前,在40%~80%额定转速下运转,待冷却液温度达到361K±5K后,怠速10s,停车10min,环境温度不限,即可开始热车起动。

起动试验的测量项目及数据有起动失败次数、起动成功的拖动时间、环境温度和进气状态;起动机和蓄电池的最低工作(即拖动时的)电压、拖动及自行运转的发动机转速、起动电流、进气管绝对压力等与时间的关系曲线;起动前冷却液、润滑油及电解液的温度;柴油牌号。

根据拖动时间赋予一定的质量分值(表3-1)。如果起动失败一次,扣2分;失败两次,扣5分;失败三次,评定为1分。总分等于起动成功的评分减去起动失败的扣分数。若差值小于1时,令总分为1。根据所获得的总分对发动机的起动质量进行评价(表3-2)。

拖动时间与质量分值的关系　　　表3-1

拖动时间(s)	低温起动评分	暖机/热机起动评分(环境温度不限)
0~1	9	9
2	9	7
3	8	5
4	7	3
5	6	2
6	5	2
7	4	2
8~9	3	2
10~15	2	2
15以上	1	1

总分值与评价的关系　　　表3-2

分值	评价	分值	评价
9	优秀	4	不及格
8	很好	3	不大可靠
7	好	2	不可靠
6	尚可	1	很不可靠
5	及格		

3. 怠速试验

怠速试验用于评定发动机的怠速质量,分低温冷机怠速试验及热机怠速试验两种,用于测试无负荷时怠速运转的平顺性(如转速波动量)及运转持续性(不熄火)。

试验前,利用汽车标准悬架及垫块将发动机安装在台架上,使其悬置与车上一样,按照设计说明书规定进行操作及设置怠速。一旦试验开始,人不再操纵发动机如节气门等,任其自行运转或熄火。试验过程中用仪器记录发动机转速与时间的关系曲线。

怠速试验的测量项目及数据有试验终了时进气管绝对压力或真空度、怠速(或高怠速)转速、燃料消耗量、点火提前角/喷油(或供油)提前角;瞬时怠速的最高、最低及平均转速;熄火次数、怠速质量的分数。

根据怠速运转的平顺性及怠速持续能力对怠速质量进行评价(表3-3)。

怠 速 质 量 评 价 表3-3

评 价	分 数	怠 速 质 量
优秀	9	不太感觉发动机在怠速运转
很好	8	清晰地感觉到在运转,但运转平顺
好	7	运转略有振动,但无反感
尚可	6	运转略微粗暴,但转速稳定
及格	5	运转中度粗暴
不及格	4	运转粗暴、但能维持运转,不熄火
不太可靠	3	运转严重粗暴,维持运行无把握,可能熄火
不可靠	2	熄火1次,在怠速工况持续20s运转难以维持
很不可靠	1	熄火2次或2次以上,不能维持运转,人为操纵节气门才能继续运转

4. 功率试验

功率试验用于评定发动机在全负荷工况下的动力性、经济性和排放性能。

试验时节气门处于全开状态,在发动机工作转速范围内适当地选取8个以上的测量点,依次改变转速进行测量。

功率试验的测量项目及数据有进气状态、转速、转矩、燃料消耗量、压燃机的排气可见污染物(按GB 3847)、点燃机的空燃比或CO(按GB 14761)、排气温度、点火或喷油提前角、点燃机进气管真空度或绝对压力及燃油牌号。根据测量数据绘制发动机的总功率、净功率特性曲线。

5. 负荷特性试验

负荷特性试验用于在规定的转速、不同的负荷下评定发动机的经济性和排放性能。

在发动机工作转速范围内适当地选取8个以上的转速点进行试验,其中应含常用转速和转速为2000r/min、平均有效压力为200kPa的工况点。试验时,发动机转速不变,从小负荷开始,逐步加大节气门进行测量,直至节气门全开。

负荷特性试验的测量项目及数据有进气状态、转速、转矩、燃料消耗量、点火或喷油提前角、点燃机的进气管真空度或绝对压力、空燃比和燃料牌号。必要时,点燃机按照GB 14761、压燃机按照GB 17691测量CO、HC、NO_x排放量等。根据测量数据绘制发动机的负荷特性曲线。

6. 万有特性试验

万有特性试验用于在不同转速、不同负荷下,评定发动机在车用状态(即带全套附件)下的经济性和排放特性。

试验时,发动机带全套附件,在发动机工作转速范围内适当地选定8个以上的转速进行试验,按照负荷特性试验的方法,在选定的转速下分别进行负荷特性试验。

万有特性试验的测量项目及数据有进气状态、转速、转矩、燃料消耗量、点火或喷油提前角、空燃比、排气温度、点燃机的进气管真空度或绝对压力、燃料牌号。必要时,点燃机按照 GB 14761、压燃机按照 GB 17691 测量 CO、HC、NO_x 排放量等。根据测量结果绘制万有特性曲线和排放特性曲线。

7. 压燃机调速特性试验

压燃机调速特性试验用于评定压燃机的调速性能,可以与总功率试验结合在一起进行。

试验时,发动机带附件,首先卸除全部负荷,节气门置于全开位置,使发动机转速达到最高稳定空转转速,然后逐步增加负荷,转速逐步下降,直至最大转矩转速。在最高稳定空转转速和最大转矩转速之间适当地选取包括额定转速点在内的 10 个以上的测量点进行测试,为使曲线准确,在转折处应选取较多的测量点。

压燃机调速特性试验的测量项目及数据有进气状态、转速、转矩、燃料消耗量、调速器开始不起作用的转速 n_1(r/min) 及最高稳定空转转速 n_{0max}(r/min)。根据测量结果,绘制压燃机调速特性曲线。

8. 机械损失功率试验

机械损失功率试验用于评定发动机的机械损失功率和点燃机节气门全开和全关的泵气损失的差异。该试验应该和总功率试验一起进行,以便准确地计算发动机的机械效率。

试验时,节气门全开,使发动机在额定转速下运行,保持冷却液及机油的温度稳定,然后切断油路,使管路中的剩余燃料烧尽,点燃机还需切断点火电源。用电力测功机拖动发动机,从额定转速起,逐步降低转速,在额定转速和最低工作转速范围内均匀地选定 8 个以上的测量点进行测试,直至最低工作转速。点燃机在选定的转速下完成节气门全开工况测量后,还需立即进行节气门全关工况的测量。为保证结果的准确性,试验应在发动机熄火后 3min 以内完成。

机械损失功率试验的测量项目及数据有进气状态、转速、机械损失转矩、点燃机进气管真空度或绝对压力、机油温度、机油牌号和黏度。根据测量结果,绘制机械损失功率曲线。

9. 各缸工作均匀性试验

1) 压缩压力试验

压缩压力试验用于评定点燃机各缸进气的分配均匀性。

试验前调整气门间隙,发动机带附件,汽缸压力表的止回阀应尽量靠近汽缸。将发动机预热到冷却液的出口温度为 361K±5K、机油温度为 368K±5K(或按设计规定)后,切断燃料供给,将剩余燃料烧尽,再切断点火电源,用电力测功机拖动发动机。保持节气门全开状态,仅拆下一个缸的火花塞,其他缸的火花塞均装好,在额定转速下,测量该缸的最大压缩压力,然后再测量其他各缸。逐步降低转速,在额定转速和最低转速之间适当地选取 10 个以上的测量点进行同样的测量,直至最低转速。

压缩压力试验的测量项目及数据有进气状态、转速及各缸实测汽缸压缩压力 P_c(kPa)。根据测量数据绘制汽缸压缩压力曲线。

2)各缸排气中 CO 或空燃比测量试验

该试验的目的是评定汽油机各缸混合气空燃比的均匀性。

若发动机的相邻两缸共用一个排气道排气,则在各缸排气门座圈的座面上钻一直径为 0.6~0.8mm 的孔,分别引出各缸的排气。若发动机的每个汽缸均有一个排气道,则在排气门座圈附近,用管子分别取出各缸排气的样气。用不分光红外线分析法测定 CO 或空燃比。

发动机带附件进行试验,在节气门全开状态下,从最低转速开始逐步增加转速,在最低转速和额定转速之间选取若干个测量点,测量各缸排气中的 CO 或空燃比。

测量的项目和数据有进气状态、转速、各缸排气的 CO 或空燃比、转矩、燃料消耗量、汽油馏程及牌号。根据测量数据绘制汽油机各缸混合气 CO 或空燃比均匀性曲线。

3)单缸熄火功率试验

单缸熄火功率试验用于评定非增压压燃机的各缸指示功率的均匀性。

保持节气门处于全开状态,在额定转速下使第一缸断油熄火,然后调整测功机使转速恢复至额定转速后进行测量。此后,按照同样的方法对其他各缸进行试验和测量。

单缸熄火功率试验的测量项目及数据有进气状态、转速、转矩及各缸熄火后的发动机转矩。根据测量结果计算压燃机各缸指示功率不均匀率。

10. 机油消耗量试验

机油消耗量试验用于评定发动机在规定工况下的机油消耗量。

试验前应检查发动机的密封性,不得存在漏油和漏水现象。点燃机分别以 100%负荷和30%负荷、压燃机以 100%负荷进行试验,在额定转速下持续运转 24h。

机油消耗量试验的测量项目及数据有燃油总消耗量 ΣG_f、机油总消耗量、窜油量、漏油量、机油温度、点燃机进气管真空度或绝对压力、进气状态、转速、转矩、机油黏度和牌号。机油量的测定方法有放油称重法和连续称重法,可以任选其一。根据测量结果,计算机油和燃油消耗百分比、窜油燃油消耗百分比和平均漏油量。

11. 活塞漏气量试验

活塞漏气量试验用于评定活塞组与汽缸套配合的气体密封性能。试验时,封堵曲轴箱与外界的一切通道,如曲轴箱通风的进出口、油标尺孔、汽油泵的呼吸孔及各种罩盖的接合处等,并要求曲轴油封密封正常(曲轴箱内加 0.2kPa 压力,其漏气量不得大于 5L/min)。必要时,曲轴箱与活塞漏气量测定仪之间可添置冷凝器,所有连接软管内径不小于 20mm,漏气量测定仪的排气口不应受到吹拂。在节气门全开状态下,在发动机工作转速范围内适当地选取 8 个以上的测量点,依次改变转速进行测量。

活塞漏气量试验的测量项目及数据有进气状态、转速、漏气量、转矩、燃料消耗量、机油黏度及牌号。根据测量结果绘制活塞漏气量曲线。

三、发动机冷磨合试验

每一台发动机在装车前都需要对其进行磨合、性能与泄漏测试,磨合运转一般从冷磨合开始,使发动机在空载低速下运转,然后逐渐提高转速,使摩擦副得到初步磨合。冷磨合台所用电动机功率按发动机功率确定,一般以高出 40%的发动机功率为宜。有些厂家的冷磨合又分为无压缩磨合和压缩磨合两个步骤。无压缩冷磨合时,要拆下喷油器或火花塞;压缩冷磨合时,则需装上喷油器(或火花塞)。

冷磨合起始转速过高或过低都不利于磨合过程。磨合起始转速过低,将导致机油泵供油不足,不能及时导出运动副在磨合初期释放出的热量,热量过多会使摩擦表面难以形成良好的润滑条件,加速发动机的磨合磨损。另一方面,转速过低,润滑油压力也低,运动副配合表面间难以形成油膜,甚至润滑油不能达到某些运动副(如顶置式凸轮轴的运动副),因此磨损较大。转速较低时,磨合时间明显增加,增大了磨合期的总磨损量。

防止转速过低的同时,亦应防止转速过高。磨合转速过高,会减少摩擦表面的接触时间,从而减少摩擦表面微观粗糙度的弹性变形和塑性流动的时间,但是增加了摩擦表面的接触频率,增大了摩擦行程,因而增大了单位时间内的摩擦功,导致摩擦表面的温度升高而引起机油温度过高,机油黏度降低,使摩擦条件恶化。当转速较高时,磨损速率较快,磨合期的磨损量也大。一般情况下,冷磨合开始转速为额定转速的20%~25%,终止转速为额定转速的40%~55%。

试验表明,冷磨合从起始转速过渡到终止转速,采用有级过渡较采用无级过渡具有更好的磨合效果。因为采用有级过渡时,每一磨合转速下的磨合时间是根据该转速下的磨损率是否已趋于稳定(或摩擦功趋于稳定)而确定的,只有稳定后才能转入较高一级转速。因此,转速的提高与表面的承载能力是相适应的。而无级过渡时,因转速变化导致的运动副表面压力的变化往往来不及与磨合过程相适应,因此磨损率较高。一般相邻两级磨合转速差为200~400r/min。

以前,结合冷磨合过程所做的性能测试项目极少,仅仅只有润滑油压力、冷却液温度等,发动机的性能参数主要是在热磨合过程测试的。通常,热磨合试验时间比较长,为适应快速流水生产的需要,往往在试验工位布置多台热磨合试验设备并行工作,初期投资较大。试验过程中需要消耗大量的燃油、润滑油和冷却液,而且热磨合试验过程中发动机产生的废气物不仅对环境造成污染,也对员工的身体健康造成危害。基于节约能源、保护环境以及提升测试效率的目的,研究人员对冷测试技术进行深入研究,通过高精度仪器和精密传感器在发动机被动运转条件下对其性能参数进行测试,具有不消耗燃料、成本低、污染少、测试时间短、效率高、测试精度高、检测项目多、没有复杂辅助系统、缺陷发动机的零部件可重复利用等优点。目前很多著名汽车公司(如美国通用、日本丰田等)生产的轿车汽油发动机的出厂试验都采用以冷测试为主,热测试为辅,主辅结合的试验方法,结合冷试过程使发动机进行短时间的磨合。当然,冷试也有一定的局限性,主要表现在单机设备投入成本高;发动机不点火,一些需要在热机情况下才能表现出来的故障,如微小的泄漏、动力输出特性等,冷试不能反映出来,故冷试后一般还需设置一定比例的热试抽检。

1. 冷试设备

冷试台架(图3-81)主要由台架基础与装夹系统、数据采集分析系统、电气与自动控制系统等组成。台架基础与装夹系统包括台架基础、托盘上料系统、发动机定位与夹紧装置、各种自动封堵机构等。数据采集分析系统通过各类传感器采集发动机的特征信息,经系统处理分析后,与储存的经验特征值进行比较,自动判定发动机是否合格并分析故障原因,同时通过用户界面显示测试结果,以利于故障的处理。电气与自动控制系统包括台架的电源供应、驱动装置、试验台控制设备、自动零—校正系统、面板操作系统、计算机软硬件等。

项目三 汽车发动机装配与调试

图3-81 冷试台架

发动机冷试有自动测试系统和半自动测试系统两种。自动测试系统是在发动机冷试开始前，设备自动将各种管路连接到发动机上，而半自动测试系统是在发动机冷试开始前，由人工将各种管路连接到发动机上，然后进行测试。根据不同的测试要求，发动机在进入冷试工位时的状态是不同的，如是否需要在冷试时安装连接线束、是否需要安装进气管、是否需要安装排气管等。

2. 冷试技术的原理与试验过程

通过冷测试对发动机的装配质量进行诊断，主要是基于故障映像(Mapping)技术。其基本原理是：对于同一型号的发动机，如果制造和装配都没有误差的话，它们之间就会拥有共同的"信号特征"，即发动机在测试过程中所采集到的各项参数值应该相差不大。通过对大量已知的合格发动机进行测试，通常需要5000～10000台次左右，然后对所采集到的特性参数的分布范围进行分析，设定各特性参数的上、下极限值，以此极限值作为测试基准。如果对某台发动机进行测试后，其特性参数值没有超出极限值，即特性参数值与基准相符，则表明该发动机合格；否则，说明发动机存在某些缺陷或故障，判定为不合格。

特性参数限值的设定是一项烦琐的工作，通常需要把可能出现的问题制成一个列表，根据列表故意制造有缺陷的发动机，并对它们进行冷试。测试数据一般以波形记录和分析，并对波形所对应的缺陷类型、数值、特征进行归类。由于装配零件的变化或设备的老化都会影响测试参数的极限值，所以各个参数的极限值需要不断地修正直到稳定。另外，环境变化可能会在各个方面影响测试参数，如发动机的机油温度变化会影响到测试结果。虽然现在很多测试软件内置了自我补偿程序，但是都有一定程度的补偿范围，需要关注测试环境的变化，及时采取措施。由于冷试技术需要事先做大量的数据搜集和分析，开发成专门的数据库，而且数据库一般只对同一平台的机器适用，不同机型和平台的系统在数据处理和分析方面也有很大的差异，所以生成数据库的工作量很大，研发成本较高。

冷试设备通常安装于发动机装配线的尾部，当装载发动机的托盘进入测试工位时，冷试台检查传感器并自动零校位，从移动数据块读取发动机型号、编号及相关参数，并调用相应的测试程序。由定位夹紧装置在变速器凸缘一侧夹紧固定发动机并连接耦合驱动装置，自动连接装置进给到位,同时连接其他辅助装置。伺服电动机按照控制系统设定的程序驱动发动机运转,利用加装在设备上的传感器采集试验数据并进行数据分析,图3-82所示为使用声波激光传感器检测发动机表面的机械振动波并与参考基准进行比较,根据分析结果自动判断发动机是否合格或零部件质量是否存在缺陷。测试完毕,退回自动连接装置和辅助装置,断开发动机驱动装置,将带有发动机编号的测试和分析结果存入检测计算机。最后,托盘载着发动机离开冷试台架。

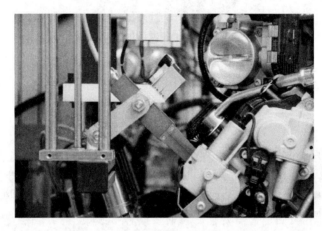

图3-82 带进给装置的声波激光传感器

3. 冷试的测试项目

冷试系统可以进行电气系统、机械系统、功能控制部件、共轨燃油系统、点火系统(汽油机)及涡轮增压系统等多方面几十个项目的测试,但具体测试项目取决于发动机类型、结构、性能要求及厂家的试验要求等。

一般的测试项目包括起动转矩(可以检测出主轴瓦和连杆轴瓦是否装配正确、曲轴是否卡死或弯曲、运动部件是否存在干涉等现象)、转动转矩(可以检测出活塞缺陷、进排气门泄漏、火花塞缺失、活塞环缺失等问题)、进气压力(可以检测出气门正时、气门/气门弹簧/挺柱缺失、进气门泄漏、气门是否弯曲等问题)、排气压力(可以检测出气门正时、气门/气门弹簧/挺柱缺失、排气门泄漏、气门是否弯曲等问题)、机油压力(可以检测出机油泵缺陷、发动机内油路堵塞、轴瓦缺失等问题)、点火测试(可以检测出线圈和连接点是否连接完好、火花塞电极间隙是否存在问题、点火模块问题等)、NVH(Noise——噪声、Vibration——振动、Harshness——声振粗糙度)测试(可以检测出连杆轴瓦缺失或型号错误、推杆型号或尺寸错误、火花塞松动、缸孔表面粗糙度等问题)、传感器测试(曲轴位置传感器、爆震传感器、复合压力传感器、冷却液温度传感器等)、正时测试(第一缸上止点的识别、凸轮轴和曲轴位置传感器的信号)、泄漏检查(燃油系统、机油道、气路、冷却液流道)、发动机电控系统通电检查、执行机构功能测试、喷油提前角测试、增压器功能测试、气门间隙检查、变速器异响检查等。需要特别注意的是,在冷试开始时,如果机油压力不正常或者起动转矩太高,应该中止发动机测试,否则发动机会损坏,而且必须将所出现的问题解决后才能再次进行冷试。

4. 发动机冷试实例

某型号发动机冷试分为四个阶段,测试过程如下。

第一阶段是安全测试阶段,主要检测起动转矩和油压。发动机转速较低,约为300r/min,测量时间大约10s。起动转矩是冷试检查的第一个项目,其值通过安装在驱动电动机与发动机之间的转矩传感器测得,当起动转矩不正常时,说明发动机存在较大的机械故障或缺陷。如果转矩传感器检测到起动转矩值超过设定的极限值时,系统发出报警信号,并立即停机。转速达到300r/min并稳定一段时间后,通过油压传感器检测燃油压力和润滑油压力在规定时间和转速内是否达到指定压力,以诊断燃油供给系统和润滑系统工作是否正常,如油路是否渗漏或阻堵、机油泵是否有故障或缺陷、机油压力调节器是否正常工作。在这个阶段同时采集大气压力、大气温度等环境参数。

第二阶段,发动机转速升至2000r/min,测试时间大约15s。主要检测凸轮轴正时、曲轴正时、有无漏油,并进行点火测试。正时及点火测试都要结合曲轴转角信号来进行分析,曲轴转角一般通过安装在电动机后端的编码器采集脉冲信号,然后经相应换算得出。正时分析可以检测出正时皮带是否安装正确、向前或向后错齿等问题。虽然发动机在冷试过程中没有燃烧过程,但其点火过程是始终存在的。通过安装在测试台架上靠近点火线圈的磁场传感器来感应点火过程中磁场的变化并记录感应的波形,通过观察感应到的波形来判断发动机点火系统的好坏,并可以结合曲轴转角信号分析出点火提前角的大小是否合适。

第三阶段对发动机进行噪声检测,发动机转速为1200r/min,测量时间大约为10s。发动机各机构在正常工作条件下,发出的响声是平稳而又有节奏、协调而又圆滑的,如果发动机异响,则表明发动机存在故障。通过安装在发动机及台架上的加速度传感器(图3-83)采集振动信号,再利用分析软件对振动信号进行时频域分析,结合故障诊断技术可直接对发动机进行故障诊断。

图3-83 加速度传感器

第四阶段,发动机转速降至150r/min,测试时间大约为20s,对进气压力、排气压力以及转动转矩进行检测和分析,最后完成数据的保存。进气及排气压力的检测通常采用压力传感器,转动转矩跟起动转矩一样,用转矩传感器检测。通过对进气、排气压力的波形分析,可以发现配气时序错位、气门间隙异常、气门座圈密封泄漏等不良问题。分析转动转矩可以检测出进排气门泄漏、火花塞缺失、活塞环缺失等问题。

四、发动机热磨合试验

传统的发动机磨合试验都需要进行热磨合试验。发动机在装配线上装配完毕后,运送到磨合试验工位,并被定位、固定于热磨合试验台架上,在完成水、油、电、气等管路连接和其他的试机准备工作后,起动发动机让其自行运转,然后按照试验规范进行各转速或负荷工况下的磨合与测试。期间,发动机的一些重要运行参数被测量、监控并记录存档,最后进行分析与判断。

1. 热磨合试验设备

发动机热磨合试验在热磨合试验台架(图3-84)上进行,由于发动机类型、测试项目和工作环境等的要求不同,热磨合试验台也各式各样,不过基本的组成是大体相同的。

图3-84　热磨合试验台

热磨合试验台一般由台架基础与装夹系统、加载装置、发动机冷却液供给系统、发动机燃油供给与废气排放系统、压缩空气供给系统、数据采集分析系统、电气与自动控制系统等部分组成。台架基础与装夹系统主要用于发动机的运输、吊装和固定,通过各种气动执行元件和控制阀完成发动机的定位夹紧与放松、各种管路的对接和拆卸等。加载装置用于向测试发动机施加负载,我国目前主要使用水力测功机和电涡流测功机作为加载设备。冷却液供给系统、燃油供给与废气排放系统则提供发动机正常工作所需要的冷却液和燃油,并将燃烧后的废气排出车间外。压缩空气供给系统用于向热磨合试验台架提供各气动装置所需的压缩空气。数据采集分析系统承担各种压力、温度、发动机转速等参数的采集、分析与数据管理工作,给出合格与否的判断结果,并对出现的故障进行分析。电气与自动控制系统包括发动机的电源供应、起动系统、电器线束、试验台控制设备、燃油喷射控制系统等,主要功能是向台架提供电源,对试验程序和燃油喷射进行控制。

虽然电控发动机自身都有转速和温度传感器,但为了不干扰电子控制系统的正常工作,试验台架一般都配置有另外的转速和温度检测装置来测量。机油压力的检测必须制作专用的机油压力检测接头,一端接入发动机机油主油道,另一端接入台架上的检测设备,将压力传送至台架上的压力传感器。当检测到机油压力过低时,台架控制系统切断发动机电控系统电源,使发动机停机,保证在机油供给不正常时发动机不受损害。冷却液供给系统一般由两条回路组成,保证冷却系统可以以大循环和小循环状态工作。另外还有冷却液抽空功能,在完成试验后,抽干净发动机内的冷却液,便于发动机的包装、储存和运输。根据发动机电喷原理不同,燃油供给系统压力一般为250~500kPa。燃油喷射控制系统是台架中要求最高的,如果燃油控制系统本身有问题,在试验中就很难判断出现的问题,甚至会出现错判的情况。

热磨合试验可在空载状态下进行,也可在加载状态下进行,目前一般采用空载与加载并举的方式。试验程序可以采用手动控制转换,也可以采用自动运行方式,自动运行有基于可编程控制器(PLC——Programmable Logic Controller)控制的,也有基于PC(personal computer)的工业控制计算机控制的。发动机的起动可用自身起动机起动,也可用外部动力起动,外部动力一般有(变频)电动机和液压马达等。水、油、电、气等管路和各种线束的连接方式有手动快速连接和自动对接两种方式,从使用效果和维修方便性来看,采用带快速接头的手动快速连接方式较佳。发动机的装配状态有独立的发动机和装配有变速器的动力总成两种,一般轿车和微型车发动机大部分均带变速器进行测试,试验过程中还会增加变速器相关性能的试验。

2. 热磨合试验项目

热磨合试验按照一定的规范进行,磨合规范主要包括磨合转速、负荷和磨合时间三个工艺参数。磨合的程序规范因厂家、机型不同而异,有的甚至差异很大。不过基本的规律一般都是先从空载和低速开始,然后以一定的增量逐步增加转速和负载,直至达到一定的转速和负载后完成磨合,在磨合的过程中同时进行测试。热磨合试验在冷磨合试验后进行,空载热磨合试验的起始转速通常与冷磨合试验终止转速相近。

如某系列风冷柴油机磨合试验规范规定,磨合试验分为8个步骤,具体见表3-4。

风冷柴油机磨合试验规范实例 表3-4

序号	转速(r/min)	功率(%)	时间(min)
1	800	0	10
2	1000	5.00	10
3	1200	10.00	15
4	1400	15.00	25
5	1600	20.00	25
6	1800	40.00	15
7	2000	60.00	10
8	2200	80.00	10

该规范要求每个循环的时间为2h。磨合试验进行1~3个循环,即磨合试验进行2~6h。

我国早期的磨合规范,大多是根据经验和参考同类机型制定的,缺乏科学依据。磨合时间与国外同类机型相比,普遍偏长。现在,有些研究人员使用油液分析技术(光谱分析、铁谱分析)、拆检分析法及其他研究手段,对磨合规范进行深入研究,得到了许多有价值的研究成果,并且已经应用到生产中。

热磨合试验的测试项目主要有:发动机起动、功率、转速、转矩、机油温度、机油压力、进气压力、进气温度、增压机中冷前后进气温度、涡轮增压压力、排气压力、排气温度、进水压力、进水温度、出水压力、出水温度、节温器开启时间和温度、燃油供给压力、怠速排放、怠速稳定性、正时(气门、点火、喷油)、点火系统故障、发动机电子控制系统(传感器、执行器、电控单元)故障、燃油消耗量、活塞漏气量等,甚至发动机的NVH性能。在测试过程中,应随时检查各部位是否存在漏油、漏水、漏气现象。

采用手动控制试验程序的台架可以测试的项目较少,效率较低。全自动台架由预先编制的测试程序自动进行运转和数据记录,同时设定各种限定条件,在超出许可范围时自动采取相应的应对措施,并输出试验结果。如早期一般由试验员凭听觉判断发动机的NVH性能,在全自动台架上,则可以使用分析仪自动判断该指标。例如,通过NVH测试得到某型号正常发动机的时域信号和频谱分别如图3-85和图3-86所示。当对某一台被检发动机进行测试时,得到如图3-87和图3-88所示的时域信号和频谱,则说明发动机存在故障,通过对频谱图进行分析,则可以找出故障部位。

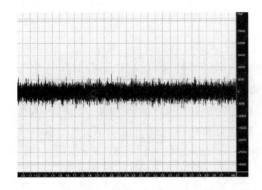

图3-85 正常发动机时域信号

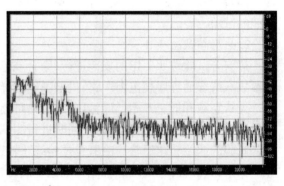

图3-86 正常发动机频谱

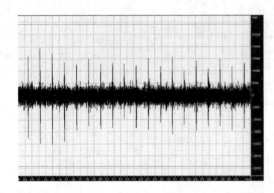

图3-87 不良发动机时域信号

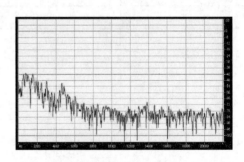

图3-88 不良发动机频谱

发动机热磨合完毕,应再次检查调整气门间隙。待发动机温度降低后,按规定力矩再复查紧固汽缸盖螺栓。

3.汽油机出厂试验实例

以某公司生产的4缸16气门电控汽油发动机为例,说明一般汽油发动机的试验规范。

该汽油机是采用全CAN网的多点电控喷射发动机,电控单元(ECU)是博世公司的ME7.4.5版本。

该系列发动机,装配线大量使用自动设备和电动扳手,装配过程质量控制较好,所以取消冷磨合试验,采用的是100%检查的方式进行热试,每台发动机的试验节拍为7min,其中发动机运转时间为3min。试验时发动机为空载状态,布置采用悬链悬挂方式,机身倾斜程度与在车辆上的悬置角度一致。

1)发动机对接

经过外观检查后的发动机运送至试验台后,先将起动装置与发动机飞轮和离合器对接,要保证发动机曲轴轴线与起动液压马达轴线一致。要求对接可靠,锁紧牢固,在发动机高速运转时不松动。然后,再对接废气排放系统和冷却系统,要求排气管、进出水管连接紧密牢固,在运转时不漏水和废气。最后,对接燃油管和加速踏板、电子节气门、点火线圈、喷油嘴、转速传感器、进气温度和压力传感器、冷却液温度传感器、机油压力传感器等各个传感器。

2)起动试验

先起动冷却液系统和燃油系统,ECU上电,再起动液压起动马达,观察发动机起动情况。发动机的起动时间不能超过15s。若3次起动失败,将发动机送往返修区,试验结束。若起动正常,进入下一步试验。

3)怠速试验

调节加速踏板,使发动机稳定在2000r/min。当冷却液温度达到60℃时,完全松开加速踏板,检查怠速应稳定在820r/min左右,听发动机是否有异响,特别是正时系统。并根据表3-5对怠速质量进行评价。

怠速质量评定表   表3-5

怠 速 现 象	结 论
不太感觉发动机在怠速运转	优秀
清晰地感觉到在运转,但运转平顺	很好
运转略有振动,但无反感	好
运转略微粗暴,但转速稳定	尚可
运转中度粗暴	合格
运转粗暴,但能维持运转,不熄火	不合格
运转严重粗暴,维持运行无把握,可能熄火	不合格
熄火1次,在怠速工况持续20s运转难以维持	不合格
熄火2次或2次以上,不能维持运转,人为操纵节气门才能继续运转	不合格

台架设定的发动机运转时间为3min,冷却液温度升到60℃的时间一般在3min内,若3min内冷却液温度没有达到60℃,可以人工干预再增加一个循环时间3min,否则台架会自动停止发动机运转。

4)调速试验

匀速调节加速踏板,检查发动机转速同步变化情况,运行是否平稳,观察发动转速能否超过3000r/min。判断发动机正常,就可停机。

5)查漏

在前面的试验过程中,同时也注意发动机是否有明显的漏水、漏气、漏油现象。发动机停机后,仔细检查进出水管、发动机油底壳、缸盖垫结合面、曲轴前后油封和凸轮轴油封等部位是否有漏水、漏油等现象。上述检验全部合格,就可判定发动机合格。

4. 柴油机出厂试验常见故障现象和解决方法

柴油机在出厂试验时可能会出现各种故障。柴油机故障的原因是多方面因素所造成的,相同的故障原因可能会导致不同的故障表象,而同一种故障表象又可能由不同的故障原因产生,所以柴油机的故障诊断较为复杂。要排除故障,必须首先查明故障的确切原因,找出产生故障的部位进行排除。

表3-6～表3-13为柴油机在出厂试验时可能出现的主要故障及排除方法。

柴油机不能起动 表3-6

故障原因		排除方法
燃油供给系统故障	系统内有空气	用输油泵排除系统内空气,并检查系统
	系统内有堵塞现象	拆卸清洗
	输油泵不供油或断续供油	检查修理
	喷油器喷油不良	检查喷油器雾化状况;检查喷油泵柱塞、出油阀的配合副情况及出油阀弹簧是否完好
	供油提前角不对	检查并调整
	断油手柄处于断油位置	使断油手柄处于供油位置
压缩压力不足	活塞环与汽缸孔配合不良	更换活塞环
	活塞环对口	重新调整活塞环开口位置
	气门漏气	气门弹簧损坏;气门间隙不当;气门锥面密封不良
	压缩终了温度低	外界温度低,采用预热等方法解决

柴油机运转不稳定 表3-7

故障原因	排除方法
燃油供给系统内有空气	排除空气
燃油中水分过多	检查燃油含水量
燃油管路漏油	检查并排除
调速器工作不正常	检查并校对调速器
汽缸窜气	检查汽缸盖螺栓,必要时更换汽缸垫
喷油泵各缸供油不均	检查调整

柴油机功率不足,功率突然下降 表3-8

故障原因	排除方法
空气滤清器或管路堵塞	清除堵塞
气门间隙不对	检查调整
供油提前角不对	检查调整
喷油器雾化不良	检查、清洗、调整压力
排气管堵塞	除去堵塞物

项目三 汽车发动机装配与调试

柴油机运转时有不正常声音　　　　　　　　　　　　　　　　　　　　　表 3-9

故 障 表 象	故 障 原 因	排 除 方 法
难于起动,发动机过热,功率不足	喷油时间过早、过迟	调整供油提前角
柴油机起动后,汽缸内发出撞击声,声音随柴油机温度上升而减轻	活塞与汽缸间隙过大	更换活塞或缸套
声音尖而轻,怠速更清晰	活塞销和销孔间隙过大	更换零件,保证规定间隙
在急速时可听到曲轴前后游动的撞击声	曲轴轴向间隙大	更换止推片,保证规定间隙
在汽缸盖罩处听到杂乱的声音或轻的有节奏的敲击声	气门弹簧断裂;挺杆弯曲;气门间隙过大	更换零件,检查调整气门间隙
低速时在汽缸盖附近可听到金属敲击声	活塞撞击汽缸盖	检查活塞和气门是否相碰,进而检查正时齿轮记号是否对正

机 油 压 力 不 足　　　　　　　　　　　　　　　　　　　　　　　　　表 3-10

故 障 原 因	排 除 方 法
油底壳润滑油太少或者黏度过稀	加润滑油至规定油面,检查润滑油是否被稀释
机油滤清器或滤网堵塞	清洗或更换
润滑油管堵塞或漏油	检查并处理

喷 油 泵 故 障　　　　　　　　　　　　　　　　　　　　　　　　　　表 3-11

故 障 表 象	故 障 原 因	排 除 方 法
不供油	输油泵故障	检查排除
	燃油供给系统有空气	排出空气
供油量不足	出油阀密封不良	更换
	接头漏油	检修
	柱塞性能不良	更换

喷 油 器 故 障　　　　　　　　　　　　　　　　　　　　　　　　　　表 3-12

故 障 表 象	故 障 原 因	排 除 方 法
喷油器喷油少或不喷油	油路中有空气	排除空气
	针阀与阀体咬住	修理或更换
	针阀与阀体间隙大	更换
喷油压力低	调压螺钉太松	调整到规定压力
	弹簧变形	更换弹簧
喷油压力太高	针阀卡滞	修理
	油孔堵塞	清洗
	调压弹簧压力太高	重新调整

续上表

故障表象	故障原因	排除方法
雾化不良	针阀变形或配合间隙大	更换
	针阀与阀体座面配合不良	更换
	喷孔堵塞	清洗
	针阀卡住	修理或更换

调速器故障　　　　　　　　　　　　　　　表3-13

故障表象	故障原因	排除方法
调速不稳定	各缸供油不均匀	调整供油量
	喷油器喷孔堵塞或滴油	检查或更换针阀偶件
	喷油泵柱塞弹簧、出油阀弹簧断裂	更换弹簧
怠速太高	操纵臂未完全放到底	检查调整
	齿圈与调节齿杆卡住	检查处理
游车	调节弹簧变形	更换弹簧
	飞锤张开和收拢距离不一致	检查校正
	浮动杠杆间隙过大	检查处理
飞车	转速过高	检查重新调整
	调速器失灵	检修
	调节齿杆与齿圈卡死	检查修理

　　5. 汽油机出厂试验常见故障现象和解决方法

　　汽油机出厂试验时出现的问题与柴油机类似，主要也是装配质量问题和零件质量问题。凸轮轴、液压挺柱有缺陷，或者装配时清洁不充分，将引发凸轮轴和液压挺柱噪声。正时机构张紧轮弹簧缺陷，将导致正时机构噪声。密封件缺陷将导致机油压力不足，由于试验台运行时间较短，一般不会出现漏油现象。节气门缺陷可造成怠速不稳、无法加速等故障现象，但一般发动机能起动。喷油器缺陷可造成发动机抖动、调速不畅等问题。转速传感器缺陷可造成无法起动、怠速不稳等现象。当出现异常时，应分析可能导致故障的原因并加以排除。

　　由于试验表象是台架和发动机综合现象的表现，所以从试验中观察到的现象有时很难判断出问题点，有时也可能发动机本身没有问题，而是试验台的问题，比如台架的燃油喷射控制系统故障。燃油喷射控制系统故障，是台架问题中最容易和发动机本身缺陷相混淆的，在新产品、新台架时出现较多。台架稳定后，可能会因为燃油控制系统的接线松动造成发动机缺陷的假象，如转速传感器接线松动，可造成怠速不稳或起动失败，这种现象和节气门零件本身故障比较接近，从而增加了判断难度。

训练与思考题

　　1. 参观发动机制造企业，了解发动机制造装配的一般工艺流程。

2. 发动机装配线有哪几种输送类型？目前最常用的是哪些？
3. 简要叙述发动机装配的一般流程。
4. 发动机装试线上有哪些常用的装配、检测与试验设备？了解设备的功能、技术参数、使用方法和安全操作规程。
5. 通过实训或顶岗训练，掌握汽缸体、曲轴组件、活塞连杆组和汽缸盖四大组件的装配、过程质量检验与测试的基本内容和操作方法。
6. 汽缸体加工装配过程中与装配有关的重点检测项目有哪些？
7. 如何进行汽缸体外观质量检查？
8. 装配曲轴组件时，采用什么措施保证主轴承的配合间隙？装配完毕后，如何检查装配质量？
9. 在装配曲柄连杆机构时，有哪些组件应采用分组选配技术装配？各对哪些技术参数进行选配？
10. 装配汽缸盖总成时，有哪些重点控制项目和检验项目？
11. 安装电控燃油喷射系统的分油器/喷油器总成和电控线路时应注意哪些问题？
12. 参观发动机出厂磨合试验过程，熟悉发动机出厂磨合试验的试验规范和试验项目。
13. 简述发动机性能试验和出厂磨合试验的目的。
14. 依据什么标准和规范对发动机进行性能试验？有哪些试验项目？
15. 依据什么标准和规范对发动机进行出厂磨合试验？一般有哪些试验项目？

项目四 动力传动系统装配与调试

动力传动系统是指将发动机输出的旋转能量传送至车轮、以驱动车辆前进的各部件和总成件的组合,包括离合器或液力变矩器、变速器和分动器、万向传动装置、主减速器和差速器、半轴、轮边减速装置等,其中最重要、结构最复杂的总成件是变速器、主减速器和差速器。

按照换挡控制方式的不同,变速器分为手动换挡变速器和自动换挡变速器两类。手动换挡变速器(MT——manual transmission)为齿轮机械式变速器。根据结构特点的不同,自动换挡变速器又可以进一步分为多种类型。

学习任务一 手动变速器装配与调整

一、变速器装试生产线

变速器装试生产线一般由装配、试验返修、涂装和成品包装四个工段组成(图4-1)。

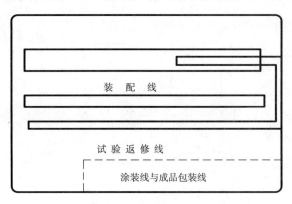

图4-1 某汽车变速器有限公司装配车间平面布置示意图

装配工段(图4-2)布置有打号机、清洗机、压装机、加热设备、涂胶机、螺栓拧紧机、翻转机、间隙测量及垫片选装机和输送设备等,主要完成零件上料、输送、打产品序列号(图4-3)、清洗、在线压装、零件加热、在线测量、在线拧紧、在线自动翻转、分装和总成装配任务。如压装机(图4-4)和加热设备分别用于采用压装工艺和热装工艺装配输入轴、中间轴和输出轴的轴承、拨叉轴衬套、换挡轴轴承、同步器结合齿座、各密封圈等装配作业,涂胶机负责离合器壳体与变速器壳体等结合面的涂胶(图4-5)。输送设备一般使用摩擦滚轮输送线,也有公司使用AGV。图4-6所示的AGV变速器装配系统中,由数台AGV绕环行轨道构成的一个装配输送线,根据工艺需要布置相应的装配工位,在每个工位上自动或人工完成指定的装配或调整工作。

图 4-2 变速器装配线

图 4-3 打号工位

图 4-4 轴承、油封压装机

图 4-5 结合面涂胶工位

图 4-6 AGV 变速器装配系统

试验返修工段装备有变速器密封试验台、磨合试验机和综合性能试验台等设备,主要完成变速器总成的试验和调整任务。

涂装和成品包装工段主要由涂装设备、包装设备和输送设备等组成,主要完成变速器总成的喷漆、包装等任务。

二、手动变速器装配工艺概述

手动变速器的装配以某典型三轴式定轴传动手动变速器(图4-7)为例,该典型手动变速器具有五个前进挡和一个倒挡,其中五挡为直接挡。一挡和倒挡采用结合套换挡,其余前进挡则采用锁环式同步器换挡。变速器由壳体、前后端盖、一轴总成、二轴总成、中间轴总成、倒挡齿轮总成、拨叉机构和上盖总成组成,一轴为输入轴,二轴为输出轴,中间轴为变速中间传动轴。

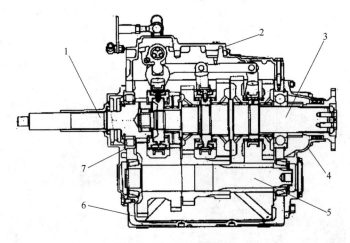

图4-7 手动变速器总装图
1-一轴总成;2-上盖总成;3-二轴总成;4-后端盖;5-中间轴总成;6-壳体;7-前端盖

变速器装配时,先分装各个轴、盖总成件,然后再安装于变速器壳体内。典型手动变速器的装试工艺流程为:中间轴总成的装配与安装→倒挡轴总成的装配与安装→二轴总成的装配与安装→后盖总成、输出凸缘的装配与安装→一轴总成、前端盖的装配与安装→换挡拨叉机构的装配与安装→上盖总成的装配与安装→变速器的检测与调整。该变速器的过盈配合件一般采用热装法。

手动变速器的装配质量重点控制项目有零件的清洁、各零件的装配位置和方向、装配间隙和装配拧紧度的控制等。

装配过程质量检验主要有分总成检验和中间检验两个过程。每个分总成分装完毕,必须经检验合格后才可送主线总装。分总成的检验主要由装配工自检,工位上配置必要的量检具,装配工按照工艺规定进行检查。如拨叉机构分装完毕后,需检验各零件装配关系是否正确,相互位置是否满足产品精度要求,是否有错漏装等。中间检验是在总装过程中,装配某些重要零件或分总成件后,由班组长或巡检员进行总装过程质量检查。如中间轴总成装配完毕、一轴总成装配完毕、上盖总成装配完毕后,都必须按照工艺要求对该工序及前道各工序的装配质量进行检查,消除可能出现的功能性和装配质量缺陷。

三、中间轴总成的装配与安装

中间轴与一倒挡主动齿轮制成一体,常啮合从动和四挡主动联体齿轮及二、三挡主动联体齿轮以过盈配合形式安装于中间轴上,轴前、后分别采用锥轴承支撑于壳体的前、后壁座孔内。中间轴总成装配的重点控制项目主要是中间轴轴承外圈轴向间隙和过盈配合件加热温度的控制,轴承间隙通过前轴承外圈调整垫片进行调整。中间轴总成的组成如图4-8所示。

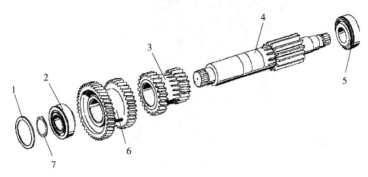

图4-8　中间轴总成分解图

1-调整垫片;2-中间轴前轴承;3-二、三挡主动联体齿轮;4-中间轴齿轮(带一倒挡主动齿轮);5-中间轴后轴承;6-常啮合从动和四挡主动联体齿轮;7-挡圈

分装时,先清洗检查各零件,除去污泥、毛刺、铁屑等。将中间轴齿轮直立固定于工作台上,加热两组联体齿轮至160~180℃,按照顺序装入二、三挡主动联体齿轮及常啮合从动和四挡主动联体齿轮(图4-9)。再将前、后轴承的内圈与滚动体组合加热至85~100℃,装入轴颈(图4-10),然后将挡圈装入挡圈槽内。

图4-9　装配联体齿轮

图4-10　热装轴承内圈与滚动体组合

使用吊具将分装完毕的中间轴总成装入壳体,并安装前、后轴承外圈(图4-11)。

安装变速器后端盖将中间轴后端定位后,进行轴承间隙调整。首先消除轴承轴向间隙及中间轴轴向窜动间隙,然后将前衬垫放置于壳体前端面,测量衬垫表面至前轴承外圈端面之间的距离C_1(图4-12),选择中间轴前轴承调整垫片的厚度E_1,使之满足$C_1 - E_1 = 0.15$~0.20mm的间隙要求。

图 4-11 安装前、后轴承外圈

图 4-12 测量壳体端面至前轴承外圈之间的距离

四、二轴总成与后端盖的装配与安装

第二轴上安装有各挡位的从动齿轮和同步器,后端以轴承支撑于壳体的后壁座孔内,轴端装有输出凸缘以输出动力,前端以圆柱滚子轴承装配于一轴后端的轴承座孔内。二轴总成装配的重点控制项目主要是二轴后轴承外圈轴向间隙、各齿轮轴向间隙和过盈配合件(同步齿座、轴承座圈)加热温度的控制。这类轴总成的结构特点是每个齿轮与轴配合的公称尺寸基本都不相同,在分装时一般不会出现装配顺序的错误。另外,还需要注意零件的清洗、各零件的安装位置和方向,并保证各零件安装到位。错误的安装或安装不到位将导致零件空间干涉或运动干涉、齿轮副啮合长度减小、同步器不能正常工作等故障。

二轴总成组成如图 4-13 所示。

二轴总成以竖立状态分装,依次将二挡齿轮滚针轴承、二挡从动齿轮(图 4-14)、二挡锥毂和同步环(图 4-15)装入轴上。

二、三挡同步齿座采用热装法,将其加热到 100~120℃ 后装入轴上(图 4-16),随后安装挡圈,检测二挡从动齿轮的轴向间隙应为 0.15~0.35mm(图 4-17)。

项目四 动力传动系统装配与调试

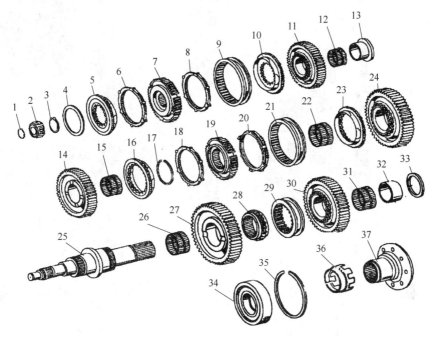

图4-13 二轴总成分解图(主要零件)

1-挡圈;2-二轴前轴承;3-挡圈;4-调整垫片;5、10、16、23-同步锥毂;6、8、18、20-同步环;7-四、五挡同步齿座;9、21-同步滑套;11-四挡从动齿轮;12-四挡齿轮轴承;13-四挡齿轮轴承座圈;14-三挡从动齿轮;15-三挡齿轮轴承;17-挡圈;19-二、三挡同步齿座;22-二挡齿轮轴承;24-二挡从动齿轮;25-二轴(输出轴);26-一挡齿轮轴承;27-一挡从动齿轮;28-一、倒挡结合齿座;29-一、倒挡结合套;30-倒挡从动齿轮;31-倒挡齿轮轴承;32-倒挡齿轮轴承内座圈;33-挡环;34-二轴后轴承;35-挡圈;36-车速感应圈;37-输出凸缘

图4-14 安装二挡齿轮滚针轴承和二挡从动齿轮

图4-15 安装二挡锥毂和同步环

依次装入二、三挡同步滑套及三挡齿轮轴承、同步环、锥毂和三挡从动齿轮(图4-18)后,将加热至100~120℃的四挡齿轮轴承座圈装入轴上(图4-19),检查三挡从动齿轮轴向间隙应为0.15~0.50mm。

装入四挡齿轮轴承和四挡从动齿轮(图4-20),再装入四挡锥毂和同步环后,将加热至100~120℃的四、五挡同步齿座安装到轴上(图4-21),并装入挡圈,然后检查四挡从动齿轮轴向间隙应为0.15~0.5mm。

· 109 ·

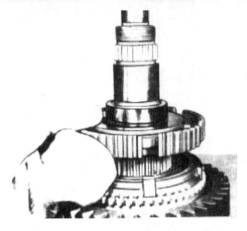

图 4-16 热装二、三挡同步齿座

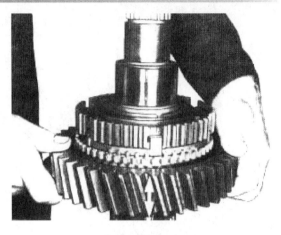

图 4-17 检测二挡从动齿轮轴向间隙

图 4-18 安装三挡从动齿轮

图 4-19 热装四挡齿轮轴承座圈

图 4-20 安装四挡齿轮轴承和从动齿轮

图 4-21 热装四、五挡同步齿座

轴翻转 180°，依次装入一挡齿轮轴承、一挡从动齿轮及一、倒挡结合齿座，再安装结合套和钢球（图 4-22）。

依次装入倒挡齿轮轴承内座圈、轴承、倒挡从动齿轮和挡环（图 4-23）。

图4-22 安装一、倒挡结合套和钢球

图4-23 安装倒挡从动齿轮

再将轴翻转180°,依次安装二轴前轴承、弹性挡圈及四、五挡同步滑套,再安装五挡同步环和锥毂(图4-24),完成二轴总成分装。

使用工装将二轴总成吊入壳体内(图4-25),依次将装好弹性挡圈的二轴后轴承、车速感应圈加热至100~120℃,装入壳体(图4-26)。安装时应注意感应圈的方向。

图4-24 安装五挡同步环和锥毂

图4-25 将二轴总成装入壳体

二轴后轴承外圈轴向间隙规定为0~0.1mm,使用调整垫片进行调整。将衬垫放置于后端盖结合面上后,测量衬垫表面到轴承定位面之间的距离A_2(图4-27),再测量后轴承端面至壳体端面的距离B_2(图4-28),选择二轴后轴承调整垫片厚度E_2,保证$A_2 - B_2 = E_2 + (0~0.1)$mm。

将选择的后轴承调整垫片放入后盖轴承座孔内,安装后盖。使用工具安装输出轴油封和防尘圈(图4-29),然后依次安装输出凸缘、压板及螺栓,并锁好锁止片(图4-30)。

五、一轴总成与前端盖的装配与安装

第一轴齿轮与轴制成一体,该轴齿轮与中间轴组件上的常啮合齿轮常啮合,轴前端以向心球轴承支撑于发动机曲轴飞轮

图4-26 安装车速感应圈

组后端的轴承座孔内,后端轴颈处以圆柱滚子轴承支撑于壳体前壁座孔内。齿轮侧面制有五挡同步齿,同步齿与四、五挡同步滑套结合时,一轴与二轴直接连接,变速器处于五挡工况。轴后端中心加工有轴承座孔,用于安装二轴前轴承。

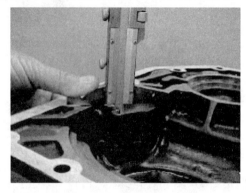
图 4-27　测量后端盖衬垫表面到轴承定位面之间的距离

图 4-28　测量后轴承端面至壳体端面的距离

图 4-29　安装油封和防尘圈

图 4-30　锁紧锁止片

一轴装配过程的重点控制项目主要是轴承外圈轴向间隙和五挡锥毂装配间隙的调整。一轴总成与前端盖组成如图 4-31 所示。

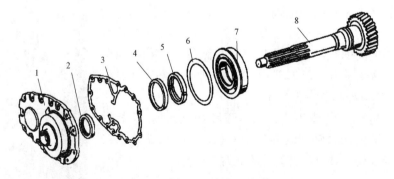

图 4-31　一轴总成与前端盖分解图
1-前端盖;2-油封;3-衬垫;4-锁止环;5-半圆挡环;6-调整垫片;7-轴承;8-一轴

先在轴承外圈上装入卡环,再将轴承内圈加热至 100~120℃,装到一轴上,然后装上半圆挡环和锁止环并均布铆锁四点(图 4-32)。

一轴总成装入壳体前,应先选择五挡锥毂装配间隙调整垫片厚度。将变速器前端朝上竖直放置,测量壳体前端面至五挡同步锥毂侧面的调整垫片安装处的距离 A_3(图4-33),再测量一轴齿轮后端面至一轴轴承卡环处的距离 B_3(图4-34)。

选择调整垫片的厚度 E_3,应满足 $A_3 - B_3 = E_3 + (0.6 \sim 0.9)$ mm 的间隙要求。将选配好的调整垫片安放于五挡锥毂侧面(4-35)后,将一轴总成装入壳体(图4-36),确保同步锥毂、调整垫片按照要求装配到位。

一轴轴承外圈轴向间隙通过调整垫片进行调整。将安装好一轴油封的前端盖水平放置,在结合面处放置衬垫,测量衬垫表面至前端盖轴承定位面的距离 A_4(图4-37)。再测量安装到位的一轴轴承端面至壳体表面的距离 B_4(图

图4-32 铆锁半圆挡环和锁止环

4-38),选择调整垫片的厚度 E_4,应保证 $A_4 - B_4 = E_4 + (0 \sim 0.10)$ mm 的间隙要求。最后,将带有衬垫和调整垫片的前端盖套入一轴并紧固于壳体上。

图4-33 测量壳体前端面至五挡同步锥毂侧面的调整垫片安装处的距离

图4-34 测量一轴齿轮后端面至一轴轴承卡环处的距离

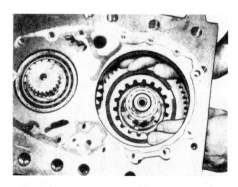

图4-35 安放调整垫片

图4-36 安装一轴总成

图4-37 测量衬垫表面至前端盖轴承定位面的距离

图4-38 测量一轴轴承端面至壳体表面的距离

六、换挡拨叉机构与上盖总成的装配与安装

换挡拨叉机构与上盖总成是变速器中的复杂总成件之一,换挡拨叉机构通过拨叉拨动相应挡位的同步器,完成挡位的变换,还通过各种装置完成挡位的自锁与互锁功能。

安装换挡拨叉机构和上盖总成之前,应利用工具检查各个挡位的装配和运转是否正常,各挡位是否能够轻松挂入,空挡是否能够脱开,确保各挡位运转正常后,再进行安装。安装上盖时,应分别挂入各挡位,检查换挡摇臂在挂挡到位时的游隙(圆周方向),如相邻两挡之间游隙相差较大,前后移动上盖,直至游隙调整到满意为止。

换挡拨叉机构与上盖总成的装配质量重点控制项目主要有:

(1)各零件的相互位置关系和装配方向应正确,错装将导致机构干涉,不能正常工作。

(2)自锁和互锁装置的安装,应注意其装配位置与装配顺序,不能漏装或错装,否则将导致操纵机构失灵。

学习任务二 手动变速器试验

一、变速器试验的分类

变速器的试验可以分为性能试验、可靠性与寿命试验、出厂试验三大类。按照试验场合的不同,试验又可分为装机使用试验和台架试验两种方式,按加载程度可分为常规试验和强化试验两种方式。

在新产品的设计试制过程中或者生产工艺和设备发生重大改进后,需要对产品进行性能试验、可靠性与寿命试验,以验证设计的合理性和工艺的适应性。

性能试验、可靠性与寿命试验的台架试验项目随车辆类型的不同而有所区别,我国的汽车标准QC/T 586《汽车机械式变速器总成台架试验方法》分别规定了微型、轻型、中型和重型汽车变速器总成的性能试验、可靠性与寿命试验的项目与台架试验方法。微型汽车变速器总成包括变速器传动效率、变速器噪声、变速器动态密封、变速器静扭强度、变速器疲劳寿命、变速器同步器寿命、变速器换挡性能、变速器温升、变速器高速和差速器可靠性共十个试验项目,轻型汽车变速器总成的试验项目则包括变速器传动效率、变速器噪声、变速器静扭强度、变速器疲劳寿命、变速器同步器寿命、变速器换挡性能、变速器高速、变速器主减速齿疲劳寿命、变速器差速器疲劳寿命、变速器差速器壳体疲劳寿命(后三项仅限自带差速器的变速器),中型和重型汽车变速器总成的试验项目也有所区别。标准还要求在进行某些试验前,应该对变速器进行磨合,并对磨合规范做出了具体的要求。

生产工艺稳定、生产过程正常化后制造的产品,则应通过出厂试验,所有检验项目和参数指标全部合格后才能出厂。出厂试验的项目和试验规范由各制造厂根据国家和行业标准并结合企业自身的情况确定。

二、变速器试验台架

变速器试验台架主要由动力装置、加载装置、供油系统、控制系统、测试系统、支架、连接件等组成。

动力装置为试验台提供所需的稳定转速和转矩,可以使用电力测功机、直流电动机(他激)、交流电动机—变速器驱动装置或者内燃机。电力测功机可以根据不同的需要,实现无级调速,并附有测力装置,显示转矩值,但价格较贵。直流电动机具有电力测功机的动力性能,但没有测力装置,价格低于电力测功机。交流电动机—变速器驱动装置由电磁调速电动机配合变速器的不同挡位,改变输入转速,可以实现无级调速和恒转矩试验,但该装置是变功率的,并且输出最高转速较低,一般使用在较小功率试验台。内燃机的优点是价格低廉,缺点是噪声及振动大,试验人员的工作条件差,对测试仪表不利,稳定调节困难,一般多用于出厂检验性试验台或产品的磨合性试验台。

加载装置的功能是在整个试验范围内吸收变速器输出的功率,建立所需的试验载荷,可以使用电力测功机、直流电动机、电涡流测功机或者水力测功机。电力测功机作为加载装置,它所吸收的功率可以通过电阻、水阻消耗,也可经交流机组回馈电网。直流电动机的特点同电力测功机,只是没有测力计,价格较低。电涡流制动器的特点是结构简单、造价低、加载性能好,但转动惯量一般较大,没有转矩测量装置。电涡流测功机是在电涡流制动器的基础上增加了一套测力装置,成本低于电力测功机。水力测功机吸收功率的能力与转速的三次方成正比,所以用水力测功机加载必须配用增速箱,但由于价格低廉,所以使用也很普遍。

整个试验台的控制系统均应集中在一个控制台上,通过各个按钮控制动力系统的起动、调速、紧急停车、加载装置的加载、卸载、改变载荷等。

测试系统由各类传感器、测试仪表、数据采集及处理装置,以及记录器和打印机等组成。

支架及连接件是整个试验台的装配基础,应保证变速器输入和输出轴的轴线与动力装置、加载装置及转矩转速传感器轴线的同轴度和平行度。

根据不同试验项目的需要和条件,可选用不同的设备组成试验台。出厂试验台的布置如图4-39所示,性能试验台的布置如图4-40所示。

图4-41所示为国内某变速器生产线上的变速器出厂试验台,该试验台可以在线进行变速器传动效率、变速器噪声、变速器疲劳寿命、变速器同步器性能和寿命等项目的试验。

可靠性和寿命试验的试验台有开式和闭式两种类型。

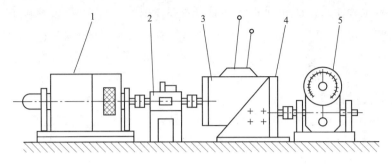

图4-39 变速器出厂试验台结构布置
1-动力装置;2-转矩转速传感器;3-被试变速器;4-变速器支架;5-加载装置

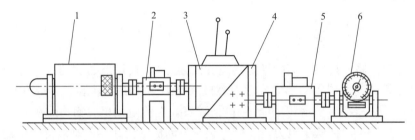

图4-40 变速器性能试验台结构布置
1-动力装置;2-输入转矩转速传感器;3-被试变速器;4-支架;5-输出转矩转速传感器;6-加载装置

图4-41 生产线上的变速器出厂试验台

开式试验台所用设备、仪表及台架布置与变速器性能试验台相同,加载装置可采用自动程序控制,试验台具有安全监控系统,出现故障能自动终止试验。在开式试验台中,动力装置和加载装置的功率与被试变速器所传递的功率相等,这对耐久性试验是不经济的,但由于它能精确地测量转矩,不需要辅助变速器,仅需一台被试变速器,所以仍被采用。

闭式试验台从输入到输出组成一个封闭回路。和开式试验台相反,闭式试验台的特点是不需要吸功器,带动试验台的动力机的功率小于封闭循环功率,可以节省动力。为使传动系统承受载荷,可以使用几种方法在闭式系统中产生一个转矩,这种载荷不是从试验台的动力装置获得,而是由专门的加载装置产生,载荷的大小决定于加载装置所加载荷,而与动力装置无关。

当被试变速器的输入轴和输出轴不在同一轴线上时,可以将两个相同的变速器的第一轴和第二轴分别连接起来,在两个第一轴之间装上加载装置,即可以直接组成一个封闭系统,如图4-42所示。

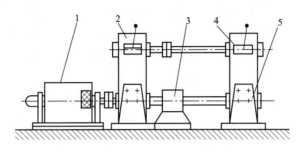

图4-42 由不同轴线的变速器组成的闭式试验台
1-动力装置;2、4-变速器;3-加载装置;5-变速器支架

当被试变速器的输入、输出轴同轴线时,必须借助辅助(陪试)变速器才能组成封闭系统。

对于使用辅助变速器的闭式试验台,根据变速器在试验台上的安装方法和辅助变速器中齿轮数目为奇数或偶数,试验台可分为图4-43所示四种基本形式。

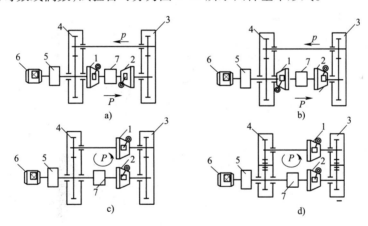

图4-43 同轴线的变速器试验台
1、2-被试验的变速器;3、4-辅助(陪试)变速器;5-试验台的变速器;6-电动机;7-加载装置

图4-43a)所示为两个变速器串联,变速器的输入轴和辅助变速器相连接,整个系统所受转矩较小,试验台的尺寸较小。图4-43b)所示为两个变速器串联,变速器的输出轴与辅助变速器连接。这种组合形式与上述相反,在保证闭式系统相同强度的条件下,试验台的尺寸必须加大。

图4-43c)所示为两个变速器并联、两辅助变速器的齿轮数是偶数时的组合形式,图4-43d)所示为两个变速器并联、两辅助变速器的齿轮数是奇数时的组合形式,这两种组合形式的共同特点是辅助变速器3所受载荷较大、变速器4所受载荷较小。图4-43c)所示变速器1和2中的齿轮工作面相同,旋转方向相反;图4-43d)所示变速器1和2中齿轮的工作面

相反,旋转方向相同。

上述四种闭式试验台的布置形式中,以图4-43a)所示方案最为合理。目前我国常用的汽车变速器可靠性试验台就是这样布置的。

在闭式试验台中,由于封闭系统各零件之间存在着无法消除的各种摩擦阻力,在试验过程中要认真考虑循环功率的方向,另外还要考虑不同加载方法、不同动力装置和试验台中不同弹性元件刚度对各部位载荷大小的影响。同时,这种试验台自身容易产生各种有害振动和噪声,使试验台试验控制精度不易提高。所以,目前主要发达工业国家已经不使用机械闭式试验台,而改用机械开式的电封闭试验台。电封闭试验台具有结构简单、基本可以模拟全道路工况、试验功率小等优点,得到了越来越广泛的应用。

三、台架试验条件

1. 试验油温

在汽车、拖拉机及类似车辆变速器中,使用该车辆专用的润滑油。在试验室内的试验油温不应高于90℃,最佳润滑油温为80℃。

2. 试验转速

手动变速器的试验转速,可定为相配发动机的最低稳定转速和标定转速之间的一种或几种转速。

3. 试验载荷

变速器试验时,最大输入转矩应根据变速器的实际使用工况来确定,但应遵守以下原则:

(1)试验功率不应超过被试变速器的额定功率。

(2)根据变速器不同挡位的工作情况,选择不同的载荷。

(3)应选择较大输入转矩试验效率,较小输入转矩试验装配质量。

例如,汽车和拖拉机用的机械变速器可根据各个挡位的不同要求,选取标定转矩的不同百分率来确定。

4. 转矩转速传感器和测量仪的调零

为了保证测量精度,在试验前必须使传感器处于完全自由状态,使转矩转速测量仪显示零值,这个过程叫"调零"。在整个测量过程中,要避免出现测量误差的零位漂移。

四、变速器的磨合

在做变速器效率传动效率试验、变速器疲劳寿命试验、变速器噪声试验、变速器高速试验、同步器性能和寿命试验、变速器静态挂挡力测量前,应对试验样品进行磨合,其规范如下:

(1)变速器第一轴输入转矩$M_1 = 1/2 M_{e,\max}$($M_{e,\max}$为所匹配的发动机的最大转矩,N·m)。

(2)变速器第一轴输入转速$n_1 = n_M$(n_M为所匹配的发动机最大转矩时的转速,当n_M接近或小于1450r/min时,可用1450r/min做试验)。

(3)各挡齿轮磨合时间为$t = 1h$。

(4)润滑油及油量按设计要求确定。

(5)磨合时油温为80℃±10℃。

(6)磨合后应进行清洗更换润滑油。

需要说明的是,磨合规范对变速器的疲劳寿命具有较大的影响,变速器的型号与结构不同,磨合规范一般也不相同。通常情况下,磨合的循环次数在20万~40万次。近几年,有研究人员对变速器的磨合规范进行深入研究,试验表明,对于某一种型号的变速器,在磨合转速和磨合时间相同的情况下,通过改变磨合载荷,变速器疲劳寿命的变化量可以达到40%。相似地,在最佳磨合载荷下,通过改变另外两个参数,也可以得到相应的最佳磨合转速和最佳磨合时间,最终得到最佳磨合规范。

五、主要性能试验项目

1. 传动效率试验

手动变速器或拆除液力变矩器后的液力变速器的传动效率试验有恒转速试验和恒转矩试验两种方式,试验一般采用开式变速器试验台。

不同类型的变速器,试验方法有所区别。以中型汽车变速器为例,进行恒转速试验时,将磨合后的变速器重新加注润滑油,并正确地安装在试验台上,在所匹配的发动机息速至最大功率时的转速范围内均匀取五种输入转速(其中应包括最大转矩时的转速)。加载转矩的间隔按等差级数,最大加载转矩根据输入转速来确定,其值以不超过变速器所传递的标定功率为准。试验油温为40、60、80、100℃。将测试结果绘制成某一挡位和某一油温条件下的效率与输入转矩的关系 $\eta = f(T_1)$ 曲线图(图4-44)。

进行恒转矩试验时,将磨合后的变速器重新加注润滑油,并正确地安装在试验台上,以所匹配的发动机最大转矩的20%、40%、60%、80%、100%作为第一轴输入转矩,第一轴输入转速在所匹配的发动机息速至最大功率时的转速范围内均匀取五种转速(其中应包括最大转矩时的转速),最高输入转速根据输入转矩来确定,其值以不超过变速器传递的标定功率为准。试验油温为40、60、80、100℃。将测试结果绘制成某一挡位和某一油温条件下的效率与输入转速的关系 $\eta = f(n_1)$ 曲线图(图4-45)。

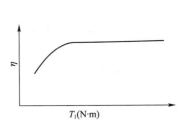

图4-44 效率与输入转矩的关系曲线

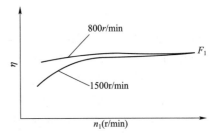

图4-45 效率与输入转速的关系曲线

由效率曲线确定在80℃±5℃油温,所匹配的发动机最大转矩及最大转矩时的转速工况下的各挡效率,并作为各挡效率的评价指标。变速器的综合效率以在该工况下的各挡效率的均值表示。

2. 同步器性能试验

同步器的性能试验实质是测试手动变速器的换挡性能,也就是试验变速器在换挡时冲击载荷的增长率。

同步器性能试验一般采用换挡试验台或专用的同步器性能试验台,驱动装置从变速器的输出轴驱动变速器。换挡机构可采用液压、气动或者机械装置,并且在变速器换挡杆上安装测量换挡力的传感器(应变片)及测量仪器、计时器等,或采用应变仪、磁记录装置、显示和积分处理设备。

以中型汽车变速器为例,正式性能试验之前,同步器应进行换挡磨合300次,磨合后更换润滑油。试验时,将变速器换挡杆置于被测挡位,并将变速器输出轴的输入转速稳定在相应的数值,根据同步器设计时的计算值确定换挡操纵力,以10次/min连续换挡若干次,测定并记录最大换挡力F(N)或同步转矩M(N·m)、同步转速差Δn(r/min)、同步时间t(s)、齿套轴向位移、同步器换挡次数等参数。

以三次同步时间平均值,画出各挡换挡轴向力与同步时间的关系,$F=f(t)$曲线图,如图4-46所示。

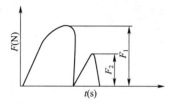

图4-46 操纵力与同步时间的关系曲线

3. 变速器静扭强度试验

机械变速器的静扭强度试验在静扭试验台上进行,按照与在汽车上相同的支撑和安装状态固定变速器,使输入轴和输出轴只承受转矩,不承受弯矩。

固定输出轴,将变速器挂入某一挡位如一挡,以不大于0.2r/min的转速驱动输入轴,对变速器加载,直至出现中间轴齿轮打滑、屈服点、断轴及壳体裂纹等破坏为止,记录出现破坏时第一轴的输入转矩。若轮齿出现折断,折断齿轮转过120°后再试验,一个齿轮测三点,取平均值。此转矩值与发动机最大转矩的比值即为强度储备系数,应满足要求。

4. 噪声测试

应在消声室内测量噪声。在无消声室的情况下,应选在本底噪声和反射声影响较小的室内进行测量,测量场地周围2m之内不得放置障碍物,测量试验台与墙壁之间的距离不得小于2m。

被试变速器按实际使用条件安装,安装应有足够的刚度,变速器输入轴的轴心线距地面的高度不得小于400mm。第一轴输入转速按照规定选取(如中型汽车变速器规定取$0.8n_N$,其中n_N为所匹配的发动机最大功率时的转速),旋转方向与使用工况相同,载荷为空载。润滑油和油量应符合制造厂规定,油温为60℃±5℃。

在被测变速器的左、右、上、后布置四个测点,左、右、后三个测点的高度应与变速器输入轴轴心线等高。每个测点上布置的声级计都以零入射对准被测面,测点到变速器外壳的距离由变速器壳体外廓的最大轴向尺寸确定。

声级计选用精密声级计,正式测量前应先测量本底噪声。

将变速器挂入空挡或其他挡,起动动力装置,变速器输出轴无载空转,第一轴转速逐步提高至规定转速,待转速稳定后,测量并记录各挡位的噪声值。一般使用"A计权网络"和"快挡"读数,当表头指针摆动大于3dB时改用"慢挡"。 当使用"快挡"或者"慢挡"时,若表头指针摆动小于3dB时,应取上、下限读数的平均值。当使用"慢挡"时,指针摆动大于3dB时,应取上、下限读数的均方根值。

如果变速器噪声大于背景噪声10dB,则背景噪声不予考虑;如果两者相差小于3dB,测量结果无意义;如果两者相差3~10dB,则应按表4-1进行修正。

噪 声 修 正 表   表4-1

声级差(dB)	3	4	5	6	7	8	9	10
修正值(dB)	-3	-2	-1	-1	-1	-1	-1	0

变速器各挡的噪声以四测点中最大读数并经修正后的值作为各挡的噪声值。

六、可靠性与寿命试验

可靠性和寿命可以采用装车使用试验和台架试验两种方式。

1. 装车使用试验

将变速器安装在汽车上进行试验,现场实地考核其可靠性是最为理想的,它完全符合变速器的实际工作条件。这种试验不仅成本高,而且不容易进行人工控制,因而很难通过这种试验方法求得不同因素对变速器寿命的影响。目前常用的方法是装车集中试验1000~2000h,以考核变速器的可靠性。变速器的耐久性则使用随机跟踪,通过采访用户或用反馈的方法获取其耐久性数据。

装车使用试验时,试验工况应符合汽车的实际使用工况,并且在变速器的有关部位安装必要的仪器仪表,以检测变速器的工作状况,并随时记录。记录内容包括参试变速器的台数、试验工况(路况、工作时间、气候等)及出现故障的形式、时间及排除方法等。

变速器的可靠性是用统计概率表示的,如平均首次失效前的时间 MTTFF、平均失效间隔时间 MTBF、有效寿命 LE 等。在试验时对"失效"的含义一定要明确,以免造成判断错误。

变速器装车使用试验也可以以强化试验的形式进行,即在不改变变速器失效机理的条件下,用加大载荷的方法进行试验,目的是提高变速器的应力水平、加快失效,以缩短试验时间。这种试验可以推断变速器在正常工作时的可靠性。

2. 台架试验

台架试验与装车使用试验相比,不受外界气候、路况条件及驾驶人员操作熟练程度的影响,所以可控制试验条件、减少试验数据的离散性。变速器的台架试验,需要模拟使用工况,即在试验中进行变速、变载等工况模拟。

使用台架试验变速器的可靠性和寿命时,可以使用常规载荷试验,也可以采用高速大载荷的强化试验或变载荷试验。无论采用什么试验规范,都必须尽量使试验条件和载荷符合变速器的实际使用工况。

以中型客车变速器为例,说明变速器疲劳寿命的台架试验方法。试验依照汽车标准QC/T 586《汽车机械式变速器总成台架试验方法》进行,变速器磨合后,清洗并更换符合设计要求的清洁润滑油,控制试验油温为90℃±10℃或按设计油温确定,变速器第一轴的输入转速为所匹配的发动机最大转矩时的转速(当发动机最大转矩时的转速接近或小于1450 r/min时取1450r/min),第一轴的输入转矩为发动机的最大转矩。试验采用排挡循环法,每个循环从低挡开始,依次向高挡转换,直接挡不进行试验,共进行十个试验循环。输出轴循环的总次数应满足其疲劳寿命指标要求,见表4-2,每一个试验循环的输出轴循环次数取总循环次数的1/10。前进挡完成十个试验循环后,倒挡运转2h。

客车变速器总成疲劳寿命指标（×10⁵次）　　　　　　　表 4-2

挡数类别	I挡	II挡	III挡	IV挡	V挡	VI挡	VII挡	R挡
四挡箱	4	30	70					2h
五挡箱	1.4	11.6	73.9	260				2h
六挡箱	0.8	4.9	21.7	72.3	212.4			2h
七挡箱	0.65	0.99	7.4	15.9	52.4	252.4		2h

试验过程中如果出现齿顶部断裂、齿根部出现裂纹或折断、轴断裂、轴承损坏等破坏，或者出现其他导致变速器不能正常运转的状况，说明变速器疲劳强度不足。另外，单个齿面严重损伤，点蚀集中分布、其面积占全齿面的20%，或者点蚀分散分布、面积占全齿面的30%等情况的，也认定为疲劳强度不足。而日本、德国、英国和美国等国家规定：当变速器按规范进行试验以后，变速器总成必须具有正常的使用功能；齿轮、轴承允许出现明显的损坏，但不允许超过规定的极限。如德国某公司规定疲劳寿命极限是：①齿顶部断裂，占齿全长的25%；②齿根部出现裂纹或折断；③单个齿面严重损伤、点蚀集中分布，其面积占全齿面的20%，或点蚀分散分布、面积占全齿面的30%。

七、变速器出厂试验

在实际生产中，变速器的出厂试验一般只做磨合试验、密封性能试验、换挡性能试验等项目。

1. 磨合试验

变速器的出厂磨合试验按照试验规范进行，不同厂家和不同型号的变速器，其磨合规范不同，但有一个基本的原则，就是磨合时间不能太长，应满足大批量生产的需求。

2. 密封性能试验

变速器进行密封性能试验前，应该先将变速器内部与外界的通道全部堵塞或以密封装置密封，并且在没有加注润滑油的条件下进行，有气密法和浸水法两种方法。

气密法是通过密封试验机向变速器内通入干燥压缩空气，使变速器内气压达到规定的压力，关闭送气阀一段时间，检测变速器内残余气压，若不低于下限值，则该变速器密封性合格，否则该变速器密封性不合格，对不合格的变速器通过继续充气找出渗漏部位。

浸水法是将规定压力的干燥压缩空气平缓送入变速器内，在不断气的情况下将总成浸入具有防锈功能的水中，经一段时间的观察，无气泡溢出者为合格。

如某中型汽车变速器密封性能试验，规定充气压力为0.040MPa，使用气密法时关闭送气阀的时间为50s，要求残余压力不低于0.035MPa；使用湿式法时浸水的时间为20s。

通过对变速器进行密封试验，从而判断变速器是否会渗漏油。

3. 换挡性能试验

加注好润滑油的变速器在出厂试验台架上安装完毕后，输入一定的转速和转矩，按照工艺规范规定的时间和顺序挂挡，一般每个挡位进行不低于三次的换挡试验，每个挡位的运转时间不得少于30s。从以下几个方面判断变速器的传动系统、操纵系统、驻车制动系统是否合格。

(1)噪声是否满足要求。
(2)换挡时是否有卡阻现象。
(3)变速器是否有跳挡、乱挡、换不上挡或摘不开挡的现象。
(4)变速器是否有异响,带同步器的挡位换挡时是否有不正常的冲击声。
(5)换挡杆是否有不正常的抖动和跳动。
(6)驻车制动鼓是否有不正常的摆动。
(7)各种指示信号传感器是否准确、可靠。
(8)里程表传动装置输出端旋转方向是否正确。
上述三项内容检查都正常,即判断变速器合格。如果有异常现象,则送往返修区检修。

4. 基于频谱分析技术的变速器出厂试验系统

现在,也有企业在变速器出厂试验中使用基于频谱分析技术的故障分析仪(图4-47)来检测换挡性能和各种装配质量问题。分析仪的工作原理与发动机 NVH 性能分析仪相同,首先通过 NVH 测试得到某型号正常变速器的时域信号和频谱,当对某一台被检变速器进行测试时,得到的时域信号和频谱与正常变速器存在较大差异,则说明变速器存在故障,通过对频谱图进行分析,则可以找出故障部位。使用频谱分析技术的变速器出厂试验台的基本组成如图4-48所示。

图4-47 故障分析仪

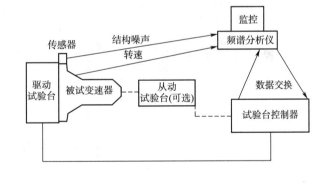

图4-48 使用频谱分析技术的试验台结构组成图

图4-49 所示为使用频谱分析技术的变速器性能出厂检测线,用于检测变速器结构噪声的传感器安装于试验台的基础件上(图4-50),能够精确地检测到各种甚至于人耳无法察觉的异常结构声,如齿顶或侧面损伤、齿轮遗漏加工工序、装配错误、外购件缺陷、轴弯曲或卡住、轴承装配过紧或过松、齿轮轮廓缺陷等。该变速器出厂检测系统的测试时间短,以六挡变速器为例,测试过程中的输入转速和转矩的时间曲线如图4-51 所示,每一挡位的平均测试时间仅为3.5s,对整个变速器的质量检测和性能评估的测试时间不到25s(不包括变速器在测试过程中的换挡和加载时间),大大提高了出厂检测的效率。

图 4-49　基于频谱分析技术的变速器出厂检测线

图 4-50　声波传感器的安装位置

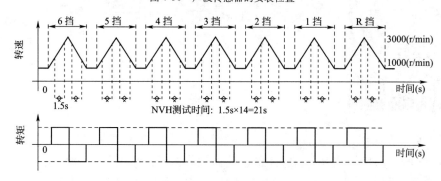

图 4-51　输入转速和转矩时间曲线

八、变速器试验应注意的事项

1. 试验前的注意事项

1) 试验大纲

编写试验大纲、确定试验项目、方法和试验条件是为了使试验按规定的条件进行。试验大纲的内容应包括试验根据、试验目的、试验对象、试验项目、试验台布置、试验设备精度、试验方法、试验条件等。

试验根据说明试验的依据和任务来源。试验目的说明为什么要作这种试验,要发现、查明、解决、证实、肯定或否定哪些问题。试验对象说明被试变速器的生产厂家、名称、编号及主要技术参数。试验项目应根据变速器的使用工况和已有的试验条件及试验目的来确定。在作专题研究性试验时,也可以只作某一项有关项目。试验台布置方面,应规定试验台和变速器的拆装方法,指出注意事项并绘制试验台架布置简图。有关试验台设备精度,应提出对试验台和测量仪器仪表的安装要求、测试精度等级及测量量程的要求。确定试验方法时,应规定加载大小和方法,改变载荷及转速的程序、操作方法、注意事项等。试验条件说明在什么样的条件下试验,例如载荷和转速的大小、方向、性质及要求测量精度,还要规定变速器的润滑油油面高度位置及测试开始油温。对需要外接供油系统的变速器进行试验时,应规定供油量的大小、油的种类、牌号、油温、油压以及排油系统的大小,保持变速器的润滑油面。

2)试验记录

采用自动记录装置记录时,应预先将各个接口安装好,调试计算机、打印机与各种传感器的连接和通信。若采用其他方式记录时,应预先准备好印有记录格式的记录纸,按要求逐项记录。

3)安全

做好一切安全措施,安装好安全罩。

2.试验过程中的注意事项

(1)严格地保证试验按规定条件进行。需要修改试验条件或试验方法时,必须同技术负责人商定,并做好记录。

(2)随时记录中途检修、停车及发现的其他异常现象。

(3)试验过程中所得的数据,应及时仔细分析,必要时可重新试验,及时发现问题。要及时检查试验台的安装精度和仪器仪表的回零状况,及时纠正,使试验达到预期的目的。

3.试验结束后的注意事项

(1)对试验数据进行处理,分别列成图表形式。

(2)对试验结果进行分析,写出试验报告。试验报告的内容包括试验大纲中所规定的试验目的和项目、试验过程、试验结果及对试验结果的分析(必要时可将试验结果与相似变速器的试验结果进行对比分析)、总结和结论。

学习任务三 驱动桥装配与调试

一、车桥概述

车桥俗称车轴,车桥通过悬架与车架(或承载式车身)相连,车桥的两端通过轮毂与车轮连接。车桥的功用是承受和传递车轮与车架之间在各个方向上的作用力及其弯矩和转矩。

根据悬架的结构不同,车桥可分为整体式车桥和断开式车桥两种。

整体式车桥用于非独立悬架,车桥中部为刚性的实心或空心(管状)梁,桥身为一整体构件。断开式车桥用于独立悬架,车桥为断开的两部分,其断开的两部分为对称的活动关节式结构。

根据车桥上车轮的作用不同,车桥可分为转向桥、驱动桥、转向驱动桥和支持桥四种类型。

转向桥通常位于汽车前部,因此也常称为前桥。转向桥主要由前轴、转向节、主销和轮毂等部分组成,其功用是通过转向节使车轮可以偏转一定角度以实现汽车的转向。它除了承受垂直载荷外,同时承受纵向力和侧向力以及这些力造成的力矩。

驱动桥主要由桥壳、主减速器、差速器和半轴组成,其作用是将万向传动装置输入的动力减速增扭、改变动力方向之后,通过半轴将动力传递分配到左、右驱动轮。

有些汽车的前桥既是转向桥,又兼有驱动桥的作用,故称为转向驱动桥,一般用于全轮驱动汽车和一些轿车上。

支持桥和转向桥都属于从动桥。有些单桥驱动的三轴汽车,往往将后桥设计成支持桥,挂车上的车桥也是支持桥,发动机前置前驱动轿车的后桥也属于支持桥。支持桥与转向桥的主要区别是无转向节和主销等转向机构零件,不能转向,其他功能和结构与转向桥基本相同。

按照驱动桥与变速器的装配关系,驱动桥可分为分离式驱动桥和变速驱动一体式驱动桥。

分离式驱动桥与变速器相互分离,两者之间通过万向传动装置传递运动和动力。商用车辆和发动机与变速器纵置的车辆一般使用分离式驱动桥。

变速驱动一体式结构的驱动桥,其主减速器和差速器与变速器设计成一体,其组合体称为变速驱动桥。采用发动机前置前轮驱动和发动机后置后轮驱动布置形式的轿车一般采用变速驱动一体式驱动桥。

二、分离式驱动桥装试生产线

分离式驱动桥装试生产线主要由主传动总成(主减速器和差速器)装配线、总装线、试验线、涂装线和包装线几部分组成。主传动总成装配线主要完成主减速器和差速器分总成的装配与调整,总装线的主要装配工作内容包括将装配调试合格的主传动总成、车轮轮毂和制动器等安装到桥壳上,试验线主要承担驱动桥的出厂试验任务,涂装线主要完成驱动桥的清洗和涂装工作,包装线则将驱动桥包装后送总成库。生产线输送形式一般采用非同步输送线,图4-52所示为板式链总装线,目前分装线使用较多的是摩擦滚轮输送线。

图4-52 分离式驱动桥总装线

主传动总成是驱动桥中最关键的总成件,装配技术要求高,质量控制项目多,其装配质量决定了驱动桥的质量,驱动桥的装配质量控制项目主要就是主传动总成的装配质量控制项目。主传动总成装配线通常又由主减速器分装线、差速器分装线和合装线三部分组成,主减速器分装线主要完成主减速器主动锥齿轮分总成的装配和轴承预紧度的调整工作,差速器分装线完成差速器的组装和齿侧间隙的调整工作,合装线负责主减速器和差速器的合装、调整差速器轴承预紧度、调整主减速器啮合间隙与啮合印痕等工作。

在主传动总成自动装配线上(图4-53),总成零件一般由托盘以成套方式输送上线(图4-54),由线上设备自动装配完成。主传动总成装配线上的设备主要有主减速器调整垫片选装机(图4-55)、主减速器主动锥齿轮轴承预紧度调整测量机(图4-56)、齿侧间隙自动调整机、齿轮啮合及转动测试仪、轴承油封压装机、螺栓拧紧机、主传动总成试验台(图4-57)等,在发达工业国家还广泛地使用装配机器人(图4-58)。除上述设备外,总装线上还有涂胶机、注油机、密封性试验台、驱动桥出厂试验台等。

图4-53 主传动总成装配线

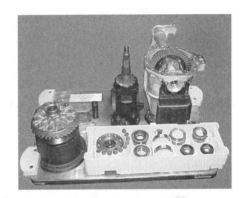

图4-54 主传动总成托盘

图4-55 主减速器调整垫片选装机

图4-56 主减速器主动锥齿轮轴承预紧度调整测量机

图4-57 主传动总成试验台

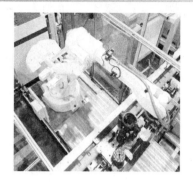
图4-58 主传动总成装配机器人

三、分离式驱动桥装配工艺

图4-59所示为某典型分离式驱动桥,该驱动桥为整体式车桥,主要由桥壳、主传动总成、半轴、轮毂组件、行走制动组件等组成。

主减速器采用准双曲面齿轮传动方式,主动齿轮轴前端通过两个圆锥滚子轴承装配于主动齿轮轴的前轴承座上,通过增减两个轴承之间的调整垫片可以调节轴承的预紧度。主动齿轮轴、轴承、前轴承座、油封、连接凸缘等的装配组合体称为主动锥齿轮分总成(图4-60),主动锥齿轮分总成再装配于主传动总成壳体孔中。主减速器主动齿轮轴后端通过一个圆柱滚子轴承装配于主传动总成壳体的后轴承座孔中。通过增减前轴承座与主传动总成壳体之间的调整垫片厚度,可以调节主动锥齿轮的轴向安装位置,进而调整主减速器齿轮副的啮合印痕。

图4-59 典型分离式驱动桥

图4-60 主动锥齿轮分总成

主减速器从动锥齿轮固定装配于差速器壳体上,主减速器输出的动力经差速器壳体传递到差速星齿轮和半轴齿轮。

差速器采用四个行星齿轮和两个半轴齿轮的组合形式,每个行星齿轮和半轴齿轮的背面与差速器壳体内表面之间都有止推垫片,差速器壳体采用对开两半式结构,差速器分总成(图4-61)通过两端的圆锥滚子轴承装配于主传动总成壳体的轴承座中。根据结构的不同,差速器轴承的预紧度和主减速器从动锥齿轮的轴向位置的调整方法也不相同,有的是通过增减差速器两端轴承外端的调整垫片厚度进行调整,有的是通过改变两端轴承外端调整螺纹件的位置进行调节,该典型驱动桥采用第二种调整方法。

行车制动系统为气压式,采用鼓式制动器并配置有 ABS。车轮轮毂与制动鼓装配成一体,轮毂以内、外两个圆锥滚子轴承支撑于桥壳半轴管上,轴承预紧度通过调整螺母进行调节。

典型分离式驱动桥装试的主要工艺流程为:主减速器主动锥齿轮分总成的装配和调整→差速器分总成的装配及调整→主传动总成的合装与调试→主传动总成装配于桥壳内→车轮制动器和轮毂的装配与调整→制动间隙的调整→驱动桥最终检验合格后下线。

图 4-61　差速器分总成(带主减速器从动齿轮)

与装配工艺流程相对应,典型分离式驱动桥装配时的质量控制要点有:
(1)零件清洗烘干。
(2)主减速器主动锥齿轮轴承预紧度调整。
(3)差速器分总成的装配与调整。
(4)差速器分总成轴承预紧度调整。
(5)主减速器齿轮副啮合印痕与啮合间隙的调整。
(6)轮毂轴承预紧度的调整。
(7)制动间隙的调整。
(8)主传动总成试验。

1. 主减速器主动锥齿轮分总成的装配与调整

主动锥齿轮分总成的装配工艺过程为:打连接凸缘标识→压装主动锥齿轮轴承外圈→压装轴承内圈,调整主动锥齿轮轴承预紧度→压装油封、凸缘→拧凸缘螺母,复检主动锥齿轮轴承预紧力。分总成装配质量重点控制项目主要是主动锥齿轮轴两个前轴承的预紧度调整,预紧度通过增减两个轴承之间的调整垫片进行调整。具体的装配调整过程如下。

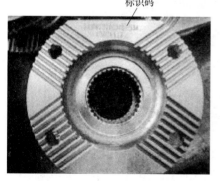

图 4-62　在连接凸缘上打印标识

(1)在连接凸缘端面上打印标识(图 4-62),标识内容包括公司标识码、车桥标识码、生产日期和序号、减速比等。

(2)先将主动锥齿轮外轴承外圈大端朝上放在轴承座上,用压具压入到位;再将内轴承外圈大端朝下放在外环座上,用压具将内轴承外圈压入轴承座中(图 4-63)。

(3)将主动锥齿轮轴放置在工作台上,用压具压入内轴承内圈,再将隔套及调整垫片依次套入轴上。将前述组装的轴承座及外圈合件套在齿轮轴上,将外轴承内圈装入(图 4-64),然后用压力机以 70kN 的压力压住内圈,用弹簧秤在轴承座螺栓孔处测量持续转动的拉力,若为 24~35N,表明轴承预紧力符合要求。若拉力太小,则更换薄的调整垫片;否则,换用厚的垫片。

图 4-63 压装主动锥齿轮轴承外圈

图 4-64 压装轴承内圈

(4) 将油封套在油封压具上,将其压至轴承座内(图 4-65)。再将连接凸缘压装至主动锥齿轮花键轴上。

(5) 旋入凸缘螺母并拧紧至 393~490N·m,然后用扭力扳手复检主动锥齿轮轴承预紧力(图 4-66),转动力矩应为 1.97~2.84N·m。

图 4-65 压装油封

图 4-66 复检主动锥齿轮轴承预紧力

该典型分离式驱动桥主动锥齿轮分总成轴承预紧度采用人工选垫进行调整,效率较低,且对操作人员的技能要求较高。为提高生产效率,越来越多的制造厂使用主减速器调整垫片选装机自动选择调整垫片。

某一种型号的调整垫片选装机的测量计算原理如图 4-67 所示。任取一对锥轴承内圈及滚动体组合 2 和 6、隔套 5、已知厚度为 H 的标准垫片 3,按照图 4-67a)所示套装在固定的测量工艺芯轴 4 上,垫片选装机的压头 1 对上轴承内圈逐渐施加载荷至轴承轴向预紧力 P,再由测量头测出两轴承内圈外端面距离 A。卸载后,先将上轴承内圈及滚动体组合、标准垫片取出,装入轴承座及外圈合件(7、8、9),再装入上轴承内圈及滚动体组合,通过压头对上轴承内圈逐渐施加载荷至轴承预紧力 P,由测量头测出两轴承内圈外端面距离 B。在假设为理想状态、不考虑其他因素的影响下,所选调整垫片的厚度应为 $D = H + B - A$。当然,在实际的计算中,会考虑各种影响因素并对计算值予以修正。

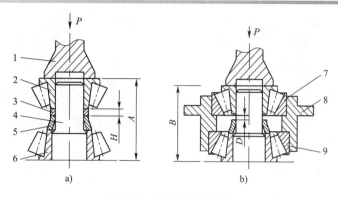

图4-67 调整垫片选装原理

1—压头;2—上轴承内圈及滚动体组合;3—标准垫片;4—测量工艺心轴;5—隔套;6—下轴承内圈及滚动体组合;7—轴承座;8—上轴承外圈;9—下轴承外圈

2. 差速器分总成的装配与调整

差速器分总成的装配工艺过程为:压装差速器轴承→主减速器从动锥齿轮与差速器左壳合装→组装行星齿轮、半轴齿轮→装差速器右壳、拧紧固螺栓。分总成的装配质量重点控制项目主要有差速器左右壳体的对正、行星齿轮和半轴齿轮啮合间隙的控制、螺纹连接件拧紧度的控制等。

由于差速器左、右壳体在制造过程中采用配合加工方式,加工完毕后壳体上都标示有合件对正标记,在装配时必须将两半壳体上的合件标记对正,否则将会影响装配精度。

具体的装配过程如下。

(1)将差速器两端轴承的内圈分别压装至左、右差速器壳轴颈上(图4-68)。

(2)将主减速器从动锥齿轮放至加热炉中加热3~5min后取出,与差速器左壳合装(图4-69),并将螺栓拧紧至260~280N·m。

图4-68 压装差速器轴承内圈

图4-69 主减速器从动锥齿轮与差速器壳合装

(3)翻转差速器左壳与从动锥齿轮合件,先将左半轴齿轮和半轴齿轮垫片合件放在差速器壳中,再装入十字轴、行星齿轮、行星齿轮垫片合件,在合件表面滴适量GL-5齿轮油,然后装右半轴齿轮及半轴齿轮垫片合件(图4-70)。用手转动半轴齿轮,应无发卡现象。

(4)检查并对准差速器左、右壳配对标记,将右壳与左壳合件合装,拧紧螺栓至123~161N·m。将检验心轴插入半轴齿轮,转动时不应有任何发卡现象(图4-71)。

图 4-70 组装行星齿轮和半轴齿轮

图 4-71 检查差速器运转情况

有些车型的差速器在装配过程中还需要检查调整行星齿轮和半轴齿轮的啮合间隙,调整该间隙的方法一般是,首先装配差速器,再使用百分表等量具测量其啮合间隙,然后通过选择不同厚度的半轴齿轮垫片进行调节,使其满足标准要求。

3. 主传动总成的合装与调试

主传动总成合装与调试的工艺过程为:主传动总成壳体上线、定位、夹紧→安装主动锥齿轮分总成→安装差速器分总成→调整差速器轴承预紧力→调整主减速齿轮副啮合间隙→总成运转试验、调整主减速齿轮副啮合印痕→组装差速锁→总成下线。主传动总成合装与调试的重点控制项目主要有差速器轴承预紧度的控制、主减速齿轮副啮合间隙和啮合印痕的控制。

具体的装配调试过程如下。

(1) 主传动总成壳体上线并夹紧,在主动锥齿轮轴承座安装配合面涂密封胶,放上调整垫片后,安装主动锥齿轮分总成(图 4-72),将螺栓对角拧紧至 160~180N·m。

(2) 将主传动总成壳体上的差速器轴承盖拆下,将差速器分总成及轴承外圈一同装入轴承座孔中。将轴承预紧度螺纹调节环拧入轴承座孔侧的螺纹孔内,用手转动调整件,使调整环螺纹嵌入到总成壳体螺纹内,防止螺纹乱扣。装上左、右差速器轴承盖,并拧紧轴承盖螺栓(图 4-73)。

图 4-72 安装主动锥齿轮分总成

图 4-73 安装差速器分总成

(3) 差速器轴承预紧度的调整结构有两种,一种是在差速器两端的轴承外侧设置轴承预紧度螺纹调节环进行调节,另一种是采用不同厚度的调整垫片进行调节。本典型分离式驱动桥采用螺纹调节环调节轴承的预紧度。

使用专用工具旋转调整环,使调整环左右移动来调整差速器轴承的预紧度(图4-74)。用弹簧秤水平拉动从动锥齿轮紧固螺栓,差速器分总成旋转的拉力为40~64N,则预紧度合适。调整完毕,将差速器轴承盖紧固螺栓拧紧至177~215N·m。

调整差速器轴承预紧度时,应当边转动调整环,边转动差速器分总成,以使轴承滚子处于正确位置,而且轴承上应涂抹适量润滑油。

有些车辆的主传动总成采用调整垫片调节差速器轴承预紧度,对于这种结构形式,一般是先按照结构位置关系将差速器和两端的轴承都安装到主传动总成壳体上,然后用量具或测量机测量轴承端面到压盖表面之间的轴向距离,再加上一定的预紧厚度值,即得到调整垫片的总厚度值。

(4)选定从动锥齿轮大致三等分的位置作为测量点,用百分表检测主减速齿轮副啮合间隙(图4-75),应在0.20~0.30mm范围内,齿测间隙变动量在0.1mm以内。否则,通过转动左、右两侧调整环,改变从动锥齿轮的轴向位置,从而调整啮合间隙。为了不改变已调好的差速器轴承预紧度,左、右调整环应同步进退,且进退量必须相同。

图4-74 调整差速器轴承预紧度

图4-75 检测主减速齿轮副啮合间隙

图4-76 主传动总成试验

(5)将主传动总成固定于试验机上,在从动锥齿轮的齿面上涂红丹粉,起动试验机,在正转、反转两种状态下对总成进行运转试验(图4-76)。试验过程中,总成应无异响,运转噪声不大于88dB。运转完毕,检查从动锥齿轮的啮合印痕,应与齿轮副制造阶段配对试验所得到的原接触印痕相一致。复测差速器分总成轴承的预紧力应为20~44N·m。

试验的啮合印痕与原啮合印痕不一致时,采用增减主动锥齿轮分总成与主传动总成壳体之间的调整垫片和调整从动锥齿轮的轴向位置进行调整。调整方法见表4-3。

主减速齿轮副啮合印痕调整方法 表4-3

从动锥齿轮上啮合印痕所处部位	调 整 方 法
轮齿大端	将从动锥齿轮向主动锥齿轮移近,若此时间隙过小,则将主动锥齿轮移开
轮齿小端	将从动锥齿轮自主动锥齿轮移开,若此时间隙过大,则将主动锥齿轮移近
轮齿顶部	将主动锥齿轮向从动锥齿轮移近,若此时间隙过小,则将从动锥齿轮移开
轮齿根部	将主动锥齿轮自从动锥齿轮移开,若此时间隙过大,则将从动锥齿轮移近

啮合印痕调整好后,拧紧差速器轴承盖螺栓,并铆紧防松锁片。

最后检查主传动总成的外观完整性和装配正确性,确保无误后,完成主传动总成的装配。

4. 驱动桥的总装配与调整

典型驱动桥的总装工艺过程为:驱动桥壳体上线、定位、夹紧→装主传动总成→装制动器总成→装轮毂→检测 ABS→装半轴→调整制动间隙→最终检验、总成下线。驱动桥总装配的重点控制项目主要有轮毂轴承预紧度的控制和制动器制动间隙的调整。

具体的装配过程如下。

(1)驱动桥壳体上线并清洁后,在主传动总成的结合面上涂密封胶,然后将主传动总成落入驱动桥壳体内并拧紧(图4-77)。

(2)安装 ABS 传感器、制动器、制动气室、制动调整臂等(图4-78)。

图4-77 主传动总成与驱动桥壳体合装

图4-78 安装制动器总成

(3)将轮毂内轴承内圈加热后,大端朝内安装到桥壳套管轴头上,然后安装轮毂与制动鼓合件(图4-79),加注润滑脂。再将外轴承内圈大端朝外安装到桥壳套管轴头上,拧入轮毂轴承调整螺母并拧紧至250N·m(图4-80),拧紧过程中应正、反两个方向转动轮毂,使轴承内、外圈正确配合。最后将螺母退回约1/6圈,轮毂应能自由转动而无明显摆动。

图4-79 安装轮毂与制动鼓合件

图4-80 拧入轮毂轴承调整螺母

(4)使用拉力计复测轴承预紧度,测量轮毂匀速、持续转动拉力应在 30~65N 范围内(图4-81)。否则,通过旋入或旋出调整螺母进行调节。调整完毕,拧紧锁紧螺母。

(5)使用 ABS 信号检测仪测试 ABS 信号,读数应在正常范围内。

(6)将带上凸缘密封垫片的半轴装入桥壳套管内,并拧紧凸缘螺栓(图4-82)。测试差速锁功能,接合与脱开应顺畅。

项目四 动力传动系统装配与调试

图4-81 复测轮毂轴承预紧度

图4-82 安装半轴

(7)通过旋转调整臂蜗杆调整制动间隙,从挡尘盘检测孔内,用塞尺检查制动蹄片中部与制动鼓之间的间隙应在0.8~1.2mm范围内。调整完毕,将堵塞装入挡尘盘检测孔内。

四、分离式驱动桥试验与常见装配质量缺陷

1. 分离式驱动桥试验

驱动桥的试验分为性能试验和出厂试验两大类。驱动桥的性能试验包括总成静扭试验、桥壳垂直弯曲刚性和垂直弯曲静强度试验、桥壳垂直弯曲疲劳试验、总成锥齿轮支撑刚性试验、总成齿轮疲劳试验、总成噪声试验等试验项目,由于试验程序复杂、试验时间长,所以只是在产品定型或质量抽查时进行试验。产品定型后大批量生产时则进行出厂试验。

分离式驱动桥的出厂试验主要有制动器工作性能的试验和驱动桥总成试验两项内容。

1)制动器工作性能试验

向制动气室通入压缩空气,制动气室的推杆应能立即推出,其推杆行程应满足要求;放气后,凸轮轴及推杆等应能立即复位而无阻滞现象。

2)驱动桥总成试验

将装复好的驱动桥总成装到试验台上,加注双曲面齿轮油至规定油面,进行空载运转试验,转速为800~1200r/min,正、反转时间各5min。检查项目及要求如下:主减速齿轮不得有异常的噪声;当一边制动时,差速器不得有敲击声或异常的噪声;所有装置轴承的部位应是凉的或微热;油封及接合面处不应有渗、漏油现象;所有的转动和不转动件不得有相碰干涉现象;试验完后,放净润滑油,并拧紧螺塞。

2. 分离式驱动桥常见装配质量缺陷及原因(表4-4)

分离式驱动桥常见装配质量缺陷及原因表　　　　表4-4

序号	缺 陷 描 述	原　　因
1	驱动桥行驶噪声	(1)齿轮、轴承损坏 (2)主、从动齿轮啮合间隙过大 (3)从动齿轮紧固螺栓松动 (4)行星齿轮、半轴齿轮配合间隙大
2	驱动轮毂过热	(1)驱动轮毂轴承缺油 (2)轴承预紧力调节不当

续上表

序号	缺 陷 描 述	原　　因
3	驱动桥放油堵裂	拧紧力大
4	驱动桥放油堵渗油	(1)拧紧力过小 (2)垫圈损坏
5	桥壳螺钉孔渗油	(1)渍油纸垫损坏 (2)螺母未拧紧
6	半轴拆卸螺栓螺母松动	螺栓及螺母未拧紧
7	桥壳内有焊渣等异物	清洗烘干不当
8	桥壳漆面漏漆	装配及运输中磕碰伤

五、变速驱动一体式驱动桥的装配与调试

由于变速驱动一体式驱动桥的主减速器和差速器与变速器设计成一个整体，所以其装配与调试在变速器生产线上同步完成。变速驱动一体式结构的驱动桥与分离式驱动桥的区别，除了主减速器和差速器与变速器制成一体外，还有一个最重要的区别就是许多车型的主减速器都是采用圆柱齿轮传动，而差速器的结构基本相同。

图 4-83　圆柱齿轮主减速装置的从动齿轮与差速器分总成

另外，分离式驱动桥一般为整体式车桥，而变速驱动一体式驱动桥则多为断开式车桥。采用整体式车桥结构的驱动桥，差速器输出的动力经花键连接由刚性半轴输出至车轮。采用断开式车桥结构的驱动桥，差速器输出的动力经万向传动装置输出至车轮。

图 4-83 所示为某变速驱动一体式驱动桥的圆柱齿轮主减速装置的从动齿轮与差速器分总成。

采用圆柱齿轮传动的主减速装置，由于齿轮中心距固定，齿轮啮合间隙靠机械加工精度保证，所以不需要调整啮合间隙，啮合印痕一般也不调整。其装配质量重点控制项目主要是轴承预紧力的控制，预紧力可以采用螺纹调节环或调整垫片进行调节。差速器分总成装配的质量控制项目与分离式驱动桥相似，主要是轴承预紧力的控制和行星齿轮与半轴齿轮啮合间隙的控制，调整的方法也基本相同。

训练与思考题

1. 参观变速器装试线，熟悉变速器的装配和出厂试验工艺过程，了解装试线上的主要设备。
2. 变速器装试生产线一般由哪几部分组成？有哪些主要设备？
3. 装配手动变速器时，哪些质量项目应该予以重点控制？
4. 通过实训或顶岗训练，掌握手动变速器的装配作业、零件间隙测量与调整、压装或温差装配设备使用的基本方法。
5. 以实训用手动变速器为例，叙述其装配步骤与装配工艺要求。

6. 手动变速器性能试验、可靠性与寿命试验的目的是什么？各有哪些试验项目？

7. 手动变速器的出厂试验有哪些试验项目？如何进行质量判断？

8. 参观驱动桥装试线，熟悉驱动桥的装配和出厂试验工艺过程，了解装试线上的主要设备。

9. 分离式驱动桥主传动总成自动装配线上有哪些装配、检测和试验设备？

10. 通过实训或顶岗训练，掌握分离式驱动桥特别是主减速器和差速器的装配作业、零件间隙测量与调整、主减速齿轮副啮合间隙与啮合印痕的调整、轴承预紧度检测与调整的基本方法。

11. 简述分离式驱动桥的装配质量控制要点。

12. 简要叙述分离式驱动桥总成的试验方法。

项目五 汽车总装工艺

学习任务一 汽车总装调试工艺流程认识

按照汽车总装配的工艺流程并结合汽车的结构组成，可以将汽车分解为四大系统，一是动力系统，二是传动、行走和制动系统，三是转向和悬架系统，四是车身、内饰、外饰、空调和电气系统。

传统汽车的动力系统即柴油机、汽油机等内燃机及其电子控制装置，新能源汽车的动力系统即电动机和蓄电池等。

传动、行走和制动系统包括变速器、万向传动装置、驱动桥、车轮、制动装置等部分。这几部分虽然功能各异，但实际上它们是不可分割的一个功能联合体。对于发动机前置、后轮驱动的车辆，变速器和驱动桥是分离的，两者之间通过万向传动装置连接；对于发动机前置、前轮驱动和发动机后置、后轮驱动的车辆，则往往将变速器和驱动桥设计成一个整体，称为变速驱动桥。车轮和制动装置也是不可分割的一个整体。在许多轿车上，发动机还和变速驱动桥组装为一体，称为动力总成。

转向和悬架系统包括转向装置和悬架装置。对于整体式转向桥，转向装置和前悬架装置是分别独立的；而对于断开式转向桥，转向装置和前悬架装置一般设计成一体。

车身、内饰、外饰、空调和电气系统都是以车身作为基础件，空调、音响娱乐设备、仪表显示装置甚至包括转向盘等，先组装成一体，称为仪表板总成，然后再将仪表板总成安装到车身上。

不同类型的汽车，总装配工艺流程存在很大的差异。同一类型，但不同制造厂、不同型号的汽车，其总装配工艺流程大体相似，但也有较大的区别。

一、乘用车总装工艺流程

乘用车总装配和调试的一般流程是，先分装发动机、变速器、驱动桥或变速驱动桥、悬架、仪表板总成等，再将动力系统与传动、行走和制动系统以及转向和悬架系统分别组装成前轴模块（图5-1）、后轴模块（图5-2），也有公司进一步将前轴模块和后轴模块组装成底盘总成或称为底盘模块。与分装工作同步进行的总装工作，是在涂装完毕的车身上进行部分内、外饰的安装。然后，将底盘总成与车身合装（图5-3），最后安装车轮和剩余的内、外饰件，加注各种液体。装配完毕后，进行外观检查、装配质量检查、整车性能检测、调试和部分车辆的返修等工作，经终检合格的车辆即可入库。

根据总装的一般流程，在总装厂常设置四条主生产线（工段），分别为一次内饰装配线、底盘装配线、二次内饰装配线和调整检测线，也有公司将一次内饰装配线和二次内饰装配线分别称为内饰装配线和最终装配线（或成车线）。除四条主线外，一般还设有若干分总成的分装线，对一些结构复杂的总成件或不容易在总装流水线上进行装配的分总成同步进行分装。各个制造厂的总装工艺不尽相同,分装线也存在较大的差异。常见的分装线有仪表板分装线、车门总成分装线、前桥分装线、后桥分装线、动力总成分装线、底盘分装线、车轮总成分装线、散热器总成分装线(图5-4)等,前两种属于内饰装配线,其余的则属于底盘装配线。不过也有一些汽车制造厂的分总成由专业厂来生产,如发动机由发动机厂生产,变速器由变速器厂生产,空调、座椅、仪表板总成和车门等则由外协供货商生产等。

图5-1 前轴模块

图5-2 后轴模块

图5-3 后轴模块与车身合装

图5-4 散热器总成分装

以国内某汽车公司的总装厂为例,其生产流程如图5-5所示。

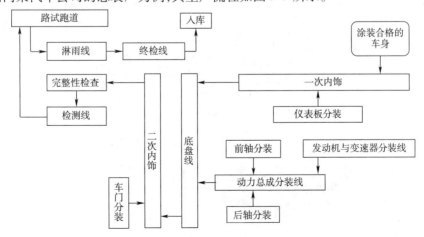

图5-5 轿车总装厂生产线示意图

生产流程中一次内饰装配线(图5-6)的主要工位有车身打号、天窗、线束、ABS(Anti-lock Braking System)、顶篷、地毯、气囊帘、车门支撑板、车门玻璃、密封条、仪表板、散热器等。底盘线(图5-7)的主要工位有油管、油箱、隔热板、动力总成、后悬、排气管、挡泥板、轮胎等。二次内饰装配线的主要工位有风窗玻璃、座椅、仪表板后段、蓄电池、空气滤清器、备胎、行李舱附件、刮水器、介质加注、车门调整、线路管路插接、理顺等。仪表板分装线完成仪表板总成的分装,动力总成分装线完成发动机和变速器的组装。完整性检查线主要完成对整车零部件装配质量的检查工作。在两条检测线上主要完成转向盘校正、车轮前束和外倾值调整、前照灯灯光调整(图5-8)、驾驶员气囊装配、整车侧滑量测量、喇叭声级测试、整车加速减速测试、驻车制动、倒车功能测试、尾气排放值测量(图5-9)、安全气囊模块、PCM(Power Control Module)、TCM(Transmission Control Module)、ABS、IC(Ignition Controler)等模块故障检测、变速器油加注等工作。在路试跑道上主要完成空调功能、手动挡加减速性能、自动挡加减速性能、定速巡航功能、ABS\DSC(Dynamic Stability Control)功能、转向性能、倒车性能、整车异响、制动侧滑、跑偏、驻车制动功能、音响功能等主观判定工作。在调整、淋雨线、终检线和交车入库工位主要完成路试后故障返修、整车淋雨检查、漏点返修、车门饰条装配、终检漆面检查、喷蜡、补漆、交车等工作。

图5-6　一次内饰装配线

图5-7　底盘线合装小车

项目五 汽车总装工艺

图 5-8 四轮定位及灯光检测工位

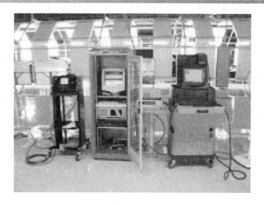

图 5-9 排放检测工位

二、商用车总装配工艺流程简介

乘用车一般采用承载式车身结构，而商用车采用非承载式车身结构。由于结构上的差异，两种类型车辆的总装工艺流程也不同。

商用车以车架作为装配基础，一般设置有发动机、变速器、驱动桥、驾驶室内饰等分装线。发动机和变速器装配线主要完成离合器及其操纵装置、转向油泵、风扇、护风罩、加速装置、气路和冷却液连接管路、变速器操纵附件等装配工作。内饰装配线主要完成驾驶室顶部和底部线束、发动机罩衬垫及各内衬与隔声板、仪表板、组合踏板总成、前后窗玻璃、车门玻璃及升降器总成、车门锁、转向操纵机构、座椅总成、进气道总成、各密封条等装配工作。

总装配的一般流程是，首先在倒置的车架上安装部分管线和线束并连接捆扎，安装平衡轴、悬架系统和车桥，然后翻转车架，进入总装配线，安装其他的零部件和发动机、变速器等总成件，连接传动轴、进排气系统管路等，再安装驾驶室、货箱和其他附件。装配完毕后，进行外观检查、装配质量检查、整车性能检测、调试和部分车辆的返修等工作，经终检合格的车辆即可入库。

图 5-10 所示为某货车的总装工艺流程。

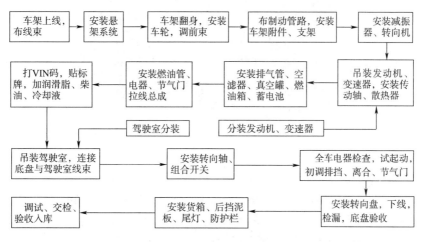

图 5-10 货车总装工艺流程示例

学习任务二　汽车总装工艺装备认识

先进的装配工艺需要先进的工艺装备作为技术保障,工艺装备的性能对汽车企业的生产效率和产品的装配质量起着决定性的作用,也是企业装配技术水平的标志。

汽车装配工艺装备主要分为六大类:装配线所用输送设备(空中悬挂和地面)、油液加注设备、螺纹件紧固设备和专用装配设备(如举升、翻转、压装、加热或冷却等)、在线或出厂检测设备、质量控制设备(如夹具、计量器具、检具、质量管理信息系统等)。车身承载方式不同,采用的装配线形式和所用设备也有所区别。

一、传统输送设备

输送设备主要用于总装配线、各总成分装线以及大总成上线的输送。传统的输送设备主要有链板输送线、地面单链牵引轨道小车式输送系统、通用悬挂式输送机、积放式悬挂输送机、电动自行小车输送系统、地面反向积放式输送机、滑撬式输送系统等。

1. 链板输送线

链板输送线又称板式链(图5-11),是利用循环往复的链条作为牵引装置,以固接在牵引链上的一系列链板作为承载体,实现物料运送的输送线。链板输送线有单链板式和双链板式两种,单链板式是由一条线体组成,双链板式是由两条平行布置、同步运行的线体组成。乘用车一般采用单链板式,商用车一般采用双链板式。

链板输送线结构轻巧,输送能力大,运行平稳,维修方便,噪声低,输送速度可以调节以满足各种工艺要求。

图5-11　链板输送线

2. 地面单链牵引轨道小车式输送系统

地面单链牵引轨道小车式输送系统(图5-12)又称为地推链,是将整机(驱动、张紧、轨道、链条)均装设在地面以下的输送设备。被运送工件置于工艺(运载)小车上,由牵引链条上所装的推块或推头小车推动工艺小车,使其在地面(或沿地面所铺设轨道)上运行。该类输送机除用于总装线外,还广泛用于前处理、涂装、调试、检测等线上。在动力总成分装线上一般使用环形地推链(图5-13)。

图 5-12 地面单链牵引轨道小车式输送系统

图 5-13 环形地推链小车式系统

3. 通用悬挂式输送机

通用悬挂输送机(图 5-14)又简称悬挂链,是一种常用的连续输送设备,线体可在空间上下坡和转弯,布局方式灵活,占地面积小。单机输送能力大,可采用很长的线体实现跨厂房输送。其结构主要由牵引链条、滑架、吊具、架空轨道、驱动装置、张紧装置和安全装置等组成。结构简单,造价低,耗能少,可靠性高,维护费用低,可大大减少使用成本。

图 5-14 通用悬挂式输送机

4. 积放式悬挂输送机

积放式悬挂输送机（图5-15）又称为积放链，一般由动力系统、牵引直轨、牵引弯轨、承载直轨、承载弯轨、承载车组、合流道岔、分支道岔、停止器及电控系统等组成。

图5-15　积放式悬挂输送机

积放式输送机以其可靠的载荷控制能力，非常适用于整条生产线上的各个工位间的生产过程需要协调配合的特点。积放式输送机可以在整条生产线正常运行的状态下使载荷分别停止或运行且相互间不会干涉。输送的载荷可以在线上储存，较长的载荷可以在密集的存储区内斜向积存以节省空间。

5. 电动自行小车输送系统

电动自行小车（EMS——Electrified Monorail System）输送系统（图5-16）是由钢结构、悬吊装置、轨道、平移道岔、小车、电动葫芦、吊具、安全滑触线、集电器、传感器以及控制系统等组合而成。由于该系统集光、机、电、计算机等技术于一体，所以它是高度自动化新型物料输送的关键设备。

图5-16　电动自行小车输送系统

电动自行小车输送系统具有优越的使用性能，可实现平面输送、垂直升降、程序控制等功能，广泛应用于汽车行业的总装、涂装、焊装等装配线上。

6. 地面反向积放式输送机

地面反向积放式输送机（图5-17）又称为反向积放输送链，是由空中积放式输送机演变而来。其传动方式与空中积放式输送机基本相同,工件的停止、分流和合流也都是利用停止器和道岔来完成,只是工件与积放轨道的相对位置不同。空中积放式输送机的工件是用吊具悬吊在积放轨道的下方运行,而地面反向积放式输送机的工件是用随行支架或台车支撑在积放轨道的上方运行。地面反向积放式输送机多用于涂装车间的物料输送。

图 5-17 地面反向积放式输送机

7. 滑橇式输送系统

滑橇式输送机(图 5-18)是由动力滚床、平移滚床、旋转台、举升台、平移机、链式输送机等各种独立输送单元所组成的组合式输送系统,携带输送物品的橇体依靠托滚或链条的摩擦力实现前进、后退、平移、举升和旋转等复杂功能,具有机动灵活、组合方便、运行平稳、布置紧凑等特点,是汽车和其他大型物体喷涂、装配的理想运输设备。

图 5-18 滑橇式输送系统

二、AGV

发动机、前桥、后桥、驾驶室等大总成上线,传统的方式是使用单轨电动葫芦或起重机。随着汽车装配自动化水平的提高,后来普遍采用电动自行小车和积放式悬挂输送机。目前,越来越多的厂家开始采用带有升降装置的自动导引小车 AGV 来承担大总成上线工作。

目前总装厂的 AGV 小车主要有六种类型:

（1）牵引车。是用途最广的一种AGV，主要用于量大和较重的货物，而且是从仓库到沿途多个地点且路径较长的情形。通常采用拖车形式。目前，有的牵引AGV可以拖动近25t的货物。

（2）单载车。与牵引车相反，单载车没有拖车，自身可以载重，通常只是将货物从一点送到另一点，路径较短。每次运载一个货架，载重较小，适于空间较小且运动受限的情形，特别是仓库与送货点之间。

（3）货架车。货架车与其他的AGV都不同，因为它可以手动操作，适用于送货点到物料处理地点之间。由于可以手动操作，在处理物料时比较灵活。

（4）叉车。叉车型的AGV，可以将货物升到高处或从高架上将货物取下，并沿导引路径行驶。

（5）轻载车。是单载车的小型车，通常用于货物质量在100kg以下的货物，适用于将小型零件从库区运送到生产线上。

（6）装配线车（图5-19）。用于装配线上工件的沿途运送。最常见的是汽车装配线，用于将发动机、变速器、车门和其他相关的配件和总成送到装配线上合适的地点。

三、多轨可翻转夹具输送系统

该系统的典型代表即是大众德累斯顿透明工厂内的多轨可翻转夹具输送系统，如图5-20所示。系统的主要特点是其吊具也是夹具，同时具有伸缩功能以改变吊具的高度，夹紧在吊具上的车身还可以随同吊具在一定角度范围内左右翻转。由于吊具既承受垂向载荷，又承受一定的弯矩，所以设置有两条行走轨道。使用该输送系统，不同身高的员工在安装不同的零部件时，都可以随意选择自己觉得最省力、最舒适的工作姿势，大大减轻了员工的劳动强度。

图5-19　装配线上的AGV

图5-20　多轨可翻转输送系统

四、可升降剪式EHB吊具输送系统

大众公司的可升降剪式EHB吊具输送系统（图5-21）通过剪刀式伸缩结构，使吊具可以在较大范围（如一汽大众为0.12～4.5m）的高度上任意自由变换，能够满足不同工位对于安装高度的不同要求，极大地方便了员工的操作。另外，由于高度的可变性，也可以满足今后新车型投产的需求，具有良好的柔性。

项目五　汽车总装工艺

图 5-21　可升降剪式 EHB 吊具

五、油液加注设备

油液加注一般在二次内饰装配线的后期完成,油液加注设备包括燃油、润滑油、清洁剂、冷却液、制动液、制冷剂等各种液体的加注设备。早期主要采用手工方式加注各种油液,现在一般采用设备定量加注和自动加注,尤其在轿车装配中,普遍采用自动加注机,保证了加注质量和计量精度。图 5-22 所示为汽油加注站,图 5-23 所示是可以同时加注多种液体如空调制冷剂、防冻液、助力油、洗窗液的四合一加注机,图 5-24 所示为德国 DURR Somac 公司的自动加注设备。

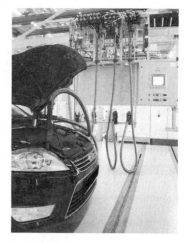

图 5-22　汽油加注站　　　　　　　　　图 5-23　四合一加注机

六、出厂检测设备

出厂检测线上的主要设备有前束试验台、侧滑试验台、转向试验台、前照灯检测仪、制动试验台、车速表试验台、废气分析仪、下线检测仪(EOL——End of Line Testing Tool)等,将在后续章节详细介绍。

七、专用装配设备

专用装配设备主要有车架打号机、螺纹紧固设备、车轮装配专用设备、风窗玻璃安装机器人、涂胶机、车架翻转设备等。

图 5-24　自动加注机

1. 车架打号机

汽车车架或车身骨架上的序列号是车辆的重要信息之一，每辆车一个号码，不能重复。序列号一般在总装线上刻打，可以采用人工打号（图 5-25）、自动打号和机器人打号（图 5-26）等多种形式。打号机可以自动定位、自动打字、自动数字递增。

图 5-25　人工打号

图 5-26　机器人打号

2. 螺纹紧固设备

汽车总装厂以前普遍使用噪声大、精度较低的冲击气动扳手，现在越来越多地使用静扭力扳手和定扭力电动扳手。这两类扳手噪声低、精度高、拧紧质量好，各汽车厂家都在大力推广。目前，美国、欧洲等汽车工业发达国家已经广泛使用螺纹自动拧紧机（图 5-27），国内各汽车厂家也都开始使用自动拧紧机和各种助力式拧紧设备（图 5-28）。

3. 车轮装配专用设备

车轮分装一般采用自动装配，装配线主要由机动辊道、自动装配机（图 5-29）、快速自动充气机（图 5-30）、车轮动平衡机（图 5-31）等组成。

除了车轮分装采用自动装配设备以外，将车轮安装于轮毂上也往往使用自动设备。图 5-32 所示为带有多头扳手的专用车轮安装设备将车轮安装于轮毂上。

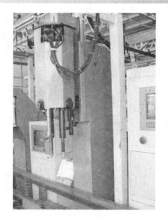
图 5-27　螺纹拧紧机

图 5-28　底盘系统拧紧设备

图 5-29　车轮自动装配机

图 5-30　轮胎充气机

图 5-31　车轮平衡机

图 5-32　车轮装配拧紧机

4. 涂胶机

涂胶机(图 5-33)的作用是用于风窗玻璃涂胶,现在很多厂家都使用涂胶机器人(图 5-34)自动完成涂胶工序。

5. 风窗玻璃安装机器人

风窗玻璃安装机器人(图 5-35)与涂胶机器人协同工作,首先由涂胶机器人在玻璃周围涂抹胶液,然后由安装机器人将玻璃安装到车身上。

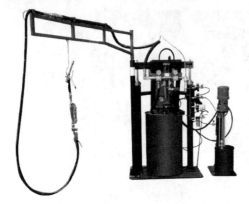

图 5-33 涂胶机

图 5-34 涂胶机器人

图 5-35 风窗玻璃安装机器人

6. 车架翻转设备

乘用车等轻型车辆一般采用承载式车身结构，以车身作为装配基础；而商用车采用非承载式车身结构，以车架作为装配基础。商用车的零部件尺寸和质量都较大，一般不采用悬挂式输送设备，导致装配作业的空间高度较小。车架下部的零部件和总成如车桥等，不方便采用从下方向上推送的方式安装，一般都是首先使用车架翻转机将车架翻转180°，然后从上方安装，或者借助于吊具将较重的零部件和总成件从上方向下放置在装配部位。安装完下部零部件和总成后，再将车架翻转180°（图5-36），最后安装上部的零部件和总成。车架翻转机主要由翻转装置、动力系统、控制系统和主体钢构组成。动力系统一般配置有前、后两台电动葫芦，翻转装置采用链条驱动，由电动葫芦驱动链条完成车架翻转工序。

7. 升降机

升降机（图5-37）用来将车辆从一条线抬升或下降到与之不同高度的另一条线上，如从内饰线转运到底盘线或者从底盘线转运到完成线等。

八、乘用车与商用车装配工艺装备的差异

1. 乘用车装配工艺装备

典型的乘用车为轿车，其装配线一般在涂装与总装之间设置车身储存输送线，采用的形

式有滑撬式输送系统、积放式悬挂输送机、摩擦链等，主要作用是涂装/总装间的缓冲、多品种选择、排序等。

图 5-36　车架翻转工位

图 5-37　升降机

目前轿车装配线的典型选型为内饰线采用板式链输送系统，底盘线采用积放式悬挂输送机/EMS/TTS（Twin Trolley System）等，最终装配线采用宽板链或者双窄板链。车门分装线多采用积放式悬挂输送机/EMS 等。动力总成模块合装线采用地推链/电动自行小车/AGV 等。

防冻液、制动液、助力转向液、制冷剂等油液的加注设备，普遍采用具有抽真空、自动检漏、自动定量加注等功能的加注机，其他如燃油、洗涤液、机油等采用普通定量加注机。

关键部件的螺栓一般采用电动拧紧机，可以有效地控制拧紧力矩，监控拧紧过程。专用设备包括大量使用的助力机械手和机器人，既降低工人的劳动强度，又保证了装配质量，应用范围包括拆装车门、前后悬架安装、天窗安装、仪表板安装、座椅安装、轮胎安装、风窗玻璃涂胶和安装等。

根据国家相关标准的规定，出厂检测线一般应具有侧滑试验台、转向试验台、前照灯检测仪、制动试验台、车速表试验台、尾气分析仪、车轮定位仪、底盘检查等设备。完成出厂试验后，车辆进入淋雨房进行密封性能检测。通常在检测线边设置返修区，对某个项目检验不合格的车辆返修，并返回检测线复测，直至合格为止。

一般使用 Andon（也称"暗灯"，原为日语的音译，日语的意思为"灯光"、"灯笼"）系统来对装配线进行综合信息管理和实时控制，系统能够搜集生产线上有关设备、生产以及管理的信息，通过信息显示屏（图 5-38）、指示灯、声音报警系统等显示生产状态、原料状态、质量状况、设备状况、停工时间、生产目标完成情况、生产效率等信息，使操作人员和管理人员能够及时了解现场状况，消除生产过程中的瓶颈问题和突发故障，保证生产正常进行。

图 5-38　Andon 系统显示屏

2. 商用车装配工艺装备

典型的商用车为货车，与轿车总装相同，在货车装配线的涂装与总装之间一般也设置有车身储存输送线，采用的形式有滑撬、积放链、摩擦链等，主要作用是涂装/总装间的缓冲、多品种选择、排序等。

图5-39　带随行支架的链板输送机

图5-40　单链牵引地面轨道小车+双链板式输送系统

图5-41　桥装四轴拧紧机

重型货车典型的装配线设备配置为,内饰线采用带随行支架的链板输送机(图5-39),底盘装配线多采用单链前小车+双链板的组合形式(图5-40),国外一些先进的汽车厂也有采用AGV小车作为总装输送设备。

关键部件(如车桥与车架的连接螺栓的紧固)一般也是采用电动拧紧机(图5-41),同时在装配过程中大量使用助力机械手和机器人,机械手主要应用在拆装车门、座椅安装、轮胎安装等,机器人主要应用在风窗玻璃自动涂胶。其他(如加注设备、检测设备、质量控制设备等)与轿车工艺大致相同,在此不再赘述。

因为商用车的产量一般比乘用车小很多,并且由于产品结构的差异,自动化程度远低于乘用车。

学习任务三　内饰装配

一、汽车内饰件构成

在汽车总装过程中,完成2万多个零部件与车身的装配,在这些零部件中,内饰件占有很大的比例。由于外饰件数量较少,如前后保险杠、汽车标识、车身裙板、外侧围、防擦条、扰流板、行李架、尾翼、发动机下护板等,所以一般情况下也将其归入内饰工艺。内饰件数量庞大,工序数量在总装工序总额中占有很大的比例,所以总装过程大部分也就是内饰装配过程。

一般按照内饰件的制造工艺或所属总成件对其分类。按照制造工艺的不同,内饰件可以分为注塑类零件、发泡类零件、皮革类零件、电镀类零件等;按照所属总成件则可以分为主仪表板、副仪表板、座椅、门护板、ABCD柱护板、空调总成、安全系统、通风管道系统、地毯及各类毛毡、各类密封条等。

图5-42~图5-45分别为某型号乘用车的内饰件、车辆被动安全系统、顶篷合件和空调系统的构成图。

项目五　汽车总装工艺

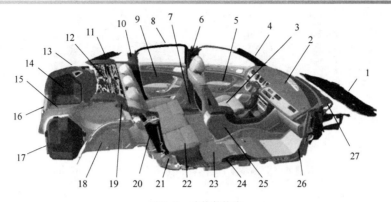

图5-42　内饰件构成

1-机罩毛毡;2-主仪表;3-前座椅总成;4-A柱上装饰件;5-前门护板;6-B柱上装饰件;7-B柱下装饰件;8-车门窗框装饰件;9-后门护板;10-C柱上装饰件;11-D柱装饰件;12-后隔板;13-尾门毛毡;14-杂物盒;15-尾门地毯;16-尾门门槛;17-尾门通风罩;18-挡泥板;19-后隔板支架;20-后座椅侧装饰件;21-C柱下装饰件;22-后座椅总成;23-地毯总成;24-门槛装饰件;25-副仪表总成;26-A柱下装饰件;27-机舱隔声垫

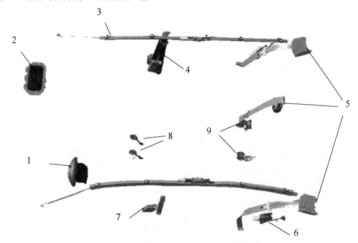

图5-43　车辆被动安全系统构成

1-转向盘安全气囊;2-副驾驶位安全气囊;3-安全气帘;4-B柱安全带;5-后座椅安全带(3处);6-后部侧安全气囊;7-前座椅安全气囊;8-前座椅安全带锁扣;9-后座椅安全带锁扣

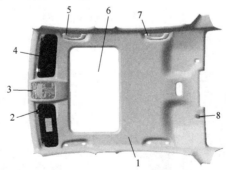

图5-44　顶篷合件构成

1-顶篷本体;2-遮阳板挂钩;3-前顶灯;4-遮阳板;5-前拉手;6-天窗系统;7-后拉手;8-遮阳帘挂钩

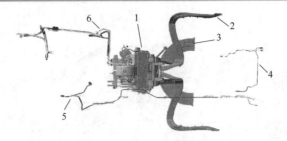

图 5-45 空调系统构成

1-空调总成;2-B 柱通风口;3-前座椅下通风口;4-空调管道 a;5-空调管道 b;6-空调管道 c

二、内饰装配工艺

1. 内饰装配的技术手段

装配有多种技术手段,螺纹紧固件紧固、黏结(如前、后风窗玻璃)、扎带、扣件、铆钉连接和直接安放是总装车间内、外饰件装配时最常使用的六种装配技术手段。在总装工艺中,使用黏结技术装配的零件主要包括前后风窗玻璃、各种标识(图 5-46)等,线束、管路等一般使用扎带(图 5-47、图 5-48)或者扣件(图 5-49)固定,毛毡件、各类隔声隔热垫、车门密封圈等一般使用扣件固定(图 5-50～图 5-52)或者直接安放(图 5-53、图 5-54),塑料板件一般使用螺钉或者扣件固定(图 5-55),金属类零件、电子元器件基本使用螺钉固定(图 5-56),有些金属类零件和塑料件也使用铆钉固定。

图 5-46 粘贴标识

图 5-47 金属扎带固定线束

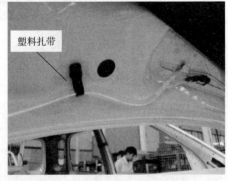

图 5-48 塑料扎带固定玻璃清洗液管

项目五 汽车总装工艺

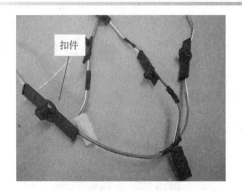

图 5-49 采用扣件固定的线束

图 5-50 固定毛毡零件的扣件

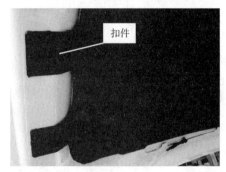

图 5-51 采用扣件固定隔声垫

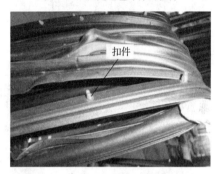

图 5-52 采用扣件固定的密封圈

图 5-53 安放地毯

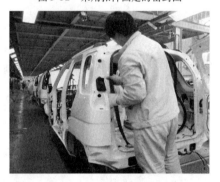

图 5-54 安放尾门框密封圈

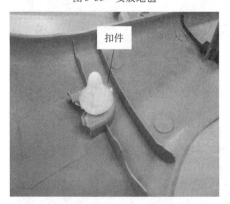

图 5-55 采用扣件固定的塑料板件

图 5-56 采用螺钉固定电控单元

· 155 ·

因为总装工艺要考虑到作业人员的劳动强度、工具的使用、工装夹具的配置、防呆等因素,往往将内外饰零件、电器零件、机械零件、开启件等混合编排进行装配,以节约工时或保持生产线的流畅,所以汽车内饰装配贯穿于整个总装过程中。

2. 内饰装配流程

除了大部分内饰装配工作在一次内饰装配线和二次内饰装配线两个工段完成外,在底盘装配线仍然有少量的内饰装配工作,所以其与总装过程密不可分,并不是一个完全独立的过程。下面通过某型号乘用车的总装配流程介绍内饰的装配过程。

与前面所介绍的国内某汽车公司总装厂的总装生产流程相似,该型号轿车也是先在车身上安装部分内饰件和风窗玻璃等其他零部件,然后底盘模块与车身合装,再安装剩余的内饰件,最后安装车轮及其他零部件,完成总装过程。总装完成后,还需进行液体加注、性能检测,全部项目合格后才能出厂。

图 5-57 所示为某型号乘用车的总装工艺流程。

图 5-57

项目五　汽车总装工艺

图 5-57

图 5-57 乘用车总装工艺流程

3. 仪表板分装线

仪表板是汽车内饰中结构最复杂、零部件数量最多的总成件。作为汽车的控制中心和装饰焦点，仪表板集技术和艺术于一身，它的外观质量和风格差异决定了客户对整车内饰的评价。在总体结构上，仪表板还要满足许多安全法规的要求，如驾驶员可视区域的要求、头部撞击的要求、膝部撞击的要求等。

在整车厂，一般都设有专门的主仪表分装线（图5-58），将各相关附件在主仪表分装线上装配后再送总装线安装到车身内，附件一般有各类电气元件（如主控仪表、导航仪、线束、组合开关、娱乐音响设备等）、功能件（空调总成、转向盘、转向机构、离合器踏板、制动踏板及转向柱、空调出风调节开关等）、装饰件（如桃木装饰条、镀铬件、堵盖、格栅等）。

1）仪表板和副仪表板的构成

仪表板总成一般由仪表板骨架、仪表板本体和各种附件组成。

图5-58　主仪表分装线

仪表板骨架为高强度钢结构，骨架的强度需要满足侧面撞击的要求。

图5-59、图5-60所示分别为仪表板骨架结构图、仪表板骨架与车身钣金配合图。

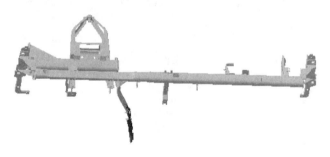

图5-59　仪表板骨架

图5-60　仪表板骨架与车身钣金的配合

仪表板本体一般为注射成型的框架结构，通常由上、下两个支架用超声波焊接在一起，如图5-61所示。

下支架一般采用工程材料一次性注射成型。上支架属于外观区域,对于支架表面有更高的质量要求。

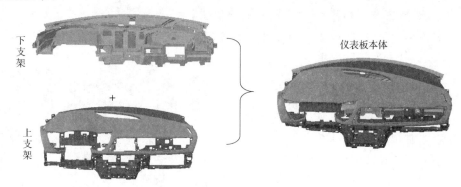

图 5-61 仪表板本体

仪表板总成的组成如图 5-62 所示。

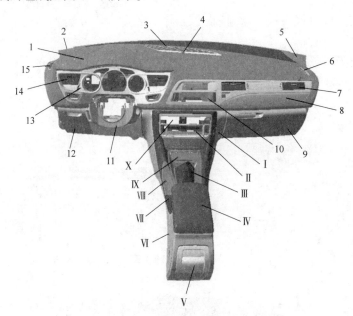

图 5-62 仪表板和副仪表板的构成

1-主仪表本体;2-喇叭格栅左;3-除霜通风口;4-阳光传感器;5-喇叭格栅右;6-侧通风口右;7-副驾驶位吹面通风口;8-桃木装饰件;9-右杂物盒;10-导航仪;11-转向盘护套;12-左杂物盒;13-组合仪表罩;14-驾驶位吹面通风口;15-侧通风口左
副仪表及附件:Ⅰ-副仪表本体;Ⅱ-空调控制盒;Ⅲ-变速杆护套;Ⅳ-扶手盖板;Ⅴ-后烟灰盒;Ⅵ-USB 接口(内部);Ⅶ-驻车制动护套;Ⅷ-镀铬装饰件;Ⅸ-点烟器;Ⅹ-收放机

2) 主仪表板总成装配工艺流程

仪表板总成分装线可以采用空中悬挂式(图 5-58),也可以采用地面式。空中悬挂式一般为带吊具的普通悬挂输送机和积放式悬挂输送机,地面式一般采用随行夹具高出地面的双链牵引输送机,为了便于操作,夹具可翻转一定角度,并设有定位机构。

仪表板分装完成后,采用线束检测仪对总成功能进行检测。将仪表板总成的相关线束插头与检测仪的对应接口连接,启动检测按钮,即可逐项检测转向、灯光、报警等功能。检测完毕后,根据仪表板总成上所贴的条形码由计算机控制上线,从而保证不同车型安装相应的仪表板总成。

以某型号汽车主仪表板为例,其主仪表板总成的装配约 150 个步骤,下面只对一些主要的步骤(图 5-63)作介绍。

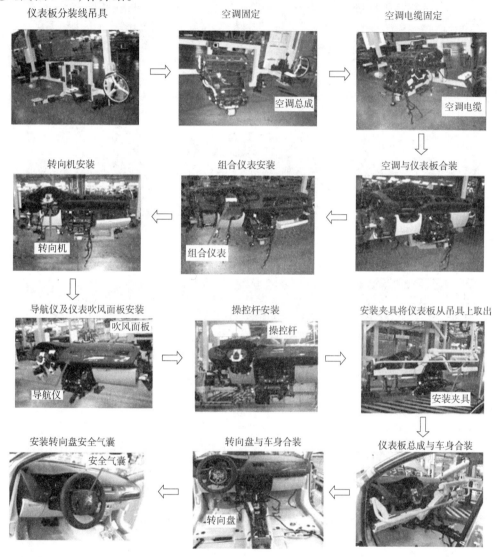

图 5-63　主仪表板总成装配工艺流程

4. 车门总成分装线

车门总成分装工艺不仅可以提高车门总成的装配效率,便于实现自动化装配,而且因为车门未悬挂于车身上,也有利于座椅、仪表板及车身内部其他内饰件的装配,所以被越来越多的制造厂采用。车门分装线的形式与仪表板分装线的形式基本相同,也包括空中悬挂式和地面式两种。

车门的主要构成零件一般有车门钣金总成、外后视镜、玻璃、玻璃升降器、玻璃控制开关、门护板、防水帘、车门把手、车门锁、内开启手柄等。在车门分装线上,以车门钣金总成为基础，在其上安装其他部件，形成车门模块。然后，再将其装到车身上。

图5-64所示为某型号汽车车门总成在分装线上的主要装配工艺流程。

图5-64 车门总成装配工艺流程

三、内饰装配质量控制

1. 内饰质量控制措施

通常,内饰零部件以外购件为主,内饰装配质量与外购件制造质量、白车身制造质量和总装过程密切相关(图5-65),是各零件偏差、装配偏差、操作偏差等累积、耦合与传播的最终反映。其中,零件偏差与零件材料、加工方式、定位精度等相关。车身零件通常是由薄板冲压制成,冲压过程造成的零件偏差在随后的装配过程中很难校正。装配偏差与装配方式、装配工夹具、装配回弹等有关。

图5-65 内饰装配偏差来源示意图

要保证装配质量,需要对外购件质量、白车身质量和总装配过程进行同步控制。

外购件质量通过制定严格的技术标准、规范验收程序、选择合适的供应商、协助供应商提高工艺水平和管理水平等方法进行控制。

白车身质量通过合理设计车身结构、合理设计模具与工装夹具的结构、选购性能优良的冲压和焊接设备与工艺等方面进行控制。

内饰装配质量的控制主要从以下几方面进行:

(1)完善各工序的检验制度、各工序及成品的质量检验标准。

质量标准是进行质量检验与质量控制的依据,是保证内饰装配质量的重要保障。没有质量标准,检验工作将无法进行。

(2)确定关键工序的质量控制点、控制方法和控制手段。

汽车内饰的装配质量决定于装配过程的每一道工序,但关键工序对其影响最大。关键工序对产品的质量、性能、功能、寿命、可靠性及成本等都有着较大程度的影响,它是产品重要质量特性形成的工序。对关键工序需要进行重点控制,设置质量控制点,确定控制方法和控制手段,确保按照工艺要求进行操作,严格检验,通过对关键工序的控制来保证装配质量满足要求。

(3)保证设备完好、工艺装备设计合理。

现代制造业特别是汽车制造业,大量使用先进设备,设备的性能和工艺装备的质量直接决定了汽车生产的效率和产品质量。内、外饰装配线都采用流水生产方式,生产效率高、节奏快,要求生产线设备和工艺装备性能稳定、工作可靠。

(4)做好生产过程的工序检验,把好每道工序的质量关。

虽然关键工序对装配质量的影响最大,但也不能忽视其他的非关键工序,因为产品形成过程的每一道工序都会对产品的质量构成影响。只有把好每道工序的质量关,才能保证最终产品的质量。

2. 内饰类零件装配要点

汽车总装配均采用流水生产方式,将内饰件、外饰件、电子装置和动力传动系统与经过喷涂的车身装配成一体。在内饰线装配的零件中,毛毡、隔声隔热垫、线束、注塑板件、管路等占有较大的比例。毛毡及各类隔声垫的作用,一般为防止汽车在运行过程中产生噪声或者防止零件之间相互接触/碰撞而导致零件损伤,如前围隔声垫的作用是减小发动机的噪声传到驾驶室内以及防止仪表板与前围钣金的接触/碰撞。空调风道是由多个吹塑管件相互连接而成,如果连接不到位,会导致管道漏风或不出风,直接影响到乘员的舒适性。毛毡、隔声垫及空调管道安装的质量直接影响到汽车行驶过程中的静音效果和空调的制冷效果,如果不按照工艺要求安装或者安装不到位,返修非常困难,因为要拆掉座椅及仪表板,同时还可能导致二次不良的发生。

图 5-66 扭力扳手校准仪

许多零件安装时对螺纹紧固件有安全力矩的要求,如固定安全带的螺栓、安全气帘的固定螺栓、转向机的固定螺栓、仪表板的固定螺栓等,安装这些安全件的时候必须要保证力矩在公差范围内。对于有力矩要求的装配部位,在总装时会进行管理,常见的管理方式为建立一个安全力矩清单,并定期对安装工具(如扭力扳手、螺纹拧紧机等)进行校准(图 5-66)。表 5-1 为某汽车厂总装车间安全力矩清单示例。

安全力矩清单(部分)　　　　　　　　　　表 5-1

序号	制造号	操作名称	力矩值(N·m)	力矩范围(N·m)
1	M※WZ7B1751	安装多功能天线座/BL	8	8 ± 1.2
2	M※WF710A41	固定驻车制动软轴导管锁止	12	12 ± 1.8
3	D※WZ9L0221	连接 DIAG 及杂物盒照明地线(备用工艺卡)	10	10 ± 1.5
4	D※WZ9L0231	连接 BSI 及电动座椅地线(备用工艺卡)	10	10 ± 1.5
5	D※WZ9S0091	连接电线控制盒地线(备用工艺卡)	12	12 ± 1.8
6	M※WU1C0631	拧紧左侧安全气帘	4	4 ± 1

装饰件安装时首先要注意外观保护,因为这部分零件一般为皮革件、塑料件、涂装件或镀铬类零件,对外观的要求非常高。同时,要严格按照装配工艺进行操作,否则会导致装配出现干涉、间隙或面差等缺陷。

另外,电器件的接头要连接可靠,否则会导致一个或多个电器功能失效,而且这部分缺陷只有在车辆下线后才能被检测出来。因为电缆通常被安装在车辆的地毯下或仪表板内部,所以返修会耗费大量的工时。

学习任务四　底盘装配

商用车和乘用车因为车辆类型和结构差异较大,底盘装配的内容和工艺也有较大的区别。

一、乘用车底盘装配

在车身上安装完一部分内饰后,将进入底盘装配线,底盘装配线一般为高线(悬挂式抱架)(图 5-67)。在底盘装配线上主要的装配内容是动力总成、前桥、后桥与车身的合装,除此之外,还有燃油箱、车轮的安装,以及燃油管、制动管、空调管、进排气管和消声器、操纵拉索等各种管线的安装。位于底盘下部的传动轴、减振器、悬架系统各杆件等也在底盘线上安装。由于底盘线上安装的零部件有很多关键件,对车辆的行驶安全性能起着决定性的作用,所以必须保证其安装质量,对于重要螺栓(如悬架各杆臂连接螺栓、悬架与车身连接螺栓、车轮螺栓、制动器螺栓等)应严格控制其拧紧度。

图 5-67　底盘装配线

为提高装配效率和装配质量,底盘部件可以采用模块化装配,即在底盘线外围设置若干条分装线或分装工位,在分装线或分装工位上组装好各总成件,再将总成件装配至车身上。常见的底盘部分的分装线有动力总成分装线、车轮分装线、后轴总成分装线、悬架分装线等。

1. 动力总成分装线

在动力总成分装线(图 5-68)上,通常先将发动机和变速器组装成一体(图 5-69),然后安装各种附件,如发电机、起动机、空调压缩机、转向助力泵、发动机线束、进排气歧管、部分冷却液管路、半轴、变速器操纵机构等。与此同时,将前副车架、转向机、悬架部分杆件、稳定杆等组装成副车架总成(图 5-70),有些车型还装配转向节和制动器等。再将两者合装成前轴模块(图 5-1),最后转运至底盘合装线。

图 5-68　动力总成分装线

图 5-69　发动机与变速器合装

2. 车轮总成分装线

车轮总成分装线是底盘各分装线中自动化程度最高的,首先在车轮自动装配机(图5-29)上将轮胎安装到轮辋上,再运送至轮胎充气机(图5-30)充气到规定的压力,然后运送至车轮平衡机(图5-31)自动进行动平衡检查和配重选择与调整,合格后送到总装配线。

3. 悬架分装线

悬架分装线主要完成减振器和弹性元件的组装,然后将悬架与制动器和轮轴等合装(图5-71),也有的公司再进一步将悬架与前轴模块或后轴模块进行合装。分装完毕后,送总装线安装至车身。

图5-70 分装前副车架总成

图5-71 悬架与制动器合装

悬架决定车辆的乘坐舒适性,影响车轮定位参数,也与车辆的行驶安全性密切相关,应严格按照工艺要求装配,确保各零件之间的相互位置关系和螺纹件拧紧度满足设计要求。

4. 后轴模块分装线

目前的乘用车一般采用发动机前置前驱方式,后轴为支持轴。支持型后轴常用双横臂式、多连杆式、纵臂式等悬架系统,后轴模块主要由各种杆件(如连接杆、推力杆、横向稳定杆)(图5-72)、各种臂(上横臂、下横臂、控制臂)(图5-73)、转向节、制动器(图5-74)、副车架(图5-75)等组成,分装内容就是将各种杆件、臂、弹性元件、减振器、轮毂、制动器等与副车架连接(图5-76、图5-77)。

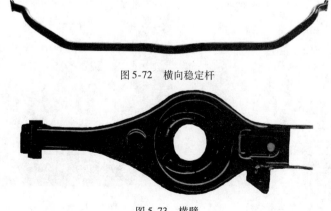

图5-72 横向稳定杆

图5-73 横臂

项目五　汽车总装工艺

图 5-74　制动器

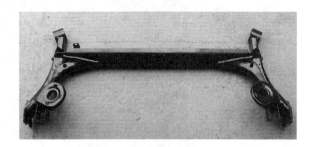

图 5-75　后车架

图 5-76　分装后轴模块

图 5-77　分装完成的后轴模块

5. 车底管线及油箱等安装

一般来说，车底都布置有一些制动管路、空调管路、燃油管路、排气管、燃油箱等（图 5-78），这些位于车底的管路需要较高的安装空间，所以都在底盘线上安装。

管线一般通过减振套或缓冲垫等与车身连接，安装时应保证缓冲零件的正确装配状态。各管线应避免与其他刚性零件直接接触，防止因振动而磨破管线。

图 5-78　车底管线

6. 底盘与车身合装

将分装好的前轴模块、后轴模块安装并定位到各自的合装小车上,两合装小车在合装区可与底盘装配线同步运行,小车上设有液压或气压举升装置,将分装好的前轴模块、后轴模块直接举升与车身合装(图5-79)。也有公司采用将动力总成、前悬架总成、后悬架总成、传动轴、排气管、油箱等底盘部件装配在一台合装小车上,组装成底盘模块再与车身合装的工艺方案(图5-7)。

图 5-79　底盘合装线

二、商用车底盘装配

商用车一般都采用 FR 驱动方式,前桥为转向桥,后桥为驱动桥。底盘装配的一般流程是,先进行轮毂(图5-80)、前桥、后桥等的分装及车架预装,然后车架分装总成上线,再将分装完成的前桥、后桥等总成件及悬架安装至车架。翻转车架后,完成剩余的装配工作。

后桥分装工艺在前述的驱动桥装配与调试部分已做过介绍,下面仅以某典型车型为例介绍前桥的分装工艺。

1. 前桥分装

该典型前桥为整体式,由前轴(图5-81)、转向节、转向主销、转向节上臂、左/右转向节臂、转向横拉杆、轮毂、制动器等组成。前桥总成的装配流程为:清洗前轴→装转向节和主销→调整转向角→装转向节上臂和左/右转向节臂→装横拉杆总成→装制动器总成→装轮毂→调整轮毂轴承预紧力→检测 ABS 传感器→调整制动间隙→调整前束→总成下线。

图 5-80　轮毂分装线

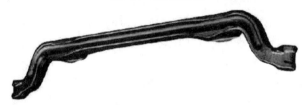

图 5-81　前轴

前桥总成分装的重点控制项目主要有转向节上耳与前轴拳部上平面之间的配合间隙、转向角、各螺纹件拧紧度、轮毂轴承预紧力、制动间隙、前束等。

1) 安装转向节和主销

对前轴进行清洗并用锉刀清除毛刺后,在拳部主销孔下端面放置止推轴承,安装左、右转向节及衬套总成,对正锁销平面和锁销孔后,插入转向主销(图 5-82)。选择适当的垫圈装入前轴拳部上平面与转向节上耳之间,使用塞尺检查配合间隙(图 5-83),最小处不大于 0.2mm。最后,将主销安装到位,并装入锁销。检查并转动转向节,应能自由转动无发卡现象。

图 5-82　安装转向节和转向主销

图 5-83　检查转向节和前轴之间的配合间隙

2) 调整转向角

将带有螺母的限位螺柱拧入转向节(图 5-84),调整螺柱,使转向角在 45°±30′范围内。拧紧螺柱的锁紧螺母,再次确认转向角无误后,安装转向节盖板。

3)安装转向节上臂、左/右转向节臂和横拉杆

安装转向节上臂和左/右转向节臂,将节臂螺母拧紧至规定力矩后,安装螺母防松开口销(图5-85)。

图5-84 安装限位螺柱

图5-85 安装防松开口销

取下转向横拉杆总成上的球头销螺母,将球头销插入转向节臂锥孔中(图5-86),使滑脂嘴朝外。将球头销螺母拧紧至规定力矩后,用增加力矩的方法对准开口销孔,安装开口销。

4)安装制动器总成

从制动器总成存放架上取下左/右轮制动器总成放到转向节轴颈上(图5-87),然后推至转向节凸台处,对准孔位从外侧拧入固定螺栓,并拧紧至规定力矩。最后,安装轮速传感器。

图5-86 安装转向横拉杆总成

图5-87 安装制动器总成

5)安装轮毂总成

从轮毂存放架上取下前轮毂总成,在油封刃口涂一层润滑脂,然后套在转向节轴颈上,推至转向节端面,并使油封正确套在转向节凸台上。

安装外轴承(图5-88)后,通过将调整螺母拧紧到规定力矩并退回适当角度来调节轴承预紧度,使轮毂能自由转动而无明显摆动。用弹簧秤水平匀速拉动轮毂螺栓(包角不小于180°),弹簧秤拉力应在16.7~45N·m范围内(图5-89)。最后,用锁紧装置锁紧调整螺母。

6)调整制动间隙

通过转动调整臂蜗杆的方法调整制动间隙(图5-90),从制动鼓的检查孔处插入塞尺(图5-91),检查制动鼓与制动蹄片中部的间隙应在0.8~1.2mm范围内。调整后,制动鼓可自由转动而不应触及制动蹄片。

项目五　汽车总装工艺

图 5-88　安装轮毂和轴承

图 5-89　检查轴承预紧力

图 5-90　调整制动间隙

图 5-91　检查制动间隙

向制动气室通入压缩空气,制动推杆应迅速伸出,推杆行程在 0～60mm 范围内(图 5-92)。断开气源,推杆应迅速回位,无阻滞现象。检查完毕,安装轮毂盖。

图 5-92　检查推杆行程

7)调整前束

将调前束夹具固定在轮胎螺栓上(图 5-93),保持水平状态,调整前束至 0～2mm 范围内,然后将横拉杆夹箍螺母拧紧至规定力矩。

目视检查前桥的外观完整性、装配正确性,确认无误后,送底盘总装线。

2. 底盘装配

绝大部分商用车采用非承载式车身结构,所以车身内饰的装配工作可以和底盘装配分开单独进行,两者互不干扰,但是底盘装配和最终装配则串接在一起。

虽然不同公司的底盘装配流程存在一些差异,但是总体一致。与汽车总装调试工艺流程部分所介绍的某货车装配工艺流程相似,一般的底盘装配流程是:各总成件的分装工作结束后,将前桥、后桥及悬架等安装到完成预装工作的车架总成上,由翻转机完成车架翻转,然后安装剩余的零部件等(图5-94),完成底盘装配工作。

图5-93 固定夹具

图5-94 底盘总装配

训练与思考题

1. 参观汽车总装车间,了解总装的工艺流程和工艺装备。
2. 分别叙述乘用车、商用车总装调试的一般流程。
3. 汽车总装的工艺装备主要有哪些?
4. 通过实训或内饰线顶岗训练,掌握内饰的常用装配技术手段、作业方法和装配质量控制方法。
5. 内饰装配一般采用哪几种装配技术手段?
6. 简述内饰类零件的装配要点。
7. 通过实训或底盘线顶岗训练,掌握底盘装配的工作内容、装配质量控制要点。
8. 汽车总装厂属于内饰和底盘部分的分装线各有哪些?
9. 乘用车底盘线有哪些装配内容?质量控制要点是什么?
10. 简述商用车底盘装配的一般流程和质量控制要点。

项目六　质量检验与整车调试

学习任务一　认识汽车生产企业质量管理体系

质量管理是在质量方面指挥和控制企业活动的一项管理内容,通常包括制定质量方针和目标、实施质量策划、质量控制、质量保证、质量改进等活动。欲实现质量管理的方针目标,有效地开展各项质量活动,必须建立相应的质量管理体系。

科学、完善和规范的质量管理系体系,不仅可以提高生产效率和产品合格率,迅速提高企业的经济效益和社会效益,而且可以使顾客确信该企业具有稳定地生产合格产品乃至优质产品的能力,增强顾客对产品的满意度。

一、ISO 9000 族标准与质量体系

ISO 9000 系列标准是国际标准化组织(ISO——International Organization for Standardization)在总结工业发达国家质量管理经验的基础上,颁布的一套质量管理和质量保证系列标准,具有很强的实践性和指导性。我国很多大中型企业都陆续采用了 ISO 9000 系列标准,它对我国企业提高管理水平、发展国民经济、深化全面质量管理具有深远的影响。

1. ISO 9000 族标准概述

ISO 是国际标准化组织的缩写代号,也是国际标准化组织颁布的国际标准代号。国际标准化组织成立于 1947 年,是非政府性的国际组织,也是规模最大的国际标准化团体,由来自世界 100 多个国家的标准化团体组成。中国是 ISO 的成员国并且是 ISO 的发起国之一,代表中国参加 ISO 的国家机构是中国国家技术监督局(CSBTS——China State Bureau of Technical Supervision)。

ISO 与国际电工委员会(IEC——International Electrotechnical Commission)有着密切的联系,ISO 和 IEC 作为一个整体担负着制定全球协商一致的国际标准的任务。ISO 和 IEC 有约 1000 个专业技术委员会和分委员会,各会员国以国家为单位参加这些技术委员会和分委员会的活动。ISO 和 IEC 还有约 3000 个工作组,ISO、IEC 每年制定和修订上千个国际标准。

ISO 9000 族标准,是由 ISO 的质量管理和质量保证标准化技术委员会(TC176)制定的所有国际标准,它不仅包括 9000 系列,还包括 10000 系列。我国对口 ISO/TC176 的机构是 CSBTS/TC151 全国质量管理和质量保证标准化技术委员会。

ISO 9000 族标准针对的主体称为"组织",通俗地说,"组织"就是一个企业或机构。该族标准是世界上许多国家和组织质量管理经验的科学总结,通过实施这套标准,建立质量体系,可以使影响质量的各种因素处于受控状态,从而能有效地减少、消除和预防不合格现象,确保质量方针、目标的实现。

2. ISO 9000 族标准的组成

2008 版 ISO 9000 族标准包括了以下一组密切相关的质量管理体系核心标准：

（1）ISO 9000:2005《质量管理体系——基础和术语》。描述了质量管理八项原则,质量管理体系基础知识,并规定质量管理体系术语。

（2）ISO 9001:2008《质量管理体系——要求》。规定了质量管理体系要求,用于证实组织具有提供满足顾客要求和适用法规要求的产品的能力,目的在于增进顾客满意。

（3）ISO 9004:2009《质量管理体系——业绩改进指南》。提供考虑质量管理体系的有效性和效率两方面的指南。该标准的目的是促进组织业绩改进和使顾客及其他相关方满意。

（4）ISO 19011:2003《质量及/或环境管理审核指南》。提供审核质量和环境管理体系的指南。

ISO 9000 族标准除核心标准外,还包括其他标准（如 ISO 10012 测量控制系统）、技术报告（如 ISO/TR 10015《质量管理培训指南》）及小册子（如《小型企业的应用》）等。

我国等同采用 ISO 9000 族标准的国家标准是 GB/T 19000 族标准,该标准是国际标准化组织承认的中文标准。ISO 9000 族标准主要针对质量管理,同时涵盖了部分行政管理和财务管理的范畴。ISO 9000 族标准并不是产品的技术标准,而是针对组织的管理结构、人员和技术能力、各项规章制度和技术文件、内部监督机制等一系列体现组织保证产品及服务质量的管理措施的标准。

3. ISO 9000 族标准的基本思想

ISO 9000 族标准要求在四个方面规范质量管理：

（1）机构:标准明确规定了为保证产品质量而必须建立的管理机构及其职责权限。

（2）程序:企业组织产品生产必须制定规章制度、技术标准、质量手册、质量体系操作检查程序,并使之文件化、档案化。

（3）过程:质量控制是对生产的全部过程加以控制,是面的控制,不是点的控制。从根据市场调研确定产品、设计产品、采购原料,到生产检验、包装、储运,其全过程按程序要求控制质量。并要求过程具有标识性、监督性、可追溯性。

（4）总结:不断地总结、评价质量体系,不断地改进质量体系,使质量管理呈螺旋式上升。

4. ISO 9000 族标准的基本原则

对 ISO 9000 族标准的要求进行总结,可以归纳为八项基本原则,即以顾客为关注焦点、领导作用、全员参与、过程方法、管理的系统方法、持续改进、基于事实的决策方法、与供方互利的关系。

以顾客为关注焦点,是要求组织的最高管理者应以增强顾客满意度为目的,及时了解顾客对组织和产品的期望和意见,确保顾客的要求得到确定并予以满足。

领导作用是强调组织的领导者在质量管理体系的建立和推行过程中所起的关键作用,应确定组织的战略方针,制定组织的政策和策略,创造并维持使员工能充分参与实现组织目标的内部环境。

全员参与是要求通过领导的作用,充分调动组织每位员工的积极性,使他们都能参与到产品的生产过程和支持过程中来,以使组织获得最大效益。

ISO 9000 族标准将"过程"定义为,一组将输入转化为输出的相互关联或相互作用的活动。通俗地讲,过程相当于作业。一个组织把内部识别出来的各个过程,先后联系起来,组成系统加以应用,这种方法叫过程模式管理,也叫过程方法管理。在做每一件事之前都应策划(Plan)如何去做好,然后按照策划来实施(Do),通过对比方针、目标和产品要求,对过程和产品进行检查(Check),发现不足之处,并采取相应的处置(Action)措施。这种不断改进工作的 PDCA 循环,使过程处于动态的受控状态,以持续改进过程业绩。ISO 9000 族标准建立了一个过程模式,将管理职责、资源管理、产品实现、测量分析和改进作为体系的四大主要过程,描述其相互关系,以顾客要求为输入,以提供给顾客的产品为输出,通过信息反馈来测定顾客的满意度,评价质量管理体系的业绩。

质量管理体系的构成要素是过程,过程和过程之间会存在相互联系和作用,并且过程是分层次的,大过程可以分解为小过程,甚至更小过程。为使组织有效运行,必须系统地识别和管理众多相互联系的过程,特别是这些过程之间的相互作用关系。管理的系统方法是指通过识别,将相互关联的过程作为一个系统加以管理,有助于提高组织实现目标的效率。

事物是不断发展的,都会经历一个由不完善到完善甚至更新的过程,人们对过程结果和产品质量水平的要求也在不断地变化和提高。因此,应建立一种不断改善的机制,使组织能够适应内外部环境不断变化的要求,持续改进组织的竞争能力和整体业绩,使所有的相关方都满意。

基于事实的决策方法是指为提高决策的有效性,强调用真实的数据和信息来说话。以事实为依据,可以防止决策失误。组织应对采购、生产、检验、试验、顾客满意、市场分析等数据进行全面搜集,用统计技术进行分析,作为决策和改进的依据。

随着生产社会化的不断发展,制造类组织的生产活动分工越来越细,专业化程度越来越高,通常某一产品不可能由一个组织从最初的原材料开始加工直至形成最终产品,而是需要众多组织的共同协作。一个组织和产品要让顾客满意,离不开供方的支持和配合。因此,某一组织和其供方的关系是相互依存的,只有与供方取得良好的交流和合作,建立一种对本组织与供方相互有利的关系,才能增强双方创造价值的能力。

5. 质量体系的建立

质量体系是指"为实施质量管理所需的组织机构、职责、程序、过程和资源"。

组织为实现其所规定的质量方针和质量目标,就需要分解其产品质量形成过程,设置必要的组织机构,明确责任制度,配备必要的设备和人员,并采取适当的控制办法,使影响产品质量的技术、管理和人员的各项因素都得到控制,以减少、清除、特别是预防质量缺陷的产生。

质量体系是由若干要素构成的。根据 ISO 9000 系列标准,质量体系一般包括以下要素:市场调研、设计和规范、采购、工艺准备、生产过程控制、产品验证、测量和试验设备的控制、不合格控制、纠正措施、搬运和生产后的职能、质量文件和记录、人员、产品安全和责任、质量管理方法的应用等。

在实践中质量体系的建立通常有以下几个步骤:

(1)分析质量环。在这一阶段中必须明确各环节的质量职能,为全面质量管理在实施过程中确立目标,实现产品质量的全程目标管理。

(2)研究具体组织结构。在第一步的基础上,组织结合自己的实际情况,进一步明确各环节的质量要求、采用的具体措施、设备的配备以及人员的安置。这是质量体系建立过程中最为重要的一步,它关系到全面质量管理在组织中应用的程度和实施效果。

(3)形成文件。质量体系必须是一个文件体系,这样才能达到全员参与质量管理的目的。

(4)全员培训。最高管理者有力而持久的领导和组织全体成员的教育及培训对于全面质量管理的成功是非常重要的,在质量体系的建立中这一步也是不容忽视的。

(5)质量体系审核。没有严格的审核,就没有质量体系的有效运作。监督审核是判断质量体系文件被贯彻执行好坏的有效途径,是质量体系建立过程中不可或缺的一步。

(6)质量体系复审。质量体系的建立和应用是一个不断完善的过程。因此必须通过不断的复审、反馈信息,以达到质量体系的不断改进,更好的贯彻全面质量管理思想。其次,要抓住质量体系的特征,保证质量体系设立的合理性,使全面质量管理有效地发挥作用。

6. 质量管理体系的主要文件

1) 质量手册

质量手册是阐明一个组织的质量方针,并描述其质量体系的文件。质量手册的主要内容有质量方针和目标、组织机构(包括行政组织机构图、质量保证组织机构图、质量职能分配表等)、质量体系要求(包括管理职责、质量体系、统计技术 等)、质量手册管理细则等。质量手册主要作为对质量体系进行管理、质量体系审核或评价的依据以及作为质量体系存在的主要证据。

质量手册应按规定发至各相关部门,各部门负责人在理解和掌握与本部门有关的要素内容的基础上,按要求指导本部门实施,每位员工应理解执行。

2) 程序文件

程序文件是规定完成各项质量活动方法的文件,其主要内容简称为5W1H,即对象(什么事情——What)、场所(什么地点——Where)、时间和程序(什么时候——When)、人员(责任人——Who)、原因(为什么——Why)、方式(何方法——How)。

程序文件主要用于规定开展某项质量活动的控制原则、控制方法和证实方法,阐明与质量活动有关人员的责任,同时也是开展各项活动的依据。

程序文件由规定的责任人审核批准,发至与本程序有关的部门和人员,各项工作严格按程序文件规定执行并留下证据(记录)。

3) 作业指导书

作业指导书是规定具体的作业活动的方法和要求的文件,它是程序文件的支持文件。按具体形式,作业指导书可分为五类:一是书面的作业指导书、工作细则、操作规程等;二是口头指令;三是计算机软件化工作指令;四是音像化的工作指令;五是实物样板等。按照其内容,作业指导书可分为用于生产、检验、包装等具体工序的作业指导书和用于指导具体管理工作的各种工作细则、导则、计划和规章制度等。

所有工作人员应备有或方便查阅与自己工作有关的作业指导书,所有作业指导书的规定都必须在实际工作中实施。

4) 质量计划

质量计划是针对特定产品、项目或合同,规定专门的质量措施、资源和活动顺序的文件。

质量计划可分为公司质量计划、部门质量计划、需方(或合同)要求的质量计划、主要项目质量计划、新产品质量计划、设计控制质量计划、采购质量计划、制造质量计划、检验和试验计划、专项审核计划等。

编制质量计划时,要求目标明确,措施有效、切实可行,与原有的相关规定相协调。计划必须经公司主管领导审核批准后实施,并且对实施的情况要按期检查。

5)质量记录

质量记录是质量体系文件最基础组成部分,是质量活动的真实记载,是对满足质量要求的程序提供的客观证据,是反映产品质量及质量体系运作情况的记载。质量记录可以是书面的,也可以是其他方式储存的资料。

对质量记录人要进行培训,要求记录规范、内容真实,切实做好质量记录的标识、搜集、编目、归档、存储、保管、处理工作。

7. ISO 9000 族标准认证

ISO 9000 族标准认证,也可以理解为质量体系注册,就是由国家批准的、公正的第三方机构——认证机构依据 ISO 9000 族标准,对组织的质量体系实施评定,向公众证明该组织的质量体系符合 ISO 9000 族标准,有能力提供合格产品,公众可以相信该组织的服务承诺和其产品质量的一致性。

ISO 9000 族标准不仅在全部发达国家推行,发展中国家也正在逐步加入到此行列中来,ISO 已成为一个名副其实的技术上的世界联盟。

二、ISO/TS 16949 技术规范

现代汽车生产,是大规模、专业化程度高、连续性强、节奏协调的流水生产。一辆汽车的产出,往往需要上万人的劳动,经过上万道工序组成的几百条流水线来完成。汽车总装配是汽车制造过程中最后的工艺阶段,是保证汽车质量的关键所在。在汽车总装过程中,必须建立以总装配工艺和质量控制为中心的质量管理体系,使装配过程处于受控状态。

ISO/TS 16949 是适用于汽车和零部件生产组织的质量管理技术规范,2009 版 ISO/TS 16949 技术规范的全名为:ISO/TS 16949:2009 质量管理体系——汽车生产件及相关维修零件组织应用 ISO 9001:2008 的特殊要求。

1. 规范由来

为整合德国汽车工业的各项标准,德国汽车工业联合会(VDA——Verband der Automobilindustrie)于 1970 年提出了质量管理体系认证要求,并于 1991 年编制发布了 VDA6.1;1994 年,美国通用(GM——General Motors Company)、福特(Ford Motor Company)和克莱斯勒(Chrysler Group)三大汽车公司开始采用 QS 9000 作为其供应商统一的质量管理体系标准;与此同时,以菲亚特(Fiat Group Automobile)为代表的意大利汽车工业协会(ANFIA——Associazione Nazionale Filiera Industria Automobilistica)发布 AVSQ94,法国 PSA 集团(PSA Peugeot Citroën)、雷诺汽车公司(Renault SA)和法国汽车装备工业联合会(FIEV——Fédération des Industries des Equipements pour Véhicules)发布 EAQF94,各自作为其相应的质量管理体系标准。由于美国和欧洲的汽车零部件供应商同时向各大整车厂提供产品,这就要求其必须同时满足 VDA 6.1、QS 9000、AVSQ 94 和 EAQF 94 的要求,造成各供应商针对不同标准的

重复认证。

为了适应汽车工业全球采购的要求,世界上主要的汽车制造商及协会于1996年成立了一个专门机构,称为IATF(International Automotive Task Force——国际汽车工作组)。该组织的任务是协调国际汽车质量系统规范,建立所有的汽车制造商共同认可的全球统一的质量管理体系,减少汽车零部件及材料供货商为满足各国质量体系要求而多次认证的负担,从而降低整车厂的采购成本。现在,IATF的成员由宝马(BMW Group)、克莱斯勒(Chrysler Group)、戴姆勒(Daimler AG)、菲亚特、福特、通用、标致—雪铁龙、雷诺和大众(VW——Volkswagen AG)九家整车厂和美国汽车工业行动集团(AIAG——Automotive Industry Action Group)(USA)、ANFIA(Italy)、FIEV(France)、英国汽车制造商和贸易商协会(SMMT——The Society of Motor Manufacturers and Traders)(U. K.)、VDA(Germany)五个汽车制造商协会组成。

1996年,IATF开始以AVSQ、EAQF、QS 9000和VDA 6.1为基础,并依据ISO 9001:1994的框架协调和制定全球汽车工业通用的质量管理体系标准。1999年10月,IATF正式提交ISO批准和发布ISO/TS 16949:1999。2002年,由IATF和日本汽车工业协会(JAMA——Japan Automobile Manufacturers Association, Inc.)在ISO/TC176的支持下共同制定发布ISO/TS 16949:2002。2009年,由IATF和日本汽车工业协会在ISO/TC176的支持下共同制定发布ISO/TS 16949:2009。

ISO/TS 16949:2009基于ISO 9001:2008,在ISO 9001:2008的基础上,加进了汽车行业的技术规范,更着重于缺陷防范、减少在汽车零部件供应链中容易产生的质量波动和浪费。目前,承认并执行ISO/TS 16949:2009技术规范的公司包括通用、福特、戴姆勒、克莱斯勒、雷诺、标致—雪铁龙、宝马、大众、奥迪、欧宝、菲亚特、日产等全球各大汽车厂商。

2. ISO/TS 16949技术规范基础

ISO/TS 16949:2009以ISO 9001:2008为基础,从基本术语和定义、质量管理体系的文件要求、管理职责、资源管理、产品实现、测量分析和改进几个方面全面阐述了构建完善的汽车组织质量管理体系的基本方法。

ISO/TS 16949:2009注重的是顾客的满意,特别强调顾客的特殊要求以及组织满足这些要求的能力,并要求具此设计、实施、维护组织的质量管理体系。其核心精神是持续改进、预防缺陷、减少变差和浪费等。

与ISO 9001:2008的要求相一致,ISO/TS 16949:2009强调使用过程方法来构建质量管理体系并实施质量管理。一般将汽车行业的过程分为顾客导向过程(COP——Customer oriented process)、支持过程(SP——Support process)和管理过程(MP——Management process)三类。

组织应贯彻以顾客为关注焦点的思想,在过程识别中,充分识别与顾客直接相关的过程,这类过程的输入直接来自顾客,输出直接交给顾客,称之为顾客导向过程。此类过程包括产品的设计和开发、产品设计的更改、合同评审、生产件批准、交付以及售后服务过程等。

支持过程就是对其他过程(主要是顾客导向过程)起支持作用的过程,也可以看作是其他过程的一个分过程。支持过程一般是由企业的某些部门来操控,可以按企业各部门在体系中的工作或执行的程序来识别,也可按ISO 9001的要求,在排除COP和MP后,把质量体系中其余过程都列入SP。此类过程包括设备维修、工装管理、文件控制、记录控制、员工培训、工作环境管理等过程。

管理过程指为顾客导向的输入和输出交接处或 COP 与过程连接之间的过程,其特点是企业各部门都参与、并由企业管理层直接操控。此类过程主要是质量方针和目标的制定、资源的策划与提供、内部沟通、内部审核、管理评审、持续改进等过程。

IATF 规定使用章鱼图和乌龟图两种过程方法对组织的绩效进行分析。章鱼图用来识别过程,主要描述组织与顾客之间的相互关系,即对 COP 的输入—活动—输出予以描述。乌龟图用来分析过程,可以对 COP 或任何一个过程的输入及输出(INPUT、WHO、HOW、WHAT、MEASUREMENT、OUTPUT)进行分析,如何确保过程的输出满足下道工序或顾客的要求,根据这一要求确定对人、机、料、法、环和测量等要求。当对过程进行审核的时候,也可以利用乌龟图中各个组成因素来取得客观证据,如人员的资格证据、材料的合格证据、设备的能力和维护合格证据、测量结果满足要求的证据、必要的作业指导书等。

技术规范中还设计了产品质量先期策划与控制计划(APQP——Advanced Product Quality Planning)、潜在失效模式及后果分析(FMEA——Failure Mode and Effects Analysis)、统计过程控制(SPC——Statistical Process Control)、测量系统分析(MSA——Measurement System Analysis)和生产件批准程序(PPAP——Production Part Approval Process)五大质量管理工具进行过程质量控制。由于 ISO/TS 16949:2009 强调缺陷的预防,所以这五大工具基本都是以前期预防为出发点。

3. 汽车企业质量管理体系认证

ISO/TS 16949 规范的针对性和适用性非常明确,只适用于汽车整车厂和其直接的零备件制造商,即这些厂家必须直接与生产汽车有关,能开展加工制造活动,并通过这种活动使产品增值。而那些只具备支持功能的单位,如设计中心、公司总部和配送中心等,或者那些为整车厂或汽车零备件厂制造设备和工具的厂家,都不能获得认证。

要求获得 ISO/TS 16949:2009 认证注册的公司,必须具备有至少连续 12 个月的生产和质量管理记录,包括内部评审和管理评审的完整记录。对于一个新设立的加工场所,如没有 12 个月的记录,也可经评审确认符合质量系统规范要求后,由认证公司签发"符合性证明"。当具备了 12 个月的记录后,再进行认证审核注册。

ISO/TS 16949:2009 质量管理体系的推行和认证可以分为导入准备、体系建立、体系执行和体系认证四个阶段。导入准备阶段的主要工作是:建立推行委员会,对组织的现行质量管理体系进行诊断,进行基础知识培训,完成过程识别和分析。体系建立阶段的主要工作包括制定组织的方针和目标,编制程序文件、管理手册、作业指导书和各种表格表单。进入体系执行阶段后,首先试运行体系,并进行期中检查,通过内审发现问题并逐一解决,然后进行管理评审。最后进入体系认证阶段,通过认证前准备、预评审及改进、正式评审及改进后,最终获得 ISO/TS 16949 证书。

对 ISO/TS 16949:2009 认证的管理是由 IAOB(International Automotive Oversight Bureau)(USA)(美国国际汽车监督署)、ANFIA(Italy)、FLEV(France)、SMMT(UK)、VDA—QMC(Germany)(德国汽车工业协会——质量管理中心)五大监督机构代表 IATF 来完成的,它们采用相同的程序方法来监督 ISO/TS 16949 规范的操作和实施,以在全世界形成一个标准和操作完全统一的系统。

学习任务二　汽车整车厂质量控制的基本知识

汽车的研发制造过程包括设计、生产准备和装配制造等几个阶段,每个阶段的工作质量都会影响最终的产品质量,所以汽车产品的质量形成过程贯穿于研发制造全过程。要保证汽车产品的最终质量,必须对全过程进行质量控制。

一、质量控制过程和控制内容

设计阶段的质量控制内容,主要是利用 APQP 工具,首先确定合理的设计方案,将设计过程分解为几个阶段,并且在每两个阶段的节点处通过自检、互检和评审会等形式检查前一阶段的设计质量,层层递进,以将设计缺陷减小到最低限度。设计工作结束后将进入样车试制阶段,样车的试制、试验以及小批量生产中,会反映和暴露出某些问题,项目技术人员应及时跟踪,第一时间找出问题,并配合进行协调和设计修改,在正式生产前消除设计缺陷,保证汽车的最终质量。

生产准备阶段的质量管理内容主要是工艺准备工作,根据 ISO/TS 16949 技术规范的要求,在对材料、设备、工装、能源、操作人员与专业技能等方面综合分析的基础上,对企业的制造能力进行评价,并制定相应的应对策略和实施方案。依据工艺能力和设计文件对各工序的重要程度进行分级,确定关键工序、重要工序和质量控制点,编制质量控制文件。标准操作卡或作业指导书就是最主要的质量控制文件,包括操作要领、工艺规程、质量标准、控制要求、检验项目、检验频次、检具要求、控制手段等内容,是正确指导现场生产人员操作、质量控制和检查的重要工艺文件。对于外购件,则要求并协助供货方推行 ISO/TS 16949 质量管理体系,并严格执行外购件质量检验规程。

生产人员在装配制造阶段依据标准操作卡或作业指导书进行装配工作,主要的质量控制项目包括间隙、面差和螺纹紧固件拧紧度等。汽车一般都是采用流水生产方式装配制造,生产环节多、路线长,所以产品在总装过程中有可能出现各种各样的问题,制造厂都采用自检和互检的方式来及时发现装配缺陷并加以处理,以保证装配的质量。自检是指操作者对自己所装配的零部件按照图样、工艺文件或合同中规定的技术标准自行进行检验,并作出是否合格的判断。旨在通过对自己所装配零部件的检验,及时了解被装配件和装配工艺是否符合质量标准要求,以便于及时调整生产工艺,使之符合规定要求。这是装配过程中最早的一道检验工序,是保证产品质量合格的重要保障。互检是指下道工序对上道工序流转过来的在制品进行的检验,或班组长对本小组工人的装配内容进行检验,其目的是相互检查被装配零部件的不合格现象,便于及时采取补救措施,从而保证产品的质量。

除了装配人员的检查外,所有的制造厂都设置有专门的质量控制工位对装配质量进行集中检查(自检、互检和专检三级检验制度通常称为"三检制")。质量控制集中检查包含质量门检查和总装报交检查两部分。

质量门检查由总装车间自主保证,通常设置在某一装配工段的终端。如图6-1所示,某汽车总装车间分别在内饰线、底盘线、车门线和地面调整线的终端共设置有四个质量门(图中①、②、③、④)。

项目六 质量检验与整车调试

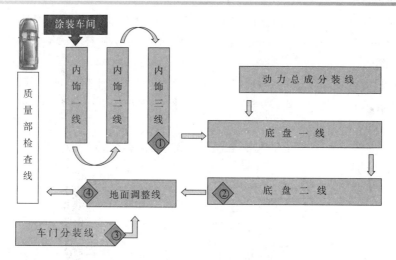

图6-1 质量门设置示意图

车间设置质量门的目的是对车间的装配质量进行分段控制,以及对产品质量评审所反馈缺陷的改善效果进行确认。质量门一般检查本装配区间内的来件质量、装配质量(图6-2)、配合间隙和面差(图6-3)三方面的缺陷,将检查发现的缺陷录入 MES(Manufacturing Execution System——制造执行系统)(图6-4),并在白板上记录缺陷改善的效果(图6-5)。

图6-2 本区段的装配质量检查

图6-3 外观检查

图6-4 将缺陷录入 MES

图6-5 白板记录缺陷改善效果

质量门对于重大的内、外部质量问题的快速反应方式为:质量门检查员→质量门班长→VQE(Vendor Quality Engineer——厂商品质工程师)。通过快速反应,将缺陷在生产过程中予以控制和消除。

总装报交检查由质量部负责,在质量部检查线上进行。与质量门检查所不同的是,质量部检查线主要检查密封性、噪声、功能失效等功能性缺陷和动态性能,也包括质量门漏检的或线上无法返修的缺陷。质量部检查线的快速反应方式为:质量检查员→质量部预分析→VQE(图6-6)。所有下线有缺陷的车辆由预分析先识别,不能识别或需要花长时间进行识别的缺陷由VQE分析。

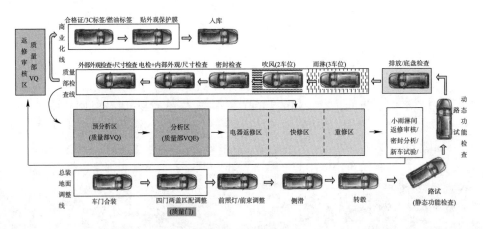

图6-6 质量部检查流程和快速反应方式

一般将检查线上的检查项目分为静态检验和动态试验两大类。静态检验的目的是检查产品的外观质量、装配完整性、功能件等是否满足设计和产品质量要求。动态试验的目的主要是检查车辆的安全环保指标是否达到国家的强制性法规要求,以及操纵稳定性、乘坐舒适性、动力性等是否达到企业的质量标准。

检查的流程随企业不同而异。除图6-6所示的流程外,也有公司按照下列流程进行:首先进行静态检验,内容包括内、外饰检查和功能件检查;然后进行动态试验,项目包括四轮定位、灯光检测、转毂试验、路试、环保性能测试、底盘检查、淋雨密封性检测;最后进行电子电器与空调系统检验、外观质量检验等。检验过程中发现问题的车辆送返修线修复或调整,返修线一般设有举升机、地沟、补漆室以及必要的检测设备,返修的内容包括机械部件返修、电器部件返修、钣金件返修、补漆等。另有一些公司的检验和调整流程是:首先进行静态检验、四轮定位、转毂试验、淋雨密封性检测、外观质量检验和补漆,然后路试、环保性能测试,检验合格的车辆即为成品车置于停车场。还有的公司在车辆发货至销售商前将车辆送入PDI(Pre Delivery Inspection——出厂前检查)车间,在PDI车间内再次对车辆进行清洗、外观检测,对检测过程中发现的漆面损伤等缺陷进行修补,检测合格的车辆贴车身保护膜后停放于发车场等待发货。

二、装配质量控制与检验的依据

装配人员和质量检验人员在装配和检验过程中的依据是国家标准、技术条件、工艺规程以及其他有关技术规定(如订货合同、技术协议等),主要还是以该车型的装配工艺文件和质量检查标准为依据。

国家标准(包括部颁标准和行业标准)由国家专业主管部门统一颁发,产品图样、技术条件由设计部门提供,工艺规程由技术工艺部门制定。

每种车型的装配工艺和质量检查工艺由各汽车制造企业根据本企业的实际情况和该车型的设计目标所制定,是进行装配质量控制和检验的最主要依据。灯光、噪声、制动、排放等涉及车辆安全和环保性能的质量指标,国家制定有强制性的标准,各汽车企业必须严格遵照执行。

学习任务三　外观质量检验与静态调整

一、常见的外观质量缺陷

汽车在制造装配过程中都会或多或少地产生一些外观或者功能上的质量缺陷,外观质量缺陷主要有钢板外观缺陷、涂装缺陷、装饰件和密封条等装备件的外观缺陷、装配缺陷等几大类。

1. 钢板外观缺陷

钢板外观缺陷主要有形变、表面缺陷、冲压缺陷和焊接缺陷。钢板的形变主要是在冲压、转运、车身装配和装备件装配过程中产生,表现为各种凹陷、凸起和波纹状变形等。表面缺陷主要是钢板本身的各种表面瑕疵如组织纹等,或者是在冲压或装配过程中产生的压痕、划痕、小凸点等。冲压缺陷是在冲压过程中形成的皱纹(图6-7)、不良圆角、刮痕、压痕(图6-8)和毛刺去除不良等。焊接缺陷主要有定位不良、漏焊、焊点不规则或凸出、焊接变形、夹渣(图6-9)、自焊点向周围散射的针状焊接飞溅(图6-10)、焊接穿孔、唱片纹、焊接开裂等。

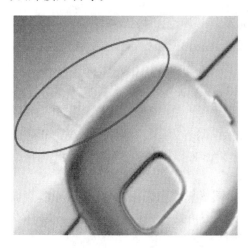

图6-7　冲压皱纹

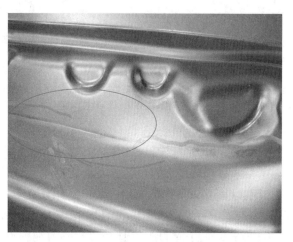

图6-8　压痕

钢板外观缺陷在冲压质量门和焊装质量门检验,并对存在的问题进行校正与修复。

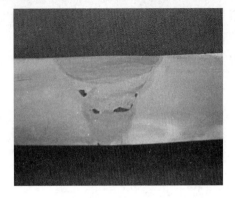

图6-9 焊缝内部夹渣

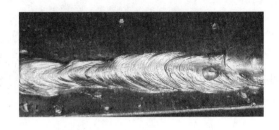

图6-10 焊接飞溅及外观成形差

2. 涂装缺陷

涂装缺陷主要有油漆气泡或针眼、油漆麻点、涂层起泡、流挂、漆瘤、流痕、面漆上或内部颗粒、色差、油漆剥落、面漆上印记、擦伤、划伤、打磨划痕、遮盖不足、流平不良或光泽度不足、大理石斑纹、涂胶不均或气泡、涂胶位置不对或漏涂或脱胶或开裂、油漆喷涂界面遮盖保护不良、保护材料喷涂不良或飞溅、保护材料喷涂位置不良或未黏结、返修痕明显或油漆飞溅或漆痕、漆面脏污或斑点等。

油漆气泡(图6-11)是指漆膜内因局部气体聚集而产生的气泡,常见尺寸约0.5mm左右。针眼(图6-12)是指油漆表面出现的一些像针孔样的小孔,常见直径约为1mm或更小。

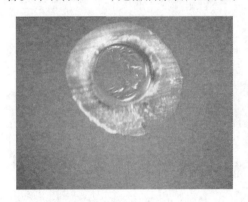

图6-11 气泡

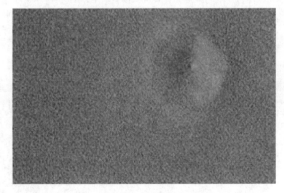

图6-12 针眼

油漆麻点(图6-13)是指油漆表面出现小凹槽,小如大头针头部,大如小扁豆,除了影响外观外,还可能会出现杂质或露底漆现象。

油漆涂层起泡(图6-14)是指因局部漆膜层与被涂面附着力降低,漆膜表面呈泡状鼓起而变形。这些变形通常以众多的直径为0.5mm左右的半球状小气泡的形式出现在部件的某一部位,呈现出条形、点状、指纹状等各种不同形状。

流挂(图6-15)是指油漆沿着垂直边缘流动,在末端形成漆滴的现象,多出现于垂直面或棱角处。一般出现在垂直面的为垂幕状流挂,出现在棱角处的为泪痕状流挂。漆瘤(图6-16)是指在垂直部件的下边缘,或者因为油漆流挂而形成的末端油漆凸起点,或者在水平部件上因为油漆滴落而形成的透镜状凸起点。流痕是因油漆流淌而形成的痕迹,通常是从油漆附着件的水平面转向界边开始形成的。

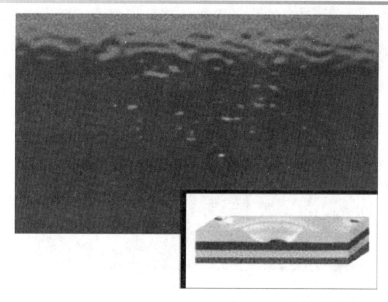

图 6-13 油漆麻点

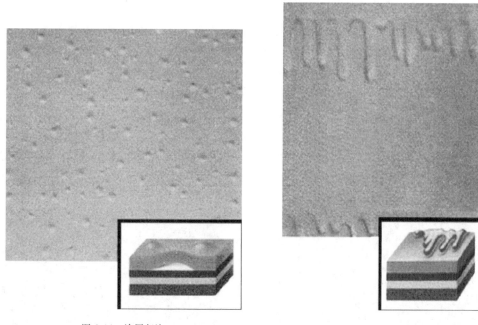

图 6-14 涂层起泡　　　　　　　　图 6-15 流挂

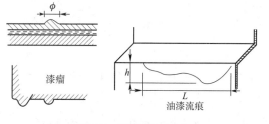

图 6-16 漆瘤和流痕示意

面漆上或内部颗粒(图6-17)是指在面漆上或在漆膜内附着颗粒状异物,使得所在部位的漆膜形成分布不规则、形状不一的粗糙表面。

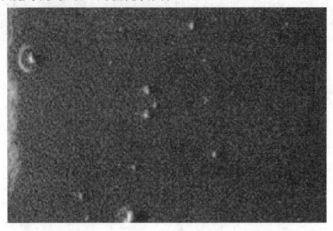

图6-17 面漆上灰尘

油漆色差与装备件外观质量缺陷色差概念相同,明显的油漆色差会降低消费者的购买欲望。

油漆剥落(图6-18)是由于坚硬物体碰撞油漆表面而使其呈鳞片状脱落或剥落的现象,剥落可能发生于浅表层,也可能发生于油漆的附着面。

面漆上印记是由于未干透的漆膜被手指、粘贴纸、其他零部件等外物碰触而形成的印痕,或者开合件与车身门框的接触痕、电泳阴离子的流动轨迹等。

油漆擦伤主要是因为使用不合适的方法清洗车身或者在车身上放置物品而引起漆膜的表面磨损。油漆划伤是由于坚硬、锋利的物体在油漆表面移动而使漆膜受到挫伤,或者造成漆膜呈线状剥离或脱落。较深的划伤可能深入至附着面,直接通过手指甲接触即可感觉到。打磨划痕一般是在喷涂面漆前打磨时形成的线状或环状细微划痕(图6-19),在油漆薄膜层明显可见,而且经常覆盖面积较大。

图6-18 油漆剥落

图6-19 打磨痕

遮盖不足是指在局部部位面漆没有完全覆盖住底漆而使底漆外露的缺陷,常表现为从面漆颜色轻微改变直至面漆完全缺乏的渐变形态(图6-20)。

流平不良或光泽度不足表现为漆膜表面不规则,呈橘皮型粒状外观(图6-21),或呈短波状起伏,外观扭曲,反射光不强。

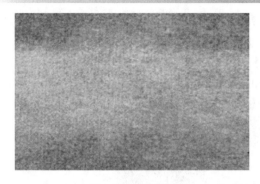
图 6-20 遮盖不足

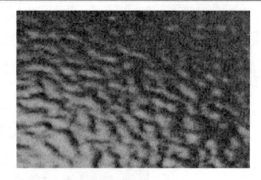
图 6-21 油漆橘皮

大理石斑纹主要出现在金属闪光漆膜或珠光漆膜上,表现为在油漆表面存在纹理状污迹,其形状呈大理石斑纹状或光晕状或带状,且污迹分布不规则,比正常色调更深或更浅,从不同角度或多或少都能看见(图6-22)。

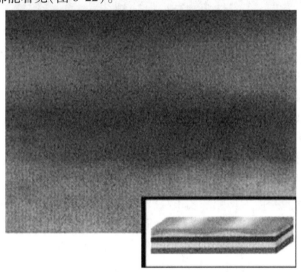
图 6-22 大理石斑纹

涂胶不均或气泡是在涂覆密封胶、防腐胶和定位胶等黏结剂时产生的外观缺陷,表现为表面不平滑、有齿印、气泡和胶液外溢等。

涂胶位置不对或漏涂或脱胶或开裂也是在涂覆密封胶、防腐胶和定位胶等黏结剂时产生的外观缺陷,表现为胶液涂在车身两个被黏结零部件之外的地方,或漏涂,或脱胶或开裂。

油漆喷涂界面遮盖保护不良是指在两种不同颜色的油漆区域之间所要求的油漆界面或衔接处出现的不规则外观,一种颜色油漆溢流到另一种颜色油漆区域。

保护材料喷涂不良或飞溅是指抗石击涂料在喷涂时产生的流挂、痕迹、印记、厚度或界面不规则缺陷,或在喷涂纵梁、翼子板、车门、车身门框等时产生涂料飞溅。

保护材料喷涂位置不良或未黏结是指在喷涂车身下部或底部抗石击保护层时,没有涂到预定位置或漏涂,或导致涂料与被保护件未黏结。

返修痕明显、油漆飞溅或漆痕是在油漆返修过程中出现的缺陷,主要表现为一个或多个明显的凸起、返修件产生了色差、接合线凸起、在返修区内或周围有油漆漆雾、在装备或装饰件上有漆雾或油漆出现、底漆或钣金显露在外、某个有限区域内的漆膜表面比其周围表面的流平要好、存在打磨痕、一个或多个不同颜色的油漆漆痕或漆瘤等。

漆面脏污或斑点是指因为某些外界残留物，污染了漆膜表面或使得漆膜发生了局部颜色的改变（图6-23），如润滑脂、油污、树脂、树叶、鸟屎、烟灰、炭黑等。

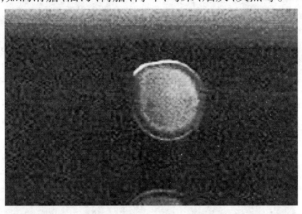

图6-23　漆面斑点

涂装缺陷主要在涂装质量门检验，另外，在质量部检查线还需要进行一次复检，并对存在缺陷的部位予以修复。

3. 装备件外观缺陷

装备件外观缺陷主要有粘贴件起泡或起皱、塑料件制造缺陷、胶结缝不规则、装备件损伤、缝合线和装饰线以及布织物缺陷、色差、装备件变形、润滑剂过多、表面外观不良、擦伤、划伤、清洁度不足和斑点、毛刺去除不良、紧固件毛糙、装饰件起皱等。

粘贴件起泡或起皱是因为粘贴工艺不良或异物导致粘贴件与附着物之间存在气泡或使粘贴件出现皱纹，常见的缺陷部位有车门边框和中心柱以及后侧窗等处的各种装饰物、镶边、镶条、商标标识、车身外裙部和门框以及车门和玻璃等处的标签、防砂或防腐保护层等。

塑料件的制造缺陷主要有因浇注不良引起的深度变形以及表面和塑孔等处的凸起变形、凹陷变形、切削或修剪量过大或过小、塑料件表面气泡或针孔等。

胶结缝不规则是指因涂胶不均而导致黏结件与附着物之间胶缝不均匀。

装备件损伤主要包括各种塑料件、装饰件、设备或附件出现破碎或裂纹，以及布料、皮革座套、PVC塑料（车门装饰条）、泡沫外壳（仪表板）、橡胶（密封条）等材料制成的零部件上产生了切口、撕裂、切痕或划伤。

缝合线和装饰线缺陷主要是指布料、皮革、塑料等柔软内饰件的缝合线和装饰线存在跳针、破口、明显的断线补缝、缝线松和线头太长等外观缺陷，布织物缺陷主要有脱针、跳行、孔洞、抽纱、断线、开松、印刷缺陷和污点等。

色差是指相邻的两个装备件或同一零件的两个区域之间存在着颜色差异。

装备件变形是指装备件在冲压、热成形和装配等生产过程中产生的凹陷、凸起和变形扭曲等缺陷。

润滑剂过多是指在使用者衣物有可能接触的铰链、锁扣等部位加注了过多的润滑脂，因为过多的润滑脂有可能污染使用者衣物。

表面外观不良主要表现为在装备和装饰件上存在颗粒状毛糙缺陷,在皮革上存在不规则橘皮状颗粒、疤痕或粗糙不平,在不锈钢件和塑料表面存在印记、痕迹、沉淀或装配中造成的污点,在前照灯玻璃光滑表面存在颗粒、小孔和毛刺,紧固件氧化生锈,相邻紧固件颜色差异等。

擦伤主要是因为使用不合适的方法清洗车辆或者在车上放置物品而引起不锈钢和塑料等装饰件、内装饰板、装备件的表面磨损。划伤是由于坚硬、锋利的物体在零部件上移动而造成内饰件表面、不锈金属装饰件、装备件外部出现局部划痕或剥落,各种玻璃、组合仪表镜面、内外后视镜、前照灯上的划伤可能会伤及深层,使得零部件表面和内部材料间呈现明显的色差而影响美观。

清洁度不足是指在车内或车外残留有黏结剂、材料碎屑、装配残渣、零件、灰尘、鞋印等,斑点是由于橡胶、发泡剂、沥青、油墨、电解液、各种油脂等与零件接触而产生的污痕。

毛刺去除不良主要是指在铸造零件的结合面和浇注点等处存在一些没有清除干净的毛刺。紧固件毛糙是指紧固件表面粗糙,有可能刺伤或者挂破使用者的衣物。

装饰件起皱是指毛料、皮革、塑料等软质装饰件没有绷紧而产生皱纹。

装备件外观缺陷一般安排在总装各质量门检验,并对存在的问题予以修复。

4. 装配缺陷

装配缺陷主要有间隙过大或过小、间隙不规则、间隙不均匀、间隙不对称、高出或低进、高低不平、不对齐、不贴合、装配不良、固定或紧固不良、定位或角度不良、脱胶等。

间隙过大或过小是指两个零部件之间的实际装配间隙比标准间隙大或者小,间隙不规则是指两个零部件之间的间隙变化没有规律,间隙不均匀是指两个零部件之间的间隙逐渐变大或变小而超出公差范围,间隙不对称是指对称结构的两个对称间隙不相等。

高出或低进是指两个零部件之间的相对位置差超出图样公差范围的上限或下限,高低不平是指两个零部件之间的相对位置差同时存在高出和低进缺陷,不对齐是指两个零部件之间存在一定的面差,不贴合是指两个重叠件或拼接件之间存在较大的间隙。

装配不良是指零部件与基础件之间的配合不良,如车门玻璃密封条定位不良、尺寸超差、泡沫填充材料外溢、车身门框密封条间隙过大等。固定或紧固不良是指零部件没有按照要求固定或紧固,操纵者不能正常使用。定位或角度不良是指零部件的位置或方向与图样不符,但是不会对使用带来很大影响。脱胶是指车身外裙部和门框上的标签、玻璃和发动机舱的各种标签、镶条、标识、装饰条或装饰板、车身防护条、车门或门框密封条等黏结件因为黏结不良而致黏结件部分脱落。

对于装配缺陷,有的公司安排在总装各质量门检验,也有的公司安排在总装完成后、动态试验之前进行,并对存在的问题予以修复。

二、外观质量检验与静态调整的主要内容

1. 外观质量检验

在汽车制造企业,钢板外观缺陷一般都是在冲压前、冲压后和白车身装配完毕后检查(图6-24),涂装缺陷一般是在涂装后检查(图6-25),并及时对缺陷部位加以修整。在总装后期主要检查装备件外观缺陷和装配缺陷,并适当兼顾检查钢板缺陷和涂装缺陷。外观质

量检验的内容主要有整车外观检验、车身外表面检验、内外饰附件与底盘部件检验、液位检查、各功能件检验、标识检查等,采用远距离检查、近距离检查、内部检查(图6-26)几种方式进行。

图6-24 检查白车身

图6-25 涂装质量检查与修整

图6-26 发动机舱内液位与装配质量检查

整车外观要求车体周正、清洁整齐,无油污、脏物及各种装配附料,无磕、碰、划、伤痕迹,零部件装配完整、正确、可靠,无错装及漏装。

车身外表面要求无变形,缝隙均匀,各处间隙和面差均在公差范围内。车身涂层颜色均匀、光泽明亮,无裂纹、露底、分层、气泡、橘皮、堆积、磕碰、流痕、颗粒、针眼、麻点、刮蹭及流平不良等现象。

内、外饰附件要求外观清洁、无色差,无磕、碰、划、伤缺陷,部件齐全完整,无错装、漏装、不合格品装车现象,装配牢固,无松旷现象,内饰面与顶篷无色差。内饰板及地毯固定牢固,无划伤、翘起等变形现象。座椅靠背和坐垫无脏污、皱折、破损等缺陷。车身外装饰粘贴平整,没有翘角和不贴附(有气泡等)现象,保险杠、前照灯、密封条、门把手等部件装配正确。底盘部件要求外观清洁、无油污、锈蚀,无磕、碰、划、伤缺陷,部件齐全完整,无错装、漏装、不合格品装车现象(图6-27),装配牢固,有力矩要求的重要部位标记清晰完整。

液位检验主要检查发动机的润滑油油位、转向器助力油油位、制动液液位、膨胀水箱的水位等,各液位应位于上刻度线与下刻度线之间。

项目六 质量检验与整车调试

图6-27 车轮检查

车门和车窗应密封良好,无漏水现象。车门玻璃升降器应保证玻璃升降自如、到位。内外后视镜安装正确,调整到合适位置,不得在行驶中松动。仪表板安装牢固,表面无破损及任何刮伤、擦痕,皮纹及颜色符合设计要求。汽车仪表灵敏、可靠,读数清晰,各开关工作正常、可靠。风窗洗涤器的喷嘴方向正对风窗玻璃,洗涤器储液桶安装牢固、可靠,不渗漏。风窗洗涤器工作时,洗涤液经喷嘴喷到风窗玻璃中部以上。风窗玻璃刮水器工作正常,刮水器关闭时,刮水片能自动返回到初始位置。遮阳板在车辆正常行驶中可靠地停留在任何需要的位置上,不存在自动改变位置的现象。车门嵌入二挡且关闭后外表面应平整,棱线应对齐。车门周边间隙均匀一致,各种密封条完好无损,黏结牢固,没有起皱和脱落现象。

车辆的标牌、识别代号(VIN)、发动机号及主要总成的编号等标志应齐全,其尺寸、安装位置、安装要求及标志内容符合 GB 7258 的规定,车辆主要操作部位的操作说明或警告提示牌粘贴到位。

2. 电子电器与空调系统检验

常规电器部件要求外观清洁,无磕、碰、划、伤等缺陷,部件齐全完整,无错装、漏装、不合格品装车现象。前组合灯、后组合灯、雾灯、转向灯、牌照灯、室内顶灯、报警灯、制动灯等各灯具及开关工作正常,转速表、车速表、燃油表、里程表工作正常,刮水器电动机间歇、高、低速工作正常,音响娱乐系统工作正常,防盗装置工作正常。车门玻璃升降电动机工作正常,升降到位、速度均匀、无卡滞、异响现象。电动后视镜调节控制正常,速度均匀,无卡滞、异响现象。前车门锁、后车门锁、后背门锁闭锁器工作正常,手动和遥控器操纵,所有车门应同时锁止或同时打开,遥控距离符合设计要求。点烟器工作正常,当点烟器插头从正常位置插入插座后,超过规定时间能自动切断电源,并自动复位到正常位置。

电子控制系统各元器件装配完整,各传感器、执行器和电控单元工作正常,显示屏无故障显示。使用下线检测仪分别对发动机电控系统、变速器电控系统、ABS/ESP、安全气囊系统、防盗系统等进行检测,排除所有故障。

空调压缩机工作正常,无异响,压缩机皮带张紧适中。鼓风机工作正常,无异响现象。空调管路和周围零部件间隙正常,无挤瘪、空调制冷剂泄漏现象。空调控制器操纵灵活,无卡滞,且挡位明显。冷凝器风扇工作正常,无异响。空调装置性能良好,在发动机正常工作状态下,起动冷气开关,冷气出口有冷风吹出;起动暖风开关,暖风电动机应立即起动工作,暖风出口有暖风吹出。

3. 静态调整

静态调整主要是在非运行状态下对车辆的前车门、后车门、发动机罩、行李舱盖(简称四门两盖)、天窗等车身开闭件和座椅等部件进行试验,以评判开闭件与车身之间的整体外观效果,结合面处的防水与防噪密封性、车门闭合力、开关门手感、座椅调节方便程度与可靠度等是否满足要求,并对车身开闭件和座椅等处存在的缺陷进行调整,使整车性能及品质满足设计要求。静态调整包括两个阶段,第一次是在白车身装配完毕后进行(图6-28),第二次则是在总装完成后进行(图6-29)。

图6-28 白车身装配质量检查与调整

图6-29 调整车门锁

前车门、后车门、发动机罩、行李舱盖要求开闭正常,开启角度符合技术要求,启闭轻便灵活,无杂音、发滞感觉,关闭后能自动锁紧,用钥匙可以正常打开,防夹性能好,不存在自行开启现象,结合处缝隙均匀。各车门锁及拉手、按钮功能正常,开关自如,安装牢固可靠,无松动、卡滞现象。天窗开闭灵活,工作运行正常,运动速度均匀,无卡滞、异响现象,与车身配合间隙均匀,无漏水现象。前排座椅前后调节轻便、灵活,无卡滞、异响现象,固定后不得自行滑动,锁止可靠。后排座椅锁止牢固、可靠,座椅锁开启轻便。

三、外观质量检验的装备

检验人员所使用的检验装备,一般包括各种通用(万能)量具、专用量具、检验夹具、万能精密测量仪器、仪表、半自动及自动检查机,以及其他专用检测设备,如电器下线检测仪等。

对于内饰检验,除一般的测量工具,如游标卡尺、钢直尺、间隙规(尺)(图6-30)、角度轨、高度规等工具外,还有色差仪、三坐标测量仪(图6-31、图6-32)等专业设备。另外,为了快速准确地测量零部件,对于那些型面或结构比较复杂的零部件还设计有专门的检具(图6-33)。

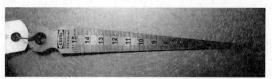

图6-30 锥形间隙尺

图6-31　大型三坐标测量机　　　　　图6-32　小型三坐标测量仪

因为车身是整个车辆的载体,所有的零件都需要与之配合,有的整车厂家制作了标准车身(图6-34),提高了分析的速度与准确性。标准车身是按照整车设计图加工制造的一辆高精度样板车,车身采用铸造结构以获得良好的刚度,基本上所有的内、外饰件都可以在上面安装。在汽车装配过程中,如果出现间隙和面差超过标准值又无法判断问题所在的情况,将零件安装到标准车身上进行检测,可以快速地识别是车身缺陷还是零件缺陷。

图6-33　顶篷检具　　　　　图6-34　标准车身

学习任务四　动态试验与调整

一、动态试验项目概述

动态试验主要是检测车辆的基本安全性能和环保性能是否满足国家标准 GB 7258—2012《机动车运行安全技术条件》的强制要求,同时对车辆的动态性能、防雨密封性能、乘坐舒适性等进行测试。按照试验项目的属性来划分,动态试验的项目一般包括四轮定位、基本安全性能测试、路试、路试后检查、环保性能测试、淋雨几个方面。有些公司还进行高级安全装备、其他装备功能、动力性、经济性等方面的检测。测试中发现问题或指标不合格的车辆,送返修区返修和调整。

四轮定位的目的是使车辆保持直线行驶的稳定性、转向轻便,并且使转向轮能自动回正,减少轮胎的磨损等。前转向轮的定位参数包括主销后倾角、主销内倾角、前轮外倾角和前轮前束,后轮的定位参数主要包括车轮外倾角和后轮前束。一般情况下只对前轮前束进行调整,也有的车辆需要调整前轮外倾角、后轮前束和后轮外倾角等其他参数。

基本安全性能测试是 GB 7258—2012 强制要求的检测项目,包括前照灯检测、侧滑检测、制动检测、车速表检测、喇叭声级检测等项目。

每一辆汽车的基本安全性能经检测仪器测试后,还必须由试车员驾驶通过直道、弯道、上下坡、颠簸路等各种不同路面的专用汽车试验跑道,进行实际道路动态试车,主观判断车辆的质量与性能,发现车辆的各种故障缺陷。

路试后检查主要是检查车辆底盘在运行后是否出现零部件松动、变形、损坏、渗漏等缺陷。

环保性能测试也是 GB 7258—2012 强制要求的检测项目,汽车的环保性能测试是汽车测试最复杂的内容之一,也是政府最重视的检测内容。汽车环保性能应该在各种稳态或者瞬态工况条件下进行测试,全部项目检测所需时间长,只在车型认证和抽检时才采用。在出厂检测时,一般进行汽油车的怠速排放检测和柴油车的自由加速烟度测试。

淋雨密封性检测是驾驶车辆通过淋雨试验房,以测试车辆的防水密封性能。

高级安全装备检测包括 ABS/TCS/ESP 检测、ASR 检测、安全气囊检查、防撞雷达检测、电涡流缓速器测试(重型载货汽车以及大客车)等项目。

其他装备功能性检测主要检测车辆所具备的基本功能和附加功能是否起作用,并且是否正常发挥作用。功能性检测的项目有变速器测试(包括前进挡和倒挡)、差速器和差速锁测试、电器检查、自动巡航系统检测、空调泄漏检测、转向角测试、转向盘游隙测试、发动机转速表测试等。

整车动力性检测包含车辆的底盘功率、发动机功率和加速性能检测,检测可以使用定性检查及定量测试两种方式。整车动力性的定量测试由于花费时间太长,一般只在车型设计时进行或者实行抽检,在很多整车厂尤其是轿车厂的质量保证检测线上,通常是将车辆在模拟负荷下(以转毂试验台的惯性滚筒模拟负荷)加速,由驾驶员主观感觉加速情况而进行车辆动力性的定性检查。这种检查可以迅速判断出由于装配原因或者部件(发动机)质量问题造成的车辆动力缺陷,从而基本保证出厂车辆的动力性。

经济性检测主要指车辆的燃油经济性测试,可以用等速百公里油耗以及城市工况百公里油耗来表示。燃油经济性检测一般是在底盘测功机台架上,对车辆施加一定的工况负载进行测试,花费时间很长,一般只在车型认证时测试,生产过程中则进行抽检。

不同类型车辆的功能、配置、性能要求都不尽相同,在出厂检验时所要求的动态试验项目也就有所区别,一般乘用车出厂的动态试验项目见表 6-1,而重型载货汽车和客车等商用车辆的出厂试验项目见表 6-2。虽然车轮定位检测与调整属于选试项目,但是因为车轮定位的准确程度直接决定侧滑量的大小,所以汽车企业一般都会对每辆车进行检测和调整。

项目六 质量检验与整车调试

乘用车动态试验项目 表6-1

	序号	检测内容	描述
必试项目	1	前照灯检测与调整	含远光以及近光测试,使用灯光检测仪测试
	2	喇叭声级检测	采用声级计检测
	3	侧滑检测	使用单板或双板侧滑台检测
	4	制动力检测	含阻滞力、制动力和制动力差测试,使用制动试验台或者转毂试验台进行测试
	5	车速表检测	采用单轴速度台或双轴转毂试验台检测
	6	汽油车排放检测	采用五气分析仪进行急速或双急速检测
	7	柴油车烟度检测	采用不透光烟度计以自由加速法检测
选择项目	8	车轮定位检测及调整	采用非接触动态四轮定位仪检测
	9	ABS/TCS 检测	采用带 ABS/TCS 测试功能的双轴转毂制动试验台进行检测
	10	加速性能检测	采用双轴转毂制动试验台测试
	11	变速器测试	在转毂试验台上测试
	12	气囊 ECU 测试	在转毂试验台或 ECOS(Electric Checkout Station)上测试
	13	发动机 ECU 测试	在转毂试验台或 ECOS(Electric Checkout Station)上测试
	14	淋雨试验	采用淋雨房加人工检验

商用车动态试验项目 表6-2

	序号	检测内容	描述
必试项目	1	前照灯检测与调整	含远光以及近光测试,使用灯光检测仪测试
	2	喇叭声级检测	采用声级计检测
	3	侧滑检测	使用单板或双板侧滑台检测
	4	制动力检测	含阻滞力、制动力和制动差测试,使用制动试验台或者转毂试验台进行测试
	5	车速表检测	采用单轴速度台或双轴转毂试验台检测
	6	汽油车排放检测	采用五气分析仪进行急速或双急速检测
	7	柴油车烟度检测	采用不透光烟度计以自由加速法检测
选择项目	8	车轮定位检测及调整	采用四轮定位仪检测,具有前/后轮独立悬架车,每台车必检;非独立悬架车,抽检
	9	电涡流缓速器检测	重型载货汽车和客车如具有电涡流缓速器则应进行检验
	10	加速性能检测	采用双轴转毂制动试验台测试
	11	高速动态试验	采用单轴转毂试验台测试
	12	ABS 测试	可以与制动台或者转毂试验台集成进行检测

二、四轮定位

四轮定位在四轮定位试验台上进行,四轮定位试验台目前都是采用激光或数码成像等非接触式测量法。四轮定位参数由设计决定,如某型车的定位参数为:前轮前束(0 ± 2)mm,主销后倾角 $2°42' \pm 45'$,主销内倾角 $11°19' \pm 45'$,前轮外倾角 $-0°31' \pm 45'$,后轮前束 $-3 \sim 4.2$mm,后轮外倾角 $-1°25' \pm 45'$。由于四轮定位主要是进行前束调整,所以一般称四轮定位试验台为前束台。车辆驶入前束台(图6-35)后,首先需要通过扫描器扫描或输入车辆的

VIN 码和发动机 VIN 码,并检查随车记录卡的产品名称、型号、颜色等与受检车的一致性。通过转向盘对中定位装置(图6-36)使转向盘处于对中位置并固定,然后由地沟内的操作工根据显示屏的动态显示(图6-37),通过调整转向横拉杆(图6-38)等调节杆的长度来调整前束值,使前束值满足设计要求。

图6-35 待检车辆进入前束台

图6-36 转向盘对中定位装置

图6-37 实时测量的前束(角)值

图6-38 转向横拉杆

除了调整前轮前束外,有些车辆还需要调整前轮外倾角、后轮前束和后轮外倾角,甚至有的需要调整主销后倾角。许多车型是通过旋转装设在悬架下控制臂转轴上的偏心凸轮(或偏心螺栓)(图6-39)来调整主销后倾角和车轮外倾角,在定位调节时,一边转动凸轮,一边观察显示器上数据,直至合格。而在双横臂悬架的汽车中,主销后倾角和车轮外倾角的调整,是在上控制臂安装螺栓与车架之间加减垫片来实现调整的。多参数调整的顺序一般是先调后轮,再调前轮;先调主销后倾角,再调车轮外倾角,最后调前束。

图6-39 偏心螺栓

三、前照灯检测与调整

前照灯检测项目主要有远光光束发光强度和光束照射位置,其目的是测试车辆前照灯远光的强度是否够亮,以及远光和近光光束的照射位置是否在合格范围。前照灯亮度不够、照射位置不合适都会影响行车安全。

GB 7258—2012 规定,应在车辆电源系统处于充电状态下测试前照灯,每只前照灯的远光光束发光强度应不低于表6-3中的数值。

前照灯远光光束发光强度最小值要求　　　　表6-3

机 动 车 类 型	发光强度最小值（坎德拉）		
	一灯制	两灯制	四灯制[①]
三轮汽车	8000	6000	—
最高设计车速小于70km/h的汽车	—	10000	8000
其他汽车	—	18000	15000

注:①四灯制是指前照灯具有四个远光光束;采用四灯制的机动车其中两只对称的灯达到两灯制的要求时视为合格。

对前照灯近光光束照射位置的要求是,前照灯照射在距离10m的屏幕上时,乘用车前照灯近光光束明暗截止线转角或中点的高度应为$0.7H \sim 0.9H$（H为前照灯基准中心高度）,其他机动车（拖拉机运输机组除外）应为$0.6H \sim 0.8H$。机动车（装用一只前照灯的机动车除外）前照灯近光光束水平方向位置向左偏不允许超过170mm,向右偏不允许超过350mm。

对前照灯远光光束及远光单光束灯照射位置的要求是,前照灯照射在距离10m的屏幕上时,屏幕上光束中心离地高度,对乘用车为$0.9H \sim 1.0H$,对其他机动车为$0.8H \sim 0.95H$；机动车（装用一只前照灯的机动车除外）前照灯远光光束水平位置要求,左灯向左偏不允许超过170mm,向右偏不允许超过350mm,右灯向左或向右偏均不允许超过350mm。

使用前照灯测试仪（图6-40）并配合专用调节工具（图6-41）进行前照灯检测与调整,调节工具通过旋转前照灯上的调节旋钮（图6-42）即可改变光束的上下和左右的偏转方向。通常前照灯检测与四轮定位在同一工位同时进行（图6-43）,也有企业单独设置一个工位。

前照灯测试仪配备有光束扫描定位装置,能自行进入前照灯光照区,自动调节跟踪光轴、确定明暗截止线及转角,自动完成远、近光光束发光强度及光轴偏移度的测定并自动传送数据。

图6-40　前照灯测试仪

图6-41　前照灯专用调节工具

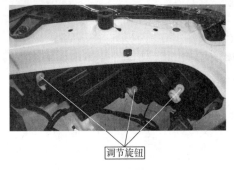

图6-42 前照灯调节旋钮

图6-43 四轮定位与前照灯检测工位组态

被检车辆驶入前照灯检测与调整工位后,首先打开近光灯,起动前照灯测试仪,测试仪的测试屏会自动从停止位移动到右(或左)前照灯的正前方位置,并检测光束照射位置(图6-44)。将前照灯调节工具插入到近光灯调整点上,按下调节工具开关,设备自动调整前照灯高度直到合格。然后打开远光灯,测试仪检测远光灯的发光强度值。检测完毕,系统自动评判结果,测试仪回到停止位。

图6-44 前照灯检测

四、侧滑检测

侧滑检测是车辆前轮定位值的一个定性检测,前轮定位失准(主要是外倾角和前束),车辆行驶时转向轮在向前滚动的同时还将产生横向滑移,这就是侧滑。侧滑值与四轮定位状态存在很强的关联性,侧滑量小并不代表四轮定位没有问题,但侧滑量过大说明四轮定位一定有问题,因此在四轮定位以后,往往使用侧滑检测线作为复查的手段。侧滑值过大,会造成轮胎磨损,可能使车辆行驶不稳定。

侧滑量使用侧滑试验台检测,目前国内在用的大多数侧滑试验台均是滑板式的,检测时使汽车前轮从滑板上驶过,通过测量滑板左、右方向的位移量来检验侧滑量。滑板式侧滑试验台(图6-45)按其结构形式可分为单滑板式和双滑板式两种,双滑板式侧滑试验台都是双板联动的,由两块尺寸精密、左右可滑动的侧滑板加位移传感器构成。侧滑板移动的方向是由车轮

图6-45 侧滑试验台

项目六 质量检验与整车调试

的侧滑方向来决定的,若前轮外倾角产生的侧滑占主导地位,侧滑板是向内移动的;反之,若前束产生的侧滑占主导地位,则侧滑板向外移动。因此,侧滑试验台测量出的值既有方向又有量值。

侧滑量定义的单位是 m/km,含义是汽车正直向前行进 1000m 而造成试验台的滑动板位移 1m,即为一个基本侧滑单位 1m/1km。GB 7258—2012 规定,对前轴采用非独立悬架的汽车,其转向轮的横向侧滑量,用侧滑台检验时其值应在 ±5m/km 之间。对于前轮采用独立悬架的汽车,侧滑量一般控制在 ±3m/km 之间。

侧滑量的检验方法为,将汽车对正侧滑检验台,并使转向盘处于正中位置,使汽车沿台板上的指示线以 3~5 km/h 车速平稳前行,在行进过程中,不允许转动转向盘。转向轮通过台板时,即可测取横向侧滑量。

五、转毂试验

转毂试验(图6-46)在转毂试验台进行,它并不是一项独立试验,而是包含多个项目的综合试验。较先进的转毂试验台可以完成制动力测试(含驻车制动)、车速表测试、喇叭声级测试、ABS 静态检查、ABS 动态测试、发动机变速器加速性能测试、倒挡试验、制动踏板开关或传感器检查、轮速传感器检查、巡航功能检测、驻车制动操作力和制动踏板力测量、空调系统检查等多个项目的试验。

图 6-46 转毂试验

1. 转毂试验的主要项目

1)制动检测(制动效能检测)

GB 7258—2012 要求对车轮的阻滞力、前后轮和整车的制动力以及左右轮的制动力差进行检测,以保证车辆既具有良好的制动性能(制动过程中能迅速停车),又不至于在制动过程中跑偏,同时在正常行驶没有施加制动时,阻滞力很小,以减少车辆磨损,节省燃油。

对行车制动性能的要求是,汽车、汽车列车在制动检验台上测出的制动力应符合表 6-4 中的要求。对空载检验制动力有质疑时,可用表中规定的满载检验制动力要求进行检验。

台试检验制动力要求　　　　　　　表 6-4

机 动 车 类 型	制动力总和与整车重量的百分比		轴制动力与轴荷[①]的百分比	
	空载	满载	前轴	后轴
三轮汽车	≥45		—	≥60[②]
乘用车、总质量不大于 3500kg 的货车	≥60	≥50	≥60[②]	≥20[②]
其他汽车、汽车列车	≥60	≥50	≥60[②]	—

注:①用平板制动检验台检验乘用车时应按动态轴荷计算。
　　②空载和满载状态下测试均应满足此要求。

对制动力平衡的要求是,在制动力增长全过程中同时测得的左右轮制动力差的最大值,与全过程中测得的该轴左右轮最大制动力中大者之比,对前轴不应大于 20%,对后轴(及其他轴)在轴制动力不小于该轴轴荷的60%时不应大于24%;当后轴(及其他轴)制动力小于该轴轴荷的60%时,在制动力增长全过程中同时测得的左右轮制动力差的最大值不应大于该轴轴荷的8%。

制动协调时间,对液压制动的汽车不应大于0.35s,对气压制动的汽车不应大于0.60s;汽车列车和铰接客车、铰接式无轨电车的制动协调时间不应大于0.80s。制动协调时间是指在急踩制动踏板时,从脚接触制动踏板(或手触动制动手柄)时起至机动车减速度(或制动力)达到标准所规定的机动车充分发出的平均减速度(或标准所规定的制动力)的75%时所需的时间。

对驻车制动性能的要求是,机动车空载,乘坐一名驾驶员,使用驻车制动装置,驻车制动力的总和不应小于该车在测试状态下整车重量的20%(对总质量为整备质量1.2倍以下的机动车为不小于15%)。

2)车速表检测

车速表检测用于测试车速表指示的准确性,是检测线上原理操作最简单的测试内容之一。由于车速表零部件的可靠性,可能上万次的检测也发现不了一台不合格的车。但是,车速表是各种车辆必备的也是最重要的显示仪表,该仪表不准确或者工作不正常将对驾驶安全构成严重影响,因此所有的汽车制造企业都对车速表进行全数检测。

国标 GB 15082—2008《汽车用车速表》中规定,应测试车速表在40km/h、80km/h 和 120km/h三种状态下的准确性。

GB 7258—2012规定车速表的判定标准是,当该机动车上的车速表指示值(V_1)为 40km/h 时,车速表检验台速度指示仪表的指示值(V_2)为 32.8~40km/h 范围内为合格;当车速表检验台速度指示仪表的指示值(V_2)为 40km/h 时,该机动车上的车速表指示值(V_1)的读数在 40~48km/h 范围内为合格。

3)喇叭声级检测

喇叭声级的检测是为了确保喇叭够响,足以起到提醒路人和其他车辆注意的作用,同时又要确保喇叭不能过于响亮,以免形成噪声污染,所以它也属于环保性能测试内容的一部分。GB 7258—2012规定,汽车喇叭声级在距车前2m、离地高1.2m处测量时,其值应为 90~115dB(A)。

2.转毂试验程序

不同品牌或型号转毂试验台的功能和可测试项目不同,其试验程序也会存在差异。如某汽车公司转毂试验的程序为:

(1)通过扫描器扫描或手动输入车辆信息。

(2)显示屏提示允许车辆进入后,车辆驶入试验台,并使行车制动和驻车制动都处于自由状态。

(3)连接设置好试验台与被试车辆之间的诊断系统数据通信线路。

(4)预热发动机后,根据系统提示开始各项目的测试。

(5)安装制动踏板拉力计和驻车制动拉力计。

(6)自动空调系统检测。

(7)踩制动踏板,然后松制动踏板,检测制动踏板开关或传感器。

(8) ABS 静态检查。
(9) 轮速传感器检查。
(10) 加速车辆至 40km/h,测试车速表。
(11) 加速车辆至 80km/h,测试巡航功能。
(12) 按照要求逐渐加挡,检测发动机变速器加速性能。
(13) 制动性能检测。
(14) ABS 动态测试。
(15) 倒挡试验。
(16) 喇叭声级检测。
(17) 拆除拉力计,断开数据通信线路,打印试验报告,车辆驶出试验台。

每一个测试项目的具体操作过程根据试验台显示屏的提示进行。

六、道路试验

道路试验简称路试,试验目的是发现汽车存在的装配缺陷与质量问题,主观评价汽车的操控性能。出厂路试都在公司专用的试验跑道上进行,所生产的车型不同,典型路面的设置与跑道的长度会有所不同。路试检验的内容主要包括起动、灯光与信号装置的工作有效性、制动、转向、ABS/ESP 系统性能、跑偏、平顺性、轮胎附着特性、运行噪声、发动机和变速器的动力与换挡性能等。

路试的工艺规范由各汽车企业根据 GB 7258—2012 规定、车辆类别和企业的道路条件制定,一般包括路试前检查、跑道路试、路试后检查三个阶段。

1. 路试前检查

路试前主要检底盘系统、开闭件、仪表板总成、安全装置和操纵装置的性能和工作状态,检查的目的是消除影响行车安全的各种缺陷,保证各装置工作正常。

1) 底盘检查

底盘检查主要在地沟内进行。检查发动机、散热器、空调压缩机皮带,应无异常噪声。检查前、后、左、右减振器,外表无油迹,防尘罩安装正确。检查悬架系统、转向系统各杆件应完整,无变形和撞击痕,防尘罩无裂纹和破损。检查传动轴、转向器等处,应无润滑剂渗漏,防尘罩完整。检查行车制动管路和驻车制动拉索,外观应良好,走向正确,无制动液渗漏。检查排气管及隔热衬套等,应支撑紧固良好,无干涉、异响、抖动、外观不良等缺陷。检查油箱,应固定良好。

2) 检查开闭件的工作性能

试车员上车前,应该首先检查随车卡的符合性,然后检查前后车门、发动机罩、行李舱盖、加油口盖等开闭件的锁闭状态和工作性能,确认各开闭件都处于关闭或锁紧状态。进入驾驶室后,也要关闭好左前车门。

3) 检查仪表板总成

打开电源开关后,视察仪表板上燃油表、冷却液温度表、里程表、车速表、发动机转速表、油压警告灯、发动机温度报警灯、充电报警灯、驻车制动指示灯、制动液警告灯、信息显示屏的显示状态等是否正常。拨动转向、照明、刮水器、玻璃升降等各开关,检查仪表上的指示灯与信息显示、各装置的动作是否与开关位置一致。检查收音机等娱乐和多媒体系统的工作是否正常。

4）检查安全装置和操纵装置

检查后视镜应完整，并调节至合适角度。检查安全带应工作正常，插入安全带锁扣后，相应仪表显示应熄灭。检查离合踏板高度和自由行程应在标准范围内，踩下和松开离合器踏板，检查有无异响、阻滞，观察离合器踏板返回是否顺畅。检查加速踏板，将加速踏板踩到底，操纵应轻便，松开加速踏板时回位应灵活，无异响。检查制动踏板，操作应灵活，回位良好，无干涉、无异响，制动踏板高度在标准范围内。转向盘转动应灵活，无阻滞现象，自由行程在标准范围内。变速器换挡操纵灵活，无干涉和异响。经过上述检查，确认没有影响路试安全的缺陷存在。

5）发动机起动性能检查

发动机在0℃以上的常温环境下，一般5s内应能顺利起动；如果连续3次不能起动，说明发动机存在故障。发动机起动后，观察机油压力和冷却液温度是否正常，检查怠速是否稳定，同时应检查空调系统的工作性能。

2. 跑道路试

在确保车辆安全的情况下，由试车员驾驶车辆进入试车道开始路试。路试工艺因各公司的道路条件不同而异，如某公司的路试工艺为：以20km/h左右的速度进入起伏路试验，以70km/h左右的速度进入高速直行路试验，以40km/h左右的速度驶入ABS检测路段紧急制动，以20km/h左右的速度进入比利时路面，以20km/h左右的速度沿蛇形路进行转向性能试验，以10km/h左右的速度匀速进入扭曲路，以30km/h左右的速度匀速进入方石路，以20km/h左右的速度进入卵石路。

在高速直行路段，主要检查发动机的加速性能、变速器性能、驱动桥性能、制动性能及行驶噪声等项目。车辆在加速行驶过程中，发动机、变速器、驱动桥不得有异常振动或异响，传动轴不得有抖动、摆振现象。高速行驶过程中，车辆行驶噪声应不超过限定值。车门锁紧可靠，不得有自行开脱现象。离合器应接合平稳，分离彻底，无抖动、异响和打滑等现象。节气门反应灵敏，加减节气门开度时车速均匀变化，无卡阻、滞后、窜车等现象。变速器齿轮啮合灵便，换挡平顺、轻便、灵活，无卡滞或异响，各挡位清晰可辨，行驶时变速器无脱挡和自行换挡等现象。自动变速器无颤动和打滑现象，换挡时机合适。紧急制动时，制动距离应满足国家标准要求，点制动时不应有跑偏和甩尾现象。不存在跑偏、转向盘抖动、路感不灵或其他异常现象。在驻车坡道上拉紧驻车制动器操纵杆，上、下两个方向上的驻车性能满足标准要求，棘刺定位和解脱顺畅，机构运行正常。

在弯道行驶时，主要检查车辆的悬架性能和转向响应特性，要求转向轻便、平稳、随动性好，存在一定的不足转向特性。

在强化坏路面行驶时，主要检查车辆的操纵稳定性、平顺性和各零部件的装配紧固程度，要求车身刚度好，底盘和悬架系统无松旷和异响，车辆的操纵性和平顺性满足要求。

跑道路试完毕，试车员将车辆在路试中的运行状态和发现的各种问题填写于记录单上。

3. 路试后检查

跑道路试完成后，应再次检查前、后车门和发动机罩、行李舱盖，开闭应灵活，无异响和变形。打开发动机罩,检查制动液、转向助力液的液位应位于最低位与最高位之间,且无液体溢出,各装配件在路试之后应无松动或脱落等现象。在发动机运转状态下,检查发动机舱内各部件的工作情况,应无干涉和异响现象。

在地沟内检查,燃油箱、燃油管、燃油滤清器、加油管及各连接部位无渗漏油现象;燃油箱和燃油管表面无破损,固定到位,接口处卡箍卡接牢固;发动机缸体、缸盖、水泵、节温器、散热器、暖风装置及所有管路和连接处,不得有漏水现象;曲轴箱、油底壳、变速器、驱动桥各配合面,应干净无渗漏,工作温度正常,无过热;水管表面无破损,走向合理,无打折和干涉现象,固定到位,接口处卡箍卡接牢固;排气歧管、三元催化器、排气消声器及其连接处,无漏气现象,各部位连接无松动;悬架系统及前、后减振器装配到位,无紧固件漏装、零件变形、油液渗漏现象;风窗洗涤器储液罐、泵、管及连接处均不得有漏水现象;制动主缸、制动管路、制动轮缸及各连接处无制动液渗漏现象,管路无干涉、扭曲、变形现象;用手感知四轮轮毂,应无异常发热现象;空调冷凝器、管路及各接头处无渗漏现象,管道固定到位,无干涉现象,表面无裂纹。

七、环保性能测试

汽油机的排放检测主要是使用废气分析仪(图6-47)检测排放废气中的一氧化碳(CO)、碳氢化合物(HC)、二氧化碳(CO_2)、氮氧化合物(NO_x)和氧气(O_2)(简称五气)的含量,而柴油机的尾气检测主要是使用烟度计(图6-48)检测尾气中的烟度。

图6-47 废气分析仪

图6-48 不透光烟度计

GB 7258—2012规定机动车排气污染物排放应符合国家环保部门相关标准的规定,汽油车的相关标准为GB 18285—2005《点燃式发动机汽车排气污染物排放限值及测量方法(双怠速法及简易工况法)》,柴油车的相关标准为GB 3847—2005《车用压燃式发动机和压燃式发动机汽车排气烟度排放限值及测量方法》。

1.汽油车排放检测

汽油机尾气分析仪种类繁多,但其基本原理和方法相同。尾气中CO、HC、CO_2的测量采用不分光红外线法(NDIR),NO_x、O_2的测量采用电化学电池法。

不分光红外线法的原理是,CO、CO_2和HC等气体均在红外线波段有着各自对应的(不同)特定波长的辐射能量的本体吸收特性,对某一特定波长辐射能量吸收的程度取决于与其对应的被测气体浓度。经被测气体吸收后的红外辐射能,通过特定波长滤光片作用于热释电检测器上,即转变为与被测气体浓度值对应的电信号。再将该电信号与一恒定不变的相当于被测气体为零的参比电信号进行比较,并将其差值放大、检波、光路平衡,零、终点调整,线性化校正等,从仪器指示仪表上即显示被测气体的浓度。

电化学电池法是采用电化学传感器检测各种特定气体的浓度,传感器通过与特定的被测气体发生反应并产生与气体浓度成正比的电信号来工作。

GB 18285—2005 规定,新生产汽油车的排气污染物排放限值应满足表6-5 的规定。

新生产汽车的排气污染物排放限值(体积分数)　　　表6-5

车　型	类　别			
	急速		高急速	
	CO(%)	C($\times 10^{-6}$)	CO(%)	HC($\times 10^{-6}$)
2005 年7 月1 日起新生产的第一类轻型汽车	0.5	100	0.3	100
2005 年7 月1 日起新生产的第二类轻型汽车	0.8	150	0.5	150
2005 年7 月1 日起新生产的重型汽车	1.0	200	0.7	200

试车员驾驶车辆根据屏幕显示进入环保测试工位后,连接好设备通信线路,使用条码枪扫描随车卡上的 VIN 号,再将分析仪取样探头插入排气管内,按屏幕上的指示控制发动机转速分别在高急速和低急速各保持一段时间,检测高急速和低急速下的排放值,检测结束后打印结果并复原设备。

2. 柴油车烟度检测

GB 3847—2005 规定,对新生产的柴油车应该进行自由加速试验,采用不透光烟度法测定排气烟度。排气烟度以光吸收系数表示,单位为 m^{-1}。光吸收系数 k 可由公式 $\Phi = \Phi_0 \times e^{-kL}$ 计算得出,式中 L 为通过被测气体的光通道的有效长度,Φ_0 为入射光通量,而 Φ 为出射光通量。标准规定,测得的光吸收系数不应大于该汽车装用发动机型式核准批准的自由加速试验排气烟度排放的限值加 $0.5 m^{-1}$。汽车制造厂应确保新生产汽车满足该要求,否则不得出厂。

自由加速不透光烟度法的检测过程是,柴油机处于急速状态时,将加速踏板迅速踏到底,维持 4s 后松开,此时状况定义为自由加速工况。在自由加速工况下,从排气管中抽取一定量的排气(或者全部的排气),采用不透光式烟度计进行检测,来判定试验车辆的烟度排放是否满足标准。

八、淋雨密封性检测

使用淋雨试验房对车辆进行淋雨密封性检测(图6-49),试验车关闭所有门窗进入淋雨房后,喷嘴开始从各个方向向车辆喷水。根据 QC/T 476—2007《客车防雨密封性限值及试验方法》规定,车身前部平均淋雨强度为 (12 ± 1) mm/min,车身侧面、后部、顶部和底部平均强度为 (8 ± 1) mm/min,试验时间为15min。由于受生产节拍的限制,一般的汽车公司都采用增大淋雨强度和缩短淋雨时间的方式进行淋雨试验,如某公司淋雨试验的淋雨强度为 30~35mm/min,淋雨时间为 3min,与生产节拍一致。

车辆淋雨后通过干燥室去除车身外表的残留水,然后驶出干燥室进行密封性检查,检查的方式

图6-49　淋雨试验

主要为目视和用手触摸感知。检查前、后车门和行李舱盖等处的密封条,应无进水现象。检查前、后风窗以及三角窗、天窗的玻璃密封条和与其接触的顶篷内饰件、风窗立柱等处,应无漏水。检查侧窗玻璃密封条、门护板、门槛装饰件等处,应无漏水和积水。检查座椅下部、乘员室和行李舱地毯等处,应无漏水。检查前、后、左、右所有的灯具,应无积水和水雾。

训练与思考题

1. 汽车及零部件生产企业一般以什么文件为规范建立质量管理体系?目前,有哪几家汽车公司承认并执行该规范?
2. 通过质量部顶岗实践,了解汽车制造企业质量控制体系的运作过程。
3. 请解释质量控制"三检制"的含义。
4. 除了质量部检查线对汽车产品质量进行总装报交检查外,在总装车间一般还通过什么措施进行先期的质量控制集中检查?两者的检查项目有何区别?
5. 请叙述所实践企业的质量部检查线的质量检查流程。
6. 通常将外观质量缺陷分为哪几类?各类缺陷分别在什么工位检查并修复?
7. 总装过程主要会产生哪些外观质量缺陷?
8. 外观质量检验的主要内容有哪些?采用什么方式检查?一般需要哪些装备?
9. 参照检验指导书,完成一辆汽车的外观质量检查,并记录检查结果。
10. 如何对车身开闭件和座椅等进行静态调整?
11. 参观动态试验过程,熟悉动态试验的试验项目、质量标准、试验规范与方法。
12. 动态试验的目的、依据标准是什么?按照项目属性,一般包括哪几个方面的试验项目?
13. 乘用车和商用车的动态试验项目有何异同?
14. 四轮定位一般调整哪几个参数?在何处调整?
15. 简述前照灯检测与调整的作业内容。
16. 在转毂试验台上可以完成哪些项目的测试?
17. 道路试验的目的是什么?有哪些主要的检验内容?
18. 使用什么设备进行环保性能测试?依据什么标准进行?

项目七　质量评审与质量分析

汽车产品零件众多,制造工艺复杂,每一个工艺过程都会影响产品质量。通过检查产品所存在的问题和缺陷,并对产品质量的影响因素、各种产品缺陷的原因、异常工艺过程进行分析,可以使企业有的放矢地对汽车制造过程进行控制,不断提高产品的品质,以高品质的产品满足消费者的需求。

学习任务一　汽车产品质量评审

一、产品质量评审概述

产品质量评审(AUDIT)源自德国,也称为奥迪特,它是一种先进的质量管理方法,在汽车制造企业已经得到广泛应用。

产品质量评审,就是制造企业站在消费者的立场上,以消费者的眼光和要求对自己生产的并检验合格的产品进行质量检查和评价,查找质量缺陷,分析缺陷产生的原因,落实责任并采取整改措施消除缺陷,促使企业主动地去满足消费者需求,逐步提高产品的质量。

产品质量评审与质量检验虽然都是对产品质量进行检查,但是两者有着明显的区别:

(1)立场不同。产品质量评审是站在用户的立场上检查和评价产品质量;质量检验则是站在生产者的立场上进行质量检查与控制。

(2)时间不同。质量检验在前,产品质量评审在后,只有经过质量检验合格并出具合格证的产品,才能进行质量评审。

(3)标准不同。质量检验依据的是各种技术标准;质量评审依据的是消费者的各种要求,它的目的是使用户更满意。

(4)数量不同。质量检验可以有全检和抽检;产品质量评审只进行抽检,且抽检的准则与常规抽检不同。

(5)结论不同。质量检验判定被检产品是否合格,对合格的产品出具合格证,对不合格的产品送返修区返修;由于产品质量评审的对象都是合格产品,所以它不判定产品是否合格,它只给出用户的满意度。

(6)作用不同。质量检验主要是保证产品质量合格;产品质量评审主要是找出产品的缺陷,使产品质量不断得到提高。

二、汽车整车质量评审的基本要求

质量评审的样本车辆必须是随机抽取的、经检验合格的等待发运的车辆,应该包括每条装配线生产的所有车型与型号的车辆。为保证低频次的缺陷也能被发现,抽样数量不能太少。某公司规定抽样数量应满足表7-1中所列的最低数量要求。

最低评审样本数量　　　　表7-1

日产量(辆次/日)	最低评审样本数(辆次/日)	日产量(辆次/日)	最低评审样本数(辆次/日)
≤50	2	501~750	12
51~250	4	≥751	20
251~500	8		

汽车产品质量评审一般包括静态评审、密封性评审、动态评审、电器性能评审、安全法规要求评审几个方面。通过对所有项目的评审,按照一定的方法计算得到车辆的综合质量等级。

产品质量评审,原则上是不借助任何工具,完全以用户的眼光来评价合格产品。但在实际工作中,由于专业或工艺的特殊性,以及对缺陷进行准确评价时,常利用一些辅助的工具、仪器和设备等。评审所需设备主要有间隙/平整度量具、塞尺、手电筒(淋雨测试用)、反光镜(灯光室用于安全进出车辆)、油漆橘皮样板或橘皮仪、光泽计、漆膜厚度计、车门推拉与关紧力测试设备及相应的量具、制冷剂泄漏测试设备、前照灯检测设备、四轮定位设备、外观评审灯光室或灯光房、举升机或者地沟、淋雨房等。评审一辆车所需的时间,不同的公司存在很大的差异,有的公司规定1~2h,而有的公司则需要3~4h甚至10h。

三、缺陷权重

产品质量评审对检查出来的缺陷一般用扣分的形式来表示,根据缺陷的严重程度和用户可能的不满意度赋予每一种缺陷的权重即扣分的多少,扣分越多则说明用户的满意度越低。

根据用户不满意的程度,一般将缺陷分为轻微缺陷、一般缺陷、严重缺陷和致命缺陷四级。轻微缺陷是指较小的用户不满意项目,如轻微的外观项目等,用户不一定能够感知到。一般缺陷是指用户能够感知的配合、外观等不满意项目。严重缺陷是指那些用户肯定不满意的项目,包括功能性的、电器、异响、漏水、可靠性差、索赔、重大外观问题等。引起抛锚的、违反法规和安全规定的问题则定义为致命缺陷。轻微缺陷为非优先级缺陷,可以不加关注。对于一般缺陷,若为离散发生的,规定为非优先级;若同一缺陷高频次重复出现,则认为是优先级缺陷。严重缺陷和致命缺陷都规定为优先级缺陷。优先级缺陷应该重点关注,首先采取措施消除。

对于每一级缺陷的扣分权重,不同的公司规定不一,有的界定为1、5、10、50分,也有的界定为10、30、50、100分,还有的公司以A、B、C等表示权重。表7-2所示为某公司的发动机/底盘部位的部分缺陷扣分标准。

发动机/底盘缺陷扣分标准(部分)　　　　表7-2

缺　　陷	扣　分　值	缺　　陷	扣　分　值
任何会造成安全/法规影响的情况	100	漏装	50
断裂/损伤	50	多余的零件(落在发动机舱内)	10
脏/液体溢出(不能用干或湿布擦除)	30	错误的选装/零件	50
松动/不正确的紧固或者安装	50		

由于视觉、习惯等原因,人们对车辆不同外观区域的感知度不同。根据用户对各区域缺陷的敏感程度,在静态外观表面质量评审时一般将车辆的外观区域划分为A、B、C、D四部分。图7-1为某公司划分的车辆外观分区图。

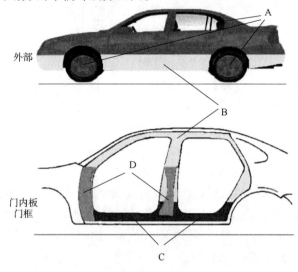

图7-1 车辆外观分区图

A区主要是外部从地面50~190cm高度范围、轮毂和饰盖、高度低于170cm的车顶和乘客舱关上门后从里面可以看到的所有部分,B区包括外部从地面到50cm的高度和高于190cm的部分、高度大于170cm的车顶、门框/内板从地面50~190cm高度,C区包括门框/内板从地面到50cm高度以及大于190cm的高度部分、天窗的落水槽、尾门内板、尾门框和行李舱,D区包括门和门框的铰链区域、门内板下部、发动机舱、前散热器支架上横梁、前翼子板落水槽、前盖内板。即使同一种缺陷,在不同的区域也可能被赋予不同的扣分权重。表7-3所示为某汽车公司的塑料/橡胶零件表面质量缺陷扣分标准。

塑料/橡胶零件表面质量缺陷扣分标准　　　　　　表7-3

缺 陷	描 述	区域与扣分值			
		A	B	C	D
模具印(分模线)	任何有害的尖锐的凸出物	50	50	50	30
缩印	和周边的零件相比显示出明显的差异	10	10	10	
缩线	和周边的零件相比显示出明显的差异	10	10	10	
波纹	和周边的零件相比显示出明显的差异	10	10	10	
毛刺飞边	和周边的零件相比显示出明显的差异	10	10	10	

四、静态评审

静态评审项目包括整车标识标签质量、外饰件(包括油漆零部件、塑料零部件、橡胶件、金属钣金件、车身及底盘防腐)表面质量、外饰件与车身配合质量、内饰件与车身配合质量、发动机舱及底盘表面质量、玻璃表面质量等。

对于标识标签,主要检查是否有标签、标签是否正确、是否有变形或损伤、字迹是否清晰、粘贴牢固程度、粘贴位置是否正确等。

进行外饰件表面质量评审时,应在关闭所有门和盖的状态下检查。评审员围绕车辆转两圈,一圈在较近位置如离开车辆 1m 左右距离,第二圈在稍远位置如离开车辆 2~3m 距离,检查是否存在表面质量缺陷。

外饰件、内饰件与车身配合质量,主要检查两零件之间的配合间隙、平行度、平整度和左右两侧差异等。发动机舱及底盘表面质量,主要检查前后轴、变速器、转向系统等总成件和各种管路、线路、杆件等零部件是否正确安装、有无松动、是否断裂或损伤、各种油液是否泄漏、油位是否正常等。玻璃表面质量主要检查有无断裂、有无划伤或变形、是否松动、安装是否合理等。

为了便于标准化工作,保证连贯统一的检查流程,在静态评审时一般都要求按照规定的路径来工作。图 7-2、图 7-3 所示分别为某公司的外饰件表面质量和底盘表面质量的检查路径图。

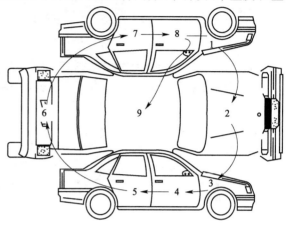

图 7-2　外饰件表面质量检查路径

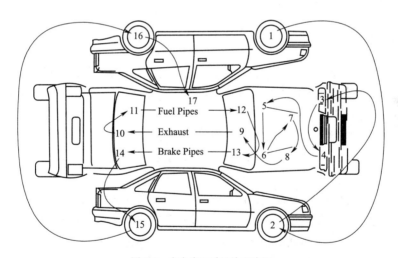

图 7-3　底盘表面质量检查路径

五、密封性评审

密封性评审主要是评审车辆的雨淋密封性。待评审车辆进入淋雨房,关闭车窗玻璃和空调系统,发动机熄火后淋雨 10min 左右。之后,借助于手电筒,采用触摸、目视或者湿度检测装置检查车辆的内饰和行李舱内部的漏水情况。也有一些公司要求在雨淋试验的时候,评审员在车内即时检查漏水的情况。

需要检查的部位包括所有的灯具、驾驶员及其他成员的搁脚处地毯、前后门和饰板以及周围部分、门和窗的玻璃以及周围部分、天窗和顶饰、密封/封套/塞子、座椅安全带、左右后翼子板内饰板、行李舱和尾门/后盖、备胎舱、行李舱锁和标牌、轮罩内部(拉开地毯检查)。

密封性评审一般也要求按照规定的路径来工作,图 7-4 所示为某公司的雨淋密封性检查路径图。

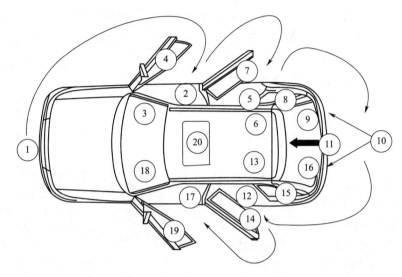

图 7-4　雨淋密封性检查路径

六、动态评审

动态评审是在车辆处于行驶状态下对车辆的动态性能进行评价,包括驾驶操控性能、动力性能、振动及噪声、转向操纵性能、制动性能等。

动态评审一般安排在密封性评审之后进行,动态试验前应清除车辆内外的所有无关物品,轮胎气压调整到标准值,并重设车载计算机(里程表、燃油消耗率等)。试验前车辆一般是处于热车状态,为评估车辆处于冷车状态下的起动及驾驶性能,一般还会投入一定比例的冷车进行试验。

动态试验的行驶路径包括城市路面、乡村路面以及高速公路,各种路面的长度和总的试验里程各公司规定不一,如有的公司规定总试验里程 20km 左右,另有规定 50km,还有公司规定 150~200km。在各种路面的行驶过程中按照试验大纲进行起动、加速、减速、升挡、降挡、巡航、转向、制动等各项操作,评审员对车辆的发动机冷热起动性能、各种工况下的怠速性能、变速器及换挡操纵性能、加速动力性能、各种工况下的制动性能、操纵稳定性、行驶平顺性、风噪及振动噪声等项目进行评估。表 7-4 所示为某公司发动机起动和怠速性能评审项目示例。

发动机起动和怠速性能评审项目　　　　　　表 7-4

评估分类	评价指标	评审方法	偏差
发动机起动性能	冷起动	至少冷却 12h 以后	过长的起动时间、不能起动、突然停止,与相同种类的车辆和标杆车比较起动性有明显的差异
	热起动	至少冷却 2min 以后	

续上表

评估分类	评价指标	评审方法	偏差
发动机怠速性能	发动机起动怠速	在初次起动后	延迟、异响、粗暴、动力不足、突然停止、转速不稳,与相同种类的车辆和标杆车比较怠速性能有明显的差异
	怠速稳定性	至车速为10km/h	
	最大电器负载怠速稳定性	打开所有电气装置,起动发动机,检查怠速稳定性和所有仪表显示(至少3s)	
	停车怠速	制动以后	
		加速以后	
		倒车以后(至少3s)	
	行驶怠速	1/3 节气门以后	
		1/2 节气门以后	
		全节气门后(至少3s)	
		在其中一个行驶怠速评审过程中,制动停止车辆,然后左右转向到底10s	

七、电器测试与检查

整车电器性能评审在动态驾驶期间完成,驾驶试验前主要检查日间行驶灯、雾灯、紧急双跳灯、前照灯、鸣号喇叭、牌照灯、倒车灯、座椅功能、制动灯、尾灯、转向灯、前风窗洗涤功能、刮水器功能等有关安全的项目,动态驾驶期间检查巡航控制功能、风扇、电热座椅功能、空调功能、导航系统功能、车载计算机、电话功能、音响娱乐系统功能、牵引力控制系统、刮水器功能、刮水器清洗装置、其他各功能件以及仅在驾驶时可以检查的项目。由于电器功能件的状态在动态试验过程中可能会发生改变,所以在试验后应对所有的电器功能项进行复查。

八、安全法规要求评审

安全法规要求评审是对制动系统、转向系统、行驶与悬架系统、电源与灯光仪表系统、动力装置、门窗和座椅等与车辆使用安全和法规相关的零部件进行装配质量和功能检查,查找其是否存在松动、损伤、安装错误、漏装和功能缺陷,以评价其使用安全性能。

制动系统的评审项目主要有制动踏板的装配、制动管路的装配和泄漏情况、制动主缸的安装、驻车制动功能、制动跑偏、制动轮缸及放气螺栓等。转向系统主要检查各零部件的装配和功能状态。行驶与悬架系统的评审项目包括前后轴总成、前后悬架总成、平衡杆、轮胎以及所有附件的装配情况。电源与灯光仪表系统主要检查蓄电池及电缆、制动灯、转向灯、紧急双跳灯、前照灯、后牌照灯、车速表、报警装置的装配及功能。动力装置的评审项目主要有发动机固定螺栓、变速器固定螺栓、加速踏板连杆和拉索、燃油系统的装配和泄漏、排气系统的泄漏等。门窗和座椅的评审项目包括各门和盖的铰链与连接情况、门和盖的锁与锁扣、前风窗玻璃装配及防雾功能、前风窗玻璃清洗装置功能、电动门窗玻璃和天窗功能、座椅功能、座椅安全带装配及功能等。此外,还有内外后视镜装配和功能评审。

学习任务二 装配质量分析

汽车的装配质量受到多种因素的影响,归纳起来可概括为"人员(Man)、机器设备(Machine)、材料(Material)、工艺方法(Method)、测量(Measurement)、环境(Environment)"(简称"人、机、料、法、测、环"或5M1E)六大因素。尽管所有的企业都使用ISO/TS 16949:2009所规定的五大质量管理工具进行前期的质量缺陷预防,并且也都编制有完善的工艺文件,确定科学的装配工艺方法,对各关键工序和质量控制点实行重点控制与监督,但是由于各影响因素处于时刻变化中,使得汽车产品质量呈现波动状态。

在质量检验和质量评审过程中,总会发现各种质量缺陷。为最大限度地减少直至消除质量缺陷,往往通过一定的技术手段对装配过程实时检测与控制,并对出现的各种质量问题进行深入分析,查找原因,采取各种应对措施,使产品质量趋于稳定。控制和分析装配质量的常用技术手段有工序能力指数法、直方图法、控制图法、调查表法、分层法、排列图法、因果分析图法、散布图法等。其中前三种主要用于工序质量控制,后五种主要用于质量问题分析。

一、工序能力指数法

工序能力,是指某道工序在稳定的生产条件下所具有的加工精度,或者理解为保证生产合格产品的能力。工序能力分析是统计过程控制(SPC)工具中的其中一种控制方法。由于工序质量是影响产品质量的基本环节,因此,在装配制造过程中应对工序能力予以验证和调整,以使其满足生产需求。

对于任何生产过程,产品质量总是分散地存在着。工序能力越高,产品质量特性值的分散就会越小;工序能力越低,产品质量特性值的分散就会越大。通常都用6σ(即$\mu \pm 3\sigma$)来表示工序能力,因为产品质量特性值落在$[\mu - 3\sigma, \mu + 3\sigma]$区间的概率为99.73%。

σ是工序处于稳定状态下,总体产品质量特性值的标准差(或均方差),它是反映随机变量与其数学期望μ的偏离程度的一个参数。一般情况下,取样本修正标准差S近似作为总体标准差σ,同时取样本平均值$\bar{x}$近似作为数学期望μ。S的计算公式为

$$S = \sqrt{\frac{\sum_{i=1}^{n}(x_i - \bar{x})^2}{n-1}}$$

式中:x_i——第i个样本值;

$\bar{x}$——样本平均值;

n——样本总数。

工序能力是表示生产过程客观存在着分散的一个参数,但是这个参数能否满足产品的技术要求,仅从它本身还难以看出。因此,还需要另一个参数来反映工序能力满足产品技术要求(公差、规格等质量标准)的程度,这个参数就称作工序能力指数,也有称作工艺能力指数、过程能力指数,它是技术要求和工序能力的比值。

若技术要求为产品公差T,则

$$工序能力指数 = \frac{T}{6\sigma}$$

当产品质量特性值分布中心与公差中心重合,即 $\mu = M$ 时(M 为公差中心值),工序能力指数记为 C_p。

$$M = \frac{T_U + T_L}{2}$$

$$C_p = \frac{T}{6\sigma} = \frac{T_U - T_L}{6\sigma}$$

实际计算时,取 $C_p = T/6S$。

当分布中心与公差中心偏离,即 $\mu \neq M$ 时,工序能力指数记为 C_{pk}。

$$C_{pk} = C_p(1 - k)$$

式中:k——偏移系数,$k = \dfrac{|M - \mu|}{T/2}$。

运用工序能力指数,可以分析判断生产过程的质量水平。

工序的质量水平按 C_p(或 C_{pk})值可划分为五个等级,按其等级的高低,在管理上可以作出相应的判断和处置,见表7-5。

表7-5 工序能力指数的分级判断和处置参考表

工序能力指数	工序能力等级	工序能力评价	处 置 措 施
$C_p > 1.67$	特级	能力过高	(1)缩小公差到合理范围以内 (2)允许较大的外来波动,以提高效率 (3)改用精度稍差的设备,以降低成本 (4)简略检验
$1.33 < C_p \leq 1.67$	一级	能力充足	(1)若制造件不是关键零件,允许一定程度的外来波动 (2)简化检验 (3)用控制图进行控制
$1.00 < C_p \leq 1.33$	二级	能力尚可	(1)用控制图控制,防止外来波动 (2)对产品抽样检验,注意抽样方式和间隔 (3)$C_p = 1.00$ 时,应检查设备等方面的情况
$0.67 < C_p \leq 1.00$	三级	能力不足	(1)分析极差 $R(R=$ 最大值 − 最小值,反映一组数据中两个极端数之间的差异情况。)过大的原因,并采取措施 (2)若不影响产品最终质量和装配工作,可考虑放大公差范围 (3)对产品全数检验,或进行分级筛选
$C_p \leq 0.67$	四级	能力严重不足	(1)必须追查各方面原因,对工艺进行改革 (2)对产品进行全数检查

根据 C_p 和 C_{pk} 的计算公式可知,工序能力指数受公差 T、修正标准差 S 和偏移系数 k 的影响。当减小 S 和 k,或者增大 T 时,可提高 C_p 或 C_{pk} 值。因此提高工序能力指数的途径有以下三个方面:一是通过提高设备精度和工艺装备精度、对关键工序和特种工艺操作人员进行技术培训、加强检查和检验工作等方法,减小样本修正标准差 S;二是通过调整设备和工艺

装备等定位装置、改变操作者的操作习惯等方法,避免产品质量特性值偏离中心值,从而减小 k 值;三是适当调整公差范围 T。

二、直方图法

1. 直方图的概念

直方图(Histogram)是频数直方图的简称,它是用一系列宽度相等、高度不等的长方形表示质量特性数据的统计图,以便直观地观察数据的分布,分析、判断生产过程是否正常。长方形的宽度表示数据范围的间隔即组距,高度表示在给定间隔内的数据数量。

直方图可以直观地显示质量波动的状态,以便于生产和质量管理人员分析、判断生产过程是否正常,从而确定在什么地方集中力量进行质量改进工作。

2. 直方图的绘制

(1) 搜集数据。从产品(母体)中随机抽取几个样品(至少 50 个),一一检测,获取数据,找出其中最大值 x_{max} 和最小值 x_{min}。

(2) 数据分组。根据经验,一般取 50~100 个数据时可分 6~10 组,100~200 个数据时分 7~12 组,这样能较好地反映数据的分布情况。

(3) 计算组距,即组与组之间的间隔。用 h 表示组距,m 表示分组数,则有

$$h = \frac{x_{max} - x_{min}}{m}$$

(4) 确定各组的上、下限值。第一组的上、下限值分别为 $x_{min} \pm h/2$,并以第一组的上限值作为第二组的下限值,然后依次类推,计算其余各组的上、下限值。

(5) 列频数分布表。对所有样本进行统计,计算落入各组别的实测数据数量,填入频数分布表。

(6) 计算平均数 $\bar{x}$ 和标准差 S。

(7) 画直方图。直方图的横坐标表示质量特性值,纵坐标表示频数。以各组频数为高度,组距为底宽,从左至右依次画出一系列长方形,即为直方图。

3. 直方图的类型与工序质量分析

直方图有多种形态(图7-5),通过其形态可以分析产生该分布的原因。

(1) 对称型(图7-5a),又称正态型、正常型。直方图中的长方形以中间为顶峰,向左右两侧呈对称性排列,这是正常的典型分布图形,说明生产正常。

(2) 偏态型(图7-5b、c),又称偏向型。其高峰偏向于一侧,另一侧呈缓坡状。通常是由于产品的公差(标准)是单侧标准,或某种装配习惯等原因所造成的。大多数返修过的产品,其质量特性都偏向一边。

(3) 双峰型(图7-5d),其特征是图形出现两个顶峰。往往是由于两个不同的分布混在一起造成的,如有一定差别的两台设备或两个外协厂所生产的产品混在一起。出现这种情况时,应按照数据的不同性质进行分层,再做分层后的直方图。

(4) 锯齿型(图7-5e),其特征是图形呈参差不齐的锯齿状,这往往是由于作直方图的过程中分组过多或测量读数有误等原因造成的。

(5) 平顶型(图7-5f)。图形的顶部平直,峰谷不明显。这往往是由于生产过程中某种

缓慢的具有变化倾向的因素在起作用所造成,如工具的磨损、操作者的疲劳等。

(6)孤岛型(图7-5g),即在远离主分布中心的地方出现一些小长方形。这表明工序质量有异常,往往是原材料有变化,短时期内由不熟练工人替班操作,或测量有误差等原因造成的。

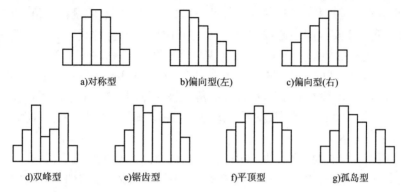

图7-5 直方图形态

4.通过直方图判断工序能力

将直方图的分布范围 B 与公差 T 进行比较,可以判断工序能力是否满足质量标准的要求。

(1) $B < T$,分布中心与公差中心基本重合,表示工序能力充足。

(2) $B < T$,分布中心与公差中心不重合,但 B 仍然在 T 的范围以内,虽然没有不合格品,但应加以必要的调整和控制。

(3) $B \approx T$,分布中心与公差中心基本重合,表示工序能力指数 $C_p = 1$,应适当提高。

(4) $B << T$,分布中心与公差中心基本重合,表示工序能力过高,应适当降低。

(5) $B << T$,分布中心与公差中心严重偏离,说明工艺系统有问题,应进行调整。

(6) $B > T$,分布中心与公差中心基本重合,表明工序能力不足,应改进工艺和设备。

三、控制图法

1.控制图的概念

控制图又称为管理图,是一张带有控制界限的数据图(图7-6),通过利用样本质量特性值反映和控制总体的工序运行质量。控制图也是统计过程控制(SPC)工具中的一种控制方法。

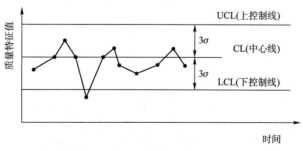

图7-6 控制图

在工序进行过程中，按照一定的规律抽取样本，测量样本的质量特性值，以点的形式画在控制图上并连成折线。通过对图中点的分布和趋势进行动态观察与分析，发现生产过程中由异常原因引起的波动或者由过程固有的随机原因引起的偶然波动，并对工序质量进行监督、预测和控制，预防废品产生。

控制图的横坐标为取样时间和样本号，纵坐标为测得的样本质量特性值，有三条与横坐标平行的线，中间一条实线叫中心线 CL，上面一条虚线叫上控制线 UCL，下面一条虚线叫下控制线 LCL。也有的控制图在上、下控制线的两侧再添加公差的上、下偏差线。控制图通常以样本质量平均值 $\bar{x}$ 为中心线，取标准差的 3 倍（即 $\bar{x} \pm 3\sigma$）作为上、下控制线界限的范围。因为根据正态分布规律，产品质量特性值落在该控制线以外的概率为 0.27%，按照"视小概率事件为实际上不可能"原理，就可以认为出现在 $\bar{x} \pm 3\sigma$ 区间外的事件为异常波动，说明生产过程有系统原因存在。

质量特征值的数据类型不同，所使用的控制图也不同。对于计量型数据，可以使用平均值—极差图、平均值—标准差图、中位值—极差图和单值—移动极差图。计数型数据可以使用不良率管制图、不良数管制图、缺点数管制图和单位缺点数管制图。

2. 平均值—极差（$\bar{x} - R$）控制图的绘制与使用过程

平均值—极差控制图是最常用的一种计量值控制图，其研究和控制的样本质量特性值为样本质量平均值 $\bar{x}$ 和样板质量极差 R。样本极差可以反映质量数据分布的离散程度，计算比标准差简单。

平均值—极差控制图的绘制过程为：

(1) 选取控制图拟控制的质量特性，如尺寸等。

(2) 确定样本组数、样本大小和抽样间隔。在样本组内，假定波动只由偶然因素引起。

(3) 搜集并记录至少 20~25 个样本组的数据，或使用以前所记录的数据。

(4) 计算各样本组的样本平均值 $\bar{x}_j$ 和极差 R_j。

$$\bar{x}_j = \frac{\sum_{l=1}^{n} x_{jl}}{n} \quad (j = 1, 2, \cdots, k; l = 1, 2, \cdots, n)$$

$$R_j = \max(x_{jl}) - \min(x_{jl}) \quad (j = 1, 2, \cdots, k; l = 1, 2, \cdots, n)$$

式中：$\bar{x}_j$——各样本组的样本平均值；

R_j——各样本组的样本极差；

x_{jl}——各样本组内的样本数据；

k——样本组数量；

n——样本容量。

(5) 分别计算总体样本和极差 R 的平均数和修正标准差。

总体样本平均数 $\bar{\bar{x}}$ 和修正标准差 S 为

$$\bar{\bar{x}} = \frac{\sum_{i=1}^{N} x_i}{N}$$

$$S = \sqrt{\frac{\sum_{i=1}^{N} (x_i - \bar{\bar{x}})^2}{N - 1}}$$

式中：$N = kn$。

平均极差 $\bar{R}$ 和极差修正标准差 S_R 为

$$\bar{R} = \frac{\sum_{j=1}^{k} R_j}{k}$$

$$S_R = \sqrt{\frac{\sum_{j=1}^{k}(R_j - \bar{R})^2}{k-1}}$$

(6) 分别计算 $\bar{x}$ 和 R 的控制中心 CL、控制上限 UCL、控制下限 LCL

$\bar{x}$ 的控制界限为

$$CL_{\bar{x}} = \mu \approx \bar{\bar{x}}$$

$$UCL_{\bar{x}} = \mu + 3\frac{\sigma}{\sqrt{n}} \approx \bar{\bar{x}} + 3\frac{S}{\sqrt{n}}$$

$$LCL_{\bar{x}} = \mu - 3\frac{\sigma}{\sqrt{n}} \approx \bar{\bar{x}} - 3\frac{S}{\sqrt{n}}$$

R 的控制界限为

$$CL_R = \mu_R \approx \bar{R}$$

$$UCL_R = \mu_R + 3\sigma_R \approx \bar{R} + 3S_R$$

$$LCL_R = \mu_R - 3\sigma_R \approx \bar{R} - 3S_R$$

LCL_R 一般取为 0。

(7) 绘制 $\bar{x} - R$ 质量控制图。

一般在上方位置安排 $\bar{x}$ 图，对应的下方位置安排 R 图。横轴表示样本组号或时间，纵轴表示质量特性值和极差。中心线用实线绘制，上、下控制线用虚线绘制，并在各条线的右端分别标出对应的 UCL、CL、LCL 符号和数值，在 $\bar{x}$ 图控制线的左上方标记样本容量 n 的数值。

将各样本组的 $\bar{x}_j$ 和 R_j 标在已经画有控制界限的控制图上，一般在 $\bar{x}$ 图和 R 图上分别用"·"和"×"表示，并连接各点。

(8) 当确认生产过程处于稳定状态时，就可以将此图应用于工序质量控制，不断将后续生产过程的 $\bar{x}$ 和 R 值标在图中，并根据点子是否超出控制线以及走向趋势判断生产过程是否正常。

3. 平均值—极差($\bar{x} - R$)控制图的观察与分析

控制图上的点子是否超出控制线及其排列状况，反映出生产过程的稳定程度。据此，便可决定是否采取措施。

控制图上的点子出现下列情形之一时，即判断生产过程异常：

(1) 点子超出或落在控制线上。

(2) 控制界限内点子的排列有下列缺陷：连续七个点子落在中心线一侧；连续七个点子呈上升趋势或下降趋势；连续三个点子中有两个接近控制线；点子出现较有规律的周期性变化。

点子没有超出控制线（在控制线上的点子按超出处理），控制线内的点子排列也没有出现异常现象（即非随机的迹象或异常趋势），反映工序处于控制状态，生产过程稳定。如果再继续观察时，控制图显示出异常现象，则应对生产过程进行调整。

四、调查表法

1. 调查表的概念

调查表(Data – collection Form)又称检查表、核对表、统计分析表,它是用来系统地搜集资料和积累数据,确认事实并对数据进行粗略整理和分析的统计图表。

常用的调查表有不合格品项目调查表、缺陷位置调查表、质量分布(频数)调查表等。

2. 应用调查表的步骤

(1)明确搜集资料的目的。

(2)确定为达到目的所需搜集的资料(主要强调问题)。

(3)确定对资料的分析方法(如运用哪种统计方法)和负责人。

(4)根据不同目的,设计用于记录资料的调查表格式,其内容应包括调查者、调查的时间、地点和方式等。

(5)对搜集和记录的部分资料进行预先检查,目的是审查表格设计的合理性。

(6)如有必要,应评审和修改调查表格式。调查表的样式多种多样,可根据需要调查的项目灵活设计。

3. 应用举例

以某公司电控线路接插件焊接缺陷调查分析为例,将缺陷归纳为插头槽径大、插头假焊、插头焊化、插头内有焊锡、绝缘不良、芯线未露和其他共七种,并对各种缺陷出现的频次进行统计,得到表 7-6 所示的缺陷调查表。从调查统计结果看,插头槽径大缺陷在数量上占所有缺陷的 69.14%,为最主要缺陷。

电控线路接插件焊接缺陷调查表($N = 4870$)　　　　表 7-6

序号	项目	频数(次)	累计(次)	累计(%)
A	插头槽径大	3367	3367	69.14
B	插头假焊	521	3888	79.84
C	插头焊化	382	4270	87.69
D	插头内有焊锡	201	4471	91.82
E	绝缘不良	156	4627	95.02
F	芯线未露	120	4747	97.48
G	其他	123	4870	100.00

调查者:　　　　　　　　　　　　　　　　　　　　　　　　　年　月　日
地点:

五、分层法

分层法又称分类法、分组法,是将混杂在一起的不同类型数据按照一定的标志或目的进行归类、整理和汇总,以便找出数据的统计规律的方法。分层法是质量管理中常用来分析影响质量因素的重要方法,在实际生产中,影响质量变动的因素很多,这些因素往往交织在一起,如果不把它们区分开来,就很难得出正确的结论。有些分布,从整体看好像不存在相关关系,但如果把其中的各个因素区别开来,则可看出其中的某些因素存在着相关关系;有些分布,从整体看似乎存在相关关系,但如果把其中的各个因素区分开来,则可看出不存在相关关系。用分层法,可使数据更真实地反映实际的情况,有利于找出主要问题,分清责任,及时加以解决。在实际应用分层法时,研究质量的影响因素可按操作者、设备、原材料、工艺方法、时间、环境等方法进行分类。

例如分析某发动机厂的汽缸体与汽缸盖之间经常漏油的缺陷,经对50套产品进行调查后发现两条线索:①装配工作由三位工人分别独立操作,三个操作者在装配时,操作方法不同;②所使用的汽缸垫是由两个制造厂提供的。分别按照对操作者分层和按汽缸垫厂家分层进行漏油原因分析,结果见表7-7、表7-8。

按操作者分层　　　　　　　　　　　　　　　　　　　表7-7

操作者	漏油(件)	不漏油(件)	漏油率(%)
王师傅	6	13	32
李师傅	3	9	25
张师傅	10	9	53
共计	19	31	38

按汽缸垫生产厂家分层　　　　　　　　　　　　　　　表7-8

供应厂	漏油(件)	不漏油(件)	漏油率(%)
A厂	9	14	39
B厂	10	17	37
共计	19	31	38

由以上两个分层表得出结论:为降低漏油率,应采用李师傅的操作方法并选用B厂的汽缸垫。

当该厂采用这个方案后,漏油率仍然很高(见表7-9,漏油率为3/7=43%),后采用按两种因素交叉分层法进行分析,结果见表7-9。

按两种因素交叉分层　　　　　　　　　　　　　　　　表7-9

操作者	漏油情况	汽缸垫(件)		合计(件)
		A厂	B厂	
王师傅	漏油	6	0	6
	不漏油	2	11	13
李师傅	漏油	0	3	3
	不漏油	5	4	9
张师傅	漏油	3	7	10
	不漏油	7	2	9
合计	漏油	9	10	19
	不漏油	14	17	31
共计		23	27	50

从表7-9看出,正确的方法应该是:①当使用A厂生产的汽缸垫时,应采用李师傅的操作方法;②当使用B厂生产的汽缸垫时,应采用王师傅的操作方法。这时,漏油率都是0%。

可见,运用分层法时,不宜简单地按单一因素分层,必须考虑各个因素的综合影响效果。

六、排列图法

排列图(Pateto Diagram)(图7-7)是为寻找主要问题或影响质量的主要因素所使用的分析图,又称为帕累托图或主次因素分析图,是根据"关键的少数和次要的多数"的原理制作的。也就是将影响产品质量的众多因素按其对质量影响程度的大小从左向右,用直方图形顺序排列,从而找出主要因素。

排列图由两个纵坐标、一个横坐标、几个按高低顺序依次排列的长方形和一条累计百分比折线所组成,横坐标表示影响质量的各种因素或存在的缺陷,左边的纵坐标表示因缺陷而导致的不合格品出现的频数,右边的纵坐标表示因缺陷而导致的不合格品的累计百分数,折线称为帕累托曲线。通常按累计百分数将影响因素分

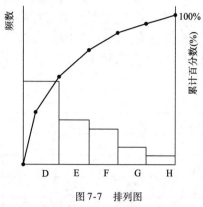

图7-7 排列图

为三个层次:0~80%为A类因素,也就是主要因素;80%~90%为B类因素,是次要因素;90%~100%为C类因素,是一般原因。由于A类因素占存在问题的80%,是影响质量的主要因素,此类因素解决了,质量问题就大部分得到了解决,所以应采取措施重点解决这些原因引起的质量问题。

七、因果分析图法

在进行质量分析时,如果通过直观方法能够找出属于同一层次的有关因素的主次关系(平行关系),就可以用排列图法。但往往各因素之间还存在着纵向因果关系,这就要求有一种方法能同时理出两种及以上关系,因果分析图就是根据这种需要而构思的。

因果分析图(Cause–and–effect Diagram),又称石川图、特性要因图、鱼刺图等,它是表示质量特性波动与其潜在(隐含)原因的关系,即表达和分析因果关系的一种图表。

如图7-8所示,应用因果图的步骤如下:

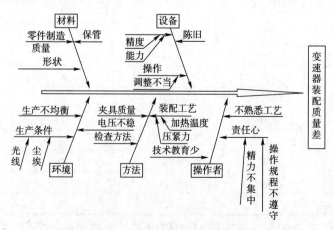

图7-8 变速器装配质量差因果分析图

(1)简明扼要地规定结果,即规定需要解决的质量问题。

(2)规定可能与结果相关的主要原因类别,一般将人、机、料、法、测、环六因素作为主要原因类别。

人员包括操作人员和管理人员,主要考虑作业人员的熟练度、是否为新进员工、是否为换岗员工、有无经过该岗位的培训等。

机器设备包括设备、工具和工位器具等,主要考虑设备是否运转正常、工作参数是否按照规定设置。常见的确认方法是检查该设备的设备点检表、加工条件点检表。

材料通常可分为原材料及来料(零件)两部分。材料的特性调查,以皮革件为例,其特性包括延伸率、耐磨耗性、耐寒性、气味性、燃烧性、耐光性等。零件的调查,以注塑件为例,一般包含外观(有无变形、色差、毛边、缺料、顶白等)、尺寸(外形轮廓精度、孔位精度等)等几项。

方法一般调查装配工艺有无变更、工装夹具是否可靠、过程检验有无执行等。

测量方面主要考虑测量时采取的方法是否标准、正确。

环境方面一般调查环境参数(气压、温度、湿度等)以及工位周边零件的摆放、工序运转的流畅性等。

(3)在图中,把结果画在右边(一般画在一个矩形框中),先把各类主要原因放在它的左边,作为"结果"框的输入。

(4)寻找所有下一个层次的主因并画在相应的主(因)枝上,继续一层层地展开下去。一张完整的因果图的展开层次至少应有两层,许多情况下还可以有三层、四层或更多。

(5)从最高层次(即最末一层)的原因(末端因素)中选取和识别少量(一般为3~5个)看起来对结果有最大影响的原因(一般称重要因素,简称要因),并对它们做进一步的研究,如搜集资料、论证、采取措施、控制等。

在分析缺陷时必须要遵循"三现原则",即"现时"、"现地"、"现物"。只有在遵循这三个原则的前提下,才能分析出真正的原因,并制定出最符合生产现场的对策方案。

八、散布图法

散布图又称相关图,是用来分析某影响因素与质量特征之间相互关系及相关程度的方法。在实际生产中常可发现这种关系,如热处理时淬火或冷却速度与工件硬度的关系,机床加工时进给量与加工精度的关系等,这种关系难以用精确的公式或函授关系表示。对于这类两个变量之间存在着不严格的数量依存关系的时候,可以通过搜集一系列成对的实际质量数据,并用坐标描点的方法加以直观表示。图7-9是表示淬火温度与硬度关系的相关图。

相关图的种类很多,根据图中点子的散布趋势,一般归纳为以下几种:

(1)强正相关(X变大,Y显著变大),如图7-9a)所示;

(2)弱正相关(X变大,Y也变大但不显著),如图7-9b)所示;

(3)不相关(X与Y之间没有关系),如图7-9c)所示;

(4)弱负相关(X变大,Y变小但不显著),如图7-9d)所示;

(5)强负相关(X变大,Y显著变小),如图7-9e)所示;

(6)非线性相关(X变化,Y也变化,但不是线性关系),如图7-9f)所示。

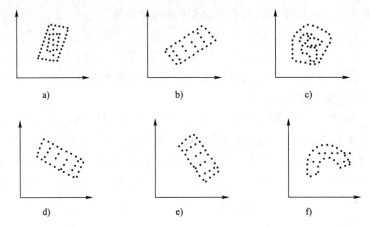

图 7-9 淬火温度与硬度关系的相关图

训练与思考题

1. 何为产品质量评审？与产品质量检验有何异同？
2. 汽车产品质量评审一般包括哪几个方面？评审的原则如何？
3. 简述汽车产品质量静态评审方法。
4. 简述汽车产品质量动态评审方法。
5. 按照整车质量评审标准，完成一辆汽车的静态评审过程。
6. 汽车装配质量受哪些因素的影响？控制和分析装配质量有哪些常用的技术手段？
7. 生产系统的工序能力指数与产品质量之间存在怎样的关系？
8. 直方图的正常形态如何？有哪几种非正常形态？
9. 哪种形态的控制图说明生产过程异常？
10. 如何正确地应用分层法进行产品质量分析？
11. 试比较调查表法和排列图法两种方法之间的相关性和异同点。
12. 使用因果图进行质量问题分析时，一般应考虑哪些因素？
13. 结合生产实际，使用工序能力指数法或直方图法或控制图法对产品装配质量进行控制。
14. 结合生产实际，选择使用调查表法、分层法、排列图法、因果分析图法、散布图法几种方法中的一种或多种对汽车装配过程中出现的质量问题进行分析，并制定改进措施。

项目八　总装生产现场管理

现场管理是对生产第一线的装配生产过程各要素包括人、机、料、法、测、环等进行优化组合的综合性基础管理。现场管理主要包括两个方面：一是对生产诸要素进行合理配置，消除设备和人身的不安全因素，尽量避免装配生产过程中的冗余要素和无效劳动，减少浪费，降低成本；二是对装配生产活动进行有效的组织、协调和控制，保证作业计划能够有效执行，装配质量得到保证。

要实现科学的现场管理，企业必须首先实施标准化。所谓标准化，就是将企业的各种规范，如规程、规定、规则、标准、要领等形成文字化的文件，这些文件统称为标准（或称标准书），企业的生产活动都严格按照标准来进行。

创新改善与标准化是企业提升管理水平的主要手段。创新改善是使企业管理水平不断提升的驱动力，而标准化则是防止企业管理水平下滑的制动力。没有标准化，企业不可能维持在较高的管理水平。

制造的目的就是以规定的成本和工时，生产出品质均衡、符合设计文件和国家强制性法规要求的汽车产品。如果制造现场的作业环境脏、乱、差，作业工序前后次序随意变更，或者作业方法、作业条件随意改变，一定无法生产出符合质量标准的产品。因此，必须对作业环境、作业流程、作业方法、作业条件加以规定并贯彻执行，使之标准化。

通过现场标准化，可以使生产现场环境整洁有序、科学合理。而技术标准化则可以将企业员工所积累的技术、经验，通过文件的形式加以保存，避免因为人员的流动而使技术、经验跟着流失。每一项工作即使换了不同的人来操作，在效率与品质上也不会出现太大的差异。

所有标准都应该有明确的目标，只要遵循标准就能保证生产出相同品质的汽车产品。在内容表述上应准确，尽量量化并具有唯一性，避免抽象和含糊不清，要详细说明作业程序和方法，同时要保证可操作性强。

标准具有一定的时效性，它是依据当时的生产环境、技术条件和工艺水平制定的，反映的是制定当时的正确操作情况。当各项因素发生改变后，应该对标准进行修订。一般情况下，当标准中的某项内容较难或者难以执行、汽车产品的质量要求或者相关国家标准发生改变、零部件或材料改变、设备或仪器工具发生改变、生产工艺或工作程序改变、现场环境或国家政策等外部因素改变时，都应该重新修订标准。

通过标准化实现现场科学管理的基本方法有"6S"管理、定置管理、目视管理、看板管理等。

学习任务一　6 S 管 理

6S管理起源于日本，是指对生产现场各生产要素（主要是物的要素）所处状态不断进行整理、整顿、清扫、清洁、提高素养及安全的活动，其目的是提升员工素质，创造并保持安全、整洁、有序的工作环境,以提高工作效率,保证产品质量。6S 的典型例子见表 8-1。由于"整理"、"整顿"、"清扫"、"清洁"和"素养"这五个日语拼音和英语"安全"的第一个字母都是"S",所以简称 6S。

6S 典型例子　　　　　　　　　　表 8-1

中 文	日 语 拼 音	典 型 例 子
整理	SEIRI	定期处置不用的物品
整顿	SEITON	金牌标准:30s 内就可找到所需物品
清扫	SEISO	自己的区域自己负责清扫
安全	SAFETY(英)	严格按照规章、流程作业
清洁	SEIKETSU	维持前面 4S 成果,保持环境清洁
素养	SHITSUKE	严守规定、团队精神、文明礼仪

6S 有很多种说法,最基本的内容是 5S。西方国家一般将 5S 定义为分类、定位、刷洗、制度化和标准化(表 8-2),这五个英语单词的首个字母也都是 S。5S 加上安全(Safety)就变成 6S,加上节约(Saving)就变成 7S,加上服务(Service)就变成 8S,再加上顾客满意(Satisfaction)就变成了 9S。不管是在哪个国家,5S 或 6S 的说法虽然存在差异,但是内涵都是一致的。

西方国家的 5S 定义　　　　　　　　　表 8-2

中 文	英 文	内 容
分类	Sort	区分要与不要之物,并将不需要之物清除掉
定位	Straighten	将需要的物品合理放置,以利使用
刷洗	Scrub	清除垃圾、污物
制度化	Systematize	使日常活动及检查工作成为制度
标准化	Standardize	将上述 4 个步骤标准化,使活动维持和推行

6S 管理是企业各项管理的基础活动,它有助于消除企业在生产过程中可能出现的各类不良现象。通过推行 6S 管理,可以规范企业的内部管理,提高生产效率,降低生产成本,提升企业形象,塑造员工素养,创建优秀的企业文化,增强企业的凝聚力和竞争力。

一、整理

整理是指区分需要与不需要的事、物,再对不需要的事、物加以处理。整理是改善生产现场的第一步,如图 8-1 所示,其流程大致可分为分类、归类、制定基准、判断要与不要、处理以及现场的改善六个步骤。

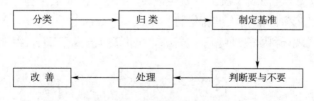

图 8-1　整理的流程

整理的实施要点是对生产现场摆放和停置的各种物品进行分类,然后按照判断基准区分出物品的使用等级。对于现场不需要的物品,诸如用剩的材料、多余的半成品、切下的料头、切屑、垃圾、废品、用完的工具、报废的设备、个人生活用品等,应清理出现场。

整理的关键是制定合理的判断基准,如果判断基准没有可操作性,将无法实施整理。判断基准主要有三个,即"要与不要"的基准、"场所"的基准、废弃处理的原则。

"要与不要"的判断基准应当非常明确,例如工作服不能放置在办公桌上。表8-3中列出了实施6S管理后办公桌上允许及不允许摆放的物品,再通过目视管理进行有效的标识,并要求员工执行。

办公桌上允许及不允许放置的物品　　　　　　　　表8-3

要(允许放置)	不要(不允许放置)
(1)电话号码本1个	(1)照片(如玻璃板下)
(2)台历1个	(2)图片(如玻璃板下)
(3)三层文件架1个	(3)文件夹(工作时间除外)
(4)电话机	(4)工作服
(5)笔筒1个	(5)工作帽

场所的基准,是指现场物品放置处所的评判标准。明确场所的标准,不应当按照个人的经验来判断,而应该根据其实际的使用情况即物品的使用次数和频率确定,见表8-4。

明确场所的基准　　　　　　　　表8-4

使 用 次 数	放 置 场 所
一年不用一次的物品	废弃或特别处理
平均2个月到1年使用1次的物品	集中场所(如工具室、仓库)
平均1~2个月使用1次的物品	置于工作场所
1周使用1次的物品	置于使用地点附近
1周内多次使用的物品	置于工作区随手可得的地方

因为市场变化和其他因素的影响等,总是会持续产生一些不再需要的物件即废弃物。对于废弃物的处置,应由各部门提出申请,由公司明确指定的各判定部门审核通过后,交由一个统一的部门来处置这些不要物。例如,质检科负责不用物料的档案管理和判定;设备科负责不用设备、工具、仪表、计量器具的档案管理和判定;工厂办公室负责不用物品的审核、判定、申报;采运部、销售部负责不要物的处置;财务部负责不要物处置资金的管理。

在整理过程中,应强调物品的使用价值,而不是原来的购买价值。物品的原购买价格再高,如果在今后相当长的时间内都没有使用该物品的可能,这件物品对公司来说使用价值就不高,应该及时处理。

二、整顿

整顿是把需要的事、物加以定量和定位。通过上一步整理后,对生产现场需要留下的物品进行科学、合理的布置和摆放,使工作场所整洁有序、一目了然,以便快速地取得所要之物,在最简捷、有效的规章、制度、流程下完成工作,提高工作效率和产品质量,保障生产安全。

1. 整顿的三要素

整顿的三要素即场所、方法和标识。判断三要素是否合理的依据在于,需要时,能否快速找到物品,并且在使用后是否易于放回原地,如图8-2所示。良好的整顿结果是,当寻找某一件物品时,能够通过定位、标识迅速找到,并且很方便将物品归位。

物品的放置场所原则上要100%设定,且一目了然。对每种零部件和物料都应该规定明确的放置区域,各区域之间分隔醒目,避免零件之间的混乱堆放。如可以使用不同颜色的油漆和胶带区分不同的场所(图8-3),用黄色代表通道,白色代表半成品,绿色代表合格品,红色代表不合格品等。

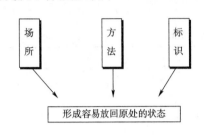

图8-2 整顿良好的表现

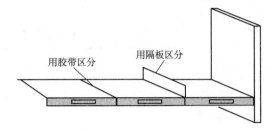

图8-3 物料架的划分

方法要素是指,原则上要明确所有物品的放置方法,如竖放、横放、斜置、吊放、钩放等,最佳方法必须符合容易拿取的原则。例如,图8-4给出了两种将锤子挂在墙上的方法,第一种方法拿取和归位都非常方便(图8-4a),第二种方法则要将锤柄上的小孔对准钉子后才能挂上(图8-4b),拿取的时候不方便。

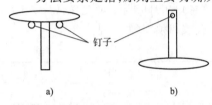

图8-4 锤子挂法比较

标识的目的是使作业人员能够很容易找到希望到达的区域或者所需物件。制作和安置标识时要考虑标识位置及方向的合理性,公司应统一(定点、定量)标识,并使用清晰的表示方法,如充分利用颜色来表示等,使任何人都能十分清楚任何一堆物品的名称、规格参数等。

2. 整顿的三定原则

整顿的三定原则是指定点、定容和定量。

定点也称为定位,是根据物品的使用频率和使用便利性,决定物品所应放置的场所。一般说来,使用频率越低的物品,应该放置在距离工作场地越远的地方。通过对物品的定点,能够维持现场的整洁,提高工作效率。图8-5所示为乙炔气瓶储存地,分别为空瓶和满瓶划定有固定的放置点。

定容是指明确使用容器的大小、材质、颜色等。通过选用合适的容器,并在容器可视部位加上相应的标识(图8-6),不但能使杂乱的现场变得有条不紊,还有助于管理人员树立科学的管理意识。

图8-5 定点原则示例

图8-6 定容原则示例

定量就是确定保留在工作场所或其附近的物品的数量。现场放置物品的数量应该以不影响工作为前提,数量越少越好。通过定量控制,能够使现场整齐、生产有序,明显降低浪费。

3. 形迹管理

为了对工具等物品进行管理,很多企业采用工具清单管理表来记录序号、名称、规格、数量、时间等信息。但是,使用工具清单管理表较为烦琐,而且无法做到一目了然,而采用形迹管理则直观明确。

形迹管理是标识要素和定点原则的具体应用,它是在物品放置处一一对应地绘制或制作物品的形状图案。如图 8-7 所示,画出每件工具的轮廓图形以显示工具搁放的位置,这样有助于保持存放有序。如果工具丢失或放错位置,能够立即发现。

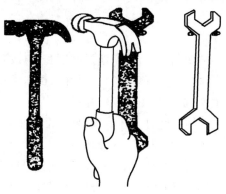

图 8-7　形迹管理的应用

三、清扫

清扫包括清除环境不良之处(即脏污)和设备不良之处(即故障)两方面的内容,即发现并扫除生产现场的设备、材料、环境等生产要素的脏污部位(包括不易看到的角落、隐蔽点),定时对设备进行清洗、润滑、拧紧螺栓等维护,当设备出现异常时及时进行修理以排除故障,使之恢复正常运转状态。清扫过程是根据整理、整顿的结果,将不需要的部分清除出去,或者标示出来放在仓库之中。

在生产过程中,现场会产生灰尘、油污、铁屑、垃圾、刺激性气体等,从而使现场变得脏乱。设备上的污染物会使其精度下降,故障多发,影响产品质量;脏、乱、差的现场会影响员工的工作情绪。通过清扫活动清除杂物,创建一个明快、舒畅的工作环境,可以保证安全、优质、高效率地工作。

清扫的要领包括责任化、标准化和污染源改善处理。

所谓责任化,就是要明确责任和要求。在 6S 管理中,经常采用表 8-5 所示的 6S 区域清扫责任表来确保责任化。在责任表中,对清扫区域、清扫部位、清扫周期、责任人、完成目标情况都应有明确的要求,提醒现场操作人员和责任人员需要做哪些事情,有些什么要求,明确用什么方法和工具去清扫。

6S 区域清扫责任表　　　　表 8-5

项目	1 日	2 日	3 日	4 日	5 日	6 日
目标要求						
实际评估						
情况确认						

对于同样的一个问题,不同的人可能会有不同的解决方案,从而获得不同的效果,甚至是相反的结果。生产现场环境复杂多变,如果不实现标准化,前期的错误在后期可能还会再犯。清扫标准化,就是将经过验证的不容易造成安全隐患的、效率高的方法制定成标准,所有的员工都按照标准的程序清扫,以获得良好的清扫效果。

每一种污染都是因为污染源而导致,如果不对污染发生源改善处理,清扫后环境还会再次受到污染,每天的重复无效劳动会使员工对 6S 管理产生抵触情绪。应该引导员工采取措施对污染源进行处理和排除,杜绝再次发生同样的污染。

四、安全

所谓安全,就是通过制度和具体措施来提升企业的安全管理水平,防止发生人身和设备灾害。安全管理的目的是加强员工的安全观念,使其具有良好的安全工作意识,降低事故发生率,提升员工的工作品质。

可以通过下述六项措施,推行企业的安全管理。

1. 彻底推行 3S 管理

现场管理中有一句名言:安全自始至终取决于整理、整顿和清扫(3S)。如果工作现场灰尘四起、油污遍地,垃圾随处堆放,环境零乱不堪,不仅会影响现场员工的工作情绪,还有可能造成重大安全事故。创造安全生产现场,首先必须做好整理、整顿、清扫。

2. 安全隐患识别

安全隐患识别是一种防患于未然的工作方式,首先列出作业项目的工作程序和步骤,然后分析每一步工作是否可能造成安全隐患。例如,在检修安全管理工作中,应该详细分析高空作业是使用安全绳还是吊篮或者其他一些辅助措施,分别列出使用各种工具或措施可能产生的情况和问题,针对可能产生的问题采取一系列预防措施来防止问题的发生。

3. 使用标识

在安全管理中,常用各种标志来说明或表示某种行为、某设备或环境的危险等级或状态,或者说明应该采取的措施。GB 2894—2008《安全标志》规定了传递安全信息的各种标志,标准将标志分为禁止、警告、指令、提示四类,此外还有辅助标志。禁止标志的含义是不准或制止人们的某些行动,几何图形是红色带斜杠的圆环外加黑边框、黑色图形符号、白色背景(图 8-8)。警告标志的含义是提醒人们对周围环境引起注意,以避免可能发生危险的图形标志,几何图形是黑色的圆角正三角形、黑色符号和黄色背景(图 8-9)。指令标志的含义是强制人们必须做出某种动作或采取防范措施的图形标志,几何图案是圆形、蓝色背景、白色图形符号(图 8-10)。提示标志的含义是向人们提供某种信息(如标明安全设施或场所等)的图形标志,几何图形是正方形、绿色图形符号、白色背景(图 8-11)。

图 8-8 禁止烟火标志

图 8-9 注意安全标志

图 8-10 指令标志

图 8-11 向左提示标志

4. 制订改善计划并消除隐患

通过安全隐患识别和使用标识并不能杜绝所有的安全事故,企业必须定期制订消除隐患的改善计划并拨付相应的经费,专门用以解决安全隐患问题,如加强防护措施,防止物品搬运中撞坏现场的设备、仪表等。

5. 建立安全巡视制度

企业应建立安全巡视制度,由经过专门培训的安全巡视员对生产现场进行巡视,以实现"无不安全的设备、无不安全的操作、无不安全的场所"为目标,通过出示各种警示牌来表示现场的安全隐患程度,以提示现场管理人员进行处理。警示牌可以使用红牌、黄牌等,如对公司财产可能造成人民币 20000 元以上损失或对人身安全构成重大隐患的,使用红卡;对公司财产可能造成人民币 5000~20000 元损失,或可能对人身造成一般伤害的,使用黄卡;对公司财产可能造成人民币 5000 元以下损失的,则使用绿卡。

6. 强化班组安全管理

班组是基层的现场生产单位,最有可能发生事故。企业应加强班组员工的安全教育,公布一些紧急事故的处理方法。例如,经常强化演练火灾发生时的处置方案和逃生路线,指定救护负责人和救火负责人,以及确定集合疏散地点等。今后一旦发生火灾,可以确保快速疏散员工,将灾害损失减少到最小。

五、清洁

清洁是在整理、整顿、清扫、安全等管理工作之后,认真维护已取得的成果,保持现场完美和最佳状态,并使其成为制度和常态化。同时,对已经取得的良好成绩,不断地进行持续改善,使之达到更高的境界。

在企业生产过程中,总是会不断地出现新的不需要的物品或产生新的污染,这就需要不断地对现场进行整理、整顿和清扫等工作,通过制度化和标准化的持续工作来保持前面的 4S 成果。此外,还需要采取有效的激励方法,加强对员工的培训,并通过形式多样的考核检查,督促所有员工朝着共同的目标去奋斗。

六、素养

素养是指通过推行6S管理,提高员工素质,促使每位成员养成良好的遵守公司规则的习惯,并具有积极主动的精神。

素养推行的第一步是持续推动前面的5S,直至所有的员工习惯化。第二步,在此基础上,制订各种相关的规章制度,如作业要点、操作规程、安全卫生守则、服装仪容、礼仪守则等,作为大家共同遵守的行为准则。第三步,就是对全体员工教育培训,使每位员工都领会素养的要求,熟知各种规章制度。第四步,通过领导巡视、干部率先倡导实施、6S成果展览、表彰先进等活动,激发员工的热情与责任感,达到自觉遵守规则并将6S管理长期不懈地坚持下去的目的。

学习任务二 定置管理

定置管理起源于日本,由青木能率(工业工程)研究所的艾明生产创导者青木龟男始创。他从20世纪50年代开始,根据日本企业生产现场管理实践经验,提出定置管理的概念。后来,又由日本企业管理专家清水千里在应用的基础上,发展了定置管理,将其总结和提炼成为一种科学的管理方法,并于1982年出版了《定置管理入门》一书。以后,这一科学方法在日本许多公司得到推广应用,都取得了明显的效果。

定置管理是对生产现场中的人、物、场所三者之间的关系进行科学的分析研究,使之达到最佳结合状态的一门科学管理方法,它以物在场所的科学定置为前提,以完整的信息系统为媒介,以实现人和物的有效结合为目的,通过对生产现场的整理、整顿,把生产中不需要的物品清除掉,把需要的物品放在规定位置上,使其随手可得,促进生产现场管理文明化、科学化,达到高效生产、优质生产、安全生产的目的。定置管理是"6S"活动的一项基本内容,也是"6S"活动的深入和发展。

开展定置管理通常需要经过工艺研究、人物结合状态分析、信息流分析、定置设计、定置实施、检查与考核六个阶段。

一、工艺研究

工艺研究是定置管理的起点,它是对生产现场现有的加工方法、机器设备、工艺流程进行详细研究,确定工艺在技术水平上的先进性和经济上的合理性,分析是否需要和可能应用更先进的工艺手段及生产方法,从而确定生产现场产品制造的工艺路线和搬运路线。

工艺研究是一个提出问题、分析问题和解决问题的过程,包括现场调研、分析现状和确定改进方案三个步骤。

1. 现场调研

通过查阅资料、现场观察,对现行方法进行详细记录,为工艺研究提供基础资料。由于现代汽车生产工序繁多,操作复杂,如用文字记录现行方法和工艺流程,势必显得冗长烦琐。在调查过程中可运用工业工程中的一些标准符号和图表来记录,则可一目了然。

2. 分析现状,查找问题

运用各种研究方法,对现有的工艺流程及搬运路线等进行分析,找出存在的问题及其影响因素,提出改进方向。

3. 确定改进方案

定置管理人员根据改进方向拟定新方案,并与旧的工作方法、工艺流程和搬运线路进行技术经济对比分析,在确认新方案的先进性后,作为新的标准工艺方法加以实施。

二、分析人、物结合状态

人、物结合状态分析,是开展定置管理的关键环节。人与物的结合是定置管理的本质和主体,结合状态在很大程度上影响工作效果,定置管理的目的就是实现生产现场人、物、场所三者最佳结合。

按照人与物之间是否通过媒介结合,可将结合状态分为直接结合和间接结合两种形式。直接结合是指人与物之间不通过媒介物而直接发生关联的一种结合状态,操作者需要某物件时能直接拿取,不存在因寻找物件而发生时间的耗费。如装配的零部件和所用的工量检具等位于操作者周围,随手可得。间接结合是指人与物呈分离状态,为使其结合则需要信息媒介的指引。信息媒介的准确可靠程度直接影响人和物结合的效果。

按照人与物结合的有效程度,可将结合状态分为良好、不良和无关三种形式。良好状态是指人与物处于能够立即结合并发挥效能的状态。例如需要装配的零部件就在操作者周围,摆放合理有序而且位置固定,操作者需要时能立即拿到或做到得心应手。不良状态是指人与物处于寻找状态或尚不能很好发挥效能的状态。例如操作者需要使用某种工具时,由于工具摆放杂乱且没有明确标识,或因工具没有放置在工作场所周围而使操作者忘记该工具放在何处,需要花费一定的时间来寻找。又如零部件放置不合理,散放在地上,每次装配时都需要弯腰取用,既浪费工时,又增加了操作者的劳动强度。无关状态是指人与物没有联系的状态,这种物品与生产无关,不需要人同该物结合。例如,生产现场中存放的已报废的设备、工具、模具,生产中产生的垃圾、废品、切屑等。这些物品放在现场,必将占用作业面积,而且影响操作者的工作效率和安全。定置管理就是要通过相应的设计、改进和控制,消除无关状态,改进不良状态,使之都成为良好状态,并长期保持下去。

三、分析信息流

生产中使用的物品种类多、规格杂,它们不可能都放置在距操作者很近的位置,如何找到各种物品,需要有一定的信息来指引;许多物品在流动中是不回归的,它们的流向和数量也要有信息来指导和控制;为了便于寻找和避免混放物品,也需要使用标识信息。信息是通过一定的媒介来传递的,信息媒介在人、物与场所的结合过程中起着指导、控制和确认等作用。完善而准确的信息媒介,可以使人、物和场所处于有效结合状态。

人、物和场所的结合,需要有四个信息媒介物。一是位置台账,它表明"该物在何处",通过查看位置台账,可以了解所需物品的存放场所。二是平面布置图,它表明"该处在哪里",在平面布置图上可以看到物品存放场所的具体位置。三是场所标志,它表明"这儿就是该处",是存放该物品的场所,场所标志通常用名称、图示、编号等表示。四是现货标示,它表明"此物即该物",它是物品的自我标示,一般用各种标牌表示,标牌上有货物本身的名称及有关事项。在寻找物品的过程中,人们通过第一个、第二个媒介物被引导到目的场所,通过第三个、第四个媒介物来确认需要结合的物品。因此,称第一个、第二个媒介物为引导媒介物,第三个、第四个媒介物为确认媒介物,四个信息媒介物缺一不可。

建立人、物和场所之间的连接信息,是定置管理技术的特色。能否按照定置管理的要求,建立、健全完善的连接信息系统,并形成通畅的信息流,有效地引导和控制物流,是定置管理推行成败的关键。

四、定置设计

定置设计,就是统筹规划各场地(厂区、车间、仓库),确定各物品(设备、机台、货架、箱柜、工位器具等)的放置位置和标识的过程。定置设计主要包括定置图设计和信息媒介物设计两项内容。

1. 定置图设计

定置图是对生产现场物品进行定置,并通过调整物品位置来改善场所中人与物、人与场所、物与场所相互关系的综合布置图,其种类有室外区域定置图、车间定置图、作业区定置图、生产管理用房定置图(图8-12)和特殊要求定置图(如工作台面、工具箱内,以及对安全、质量有特殊要求的物品定置图)。

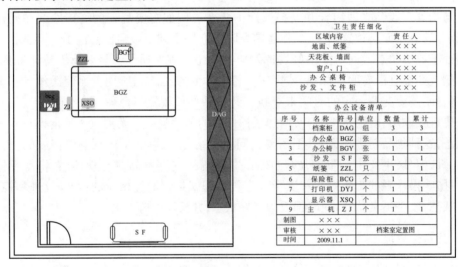

图8-12 档案室定置图

绘制定置图的原则是,现场中的所有物品均应绘制在图上;定置图应简明、扼要、完整,物形为大概轮廓,尺寸按比例缩放,相对位置准确,区域划分清晰;生产现场暂时没有,但已定置并决定制作的物品,应在图上表示出来,准备清理的无用之物则不得在图上出现;定置物可用标准信息符号或自定信息符号进行标注,并均在图上加以说明;定置图应按定置管理标准的要求绘制,但应随着定置关系的变化而进行修改。

2. 信息媒介物设计

信息媒介物设计,包括信息符号设计和示板图、标牌设计。

在推行定置管理时,进行工艺研究、划分区域场所、分析物品放置位置时都需要运用各种信息符号形象、直观地表达现场状态。企业应根据实际情况设计和应用有关信息符号,并纳入定置管理标准。在设计信息符号时,如有国家标准的(如安全、环保、搬运、消防、交通等)应直接采用标准,没有规定的则由企业根据行业特点、产品特点、生产特点进行设计,信息符号应简明、形象、美观。

定置示板图是现场定置情况的综合信息标志;标牌是指示定置物和所处状态、区域和定置类型的标志,包括建筑物标牌、货架和货柜标牌、原材料和在制品标牌、成品标牌等。生产现场、库房、办公室及其他场所都应悬挂示板图和标牌,各类定置物、区(点)应使用不同的颜色标示。

五、定置实施

定置实施是将设计付诸实践的阶段,也是定置管理工作的重点。首先应对生产现场物品进行整理,清除所有与生产无关的物品。第二步是实施定置,各车间、部门按照定置图的要求,将生产现场的设备、器具、材料等物品进行分类、转运、调整并予定位,推车、转运车等可移动物也要定置到适当位置。定置的物要与图相符,要求位置正确、摆放整齐、储存有器具。第三步是放置标准信息铭牌,放置时要做到牌、物、图相符,设专人管理,不得随意挪动,放置位置以醒目和不妨碍生产操作为原则。

定置实施应做到有图必有物、有物必有区、有区必挂牌、有牌必分类;按图定置,按类存放,账、图、物一致。图 8-13 所示为定置管理实施前后生产现场的对比图片。

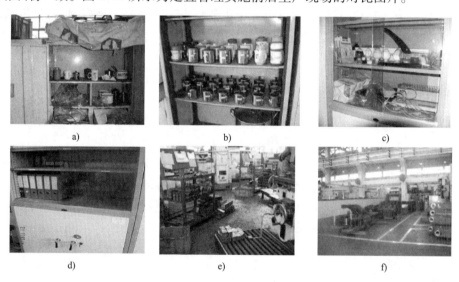

图 8-13 定置管理前后生产现场对比

六、检查与考核

定置管理的一条重要原则就是持之以恒,只有这样,才能巩固定置成果,不至于半途而废。必须建立定置管理的检查、考核制度和办法,并按标准进行奖罚,以实现定置管理的长期化、制度化和标准化。

定置管理的检查与考核一般分为两种类型,一是定置后的验收检查,检查不合格的不予通过,必须重新定置,直到合格为止;二是定期对日常的定置管理工作进行检查与考核,这类检查考核比定置后的验收检查工作更为复杂,更为重要。

定置考核的基本指标是定置率,它表明生产现场中必须定置的物品已经实现定置的程度。其计算公式为

$$定置率 = \frac{实际定置的物品个数(种数)}{定置图规定的定置物品个数(种数)} \times 100\%$$

通过定置考核,奖优罚劣,促使员工养成良好的工作习惯,使定置管理工作得到真正贯彻落实。

学习任务三　目视管理

一、目视管理的定义

目视管理是利用形象直观又色彩适宜的各种视觉感知信息来组织现场生产活动,达到提高劳动生产率目的的一种科学管理方法。

目视管理以公开化和视觉显示为特征,对现场生产活动起指导作用和约束作用的信息都在现场以目视化的手段表现出来,同时通过必要的手段使生产中的问题明显化。目视管理能够让员工用眼看出作业规范和要求以及生产过程是否正常,并迅速地作出判断和决策。

与其他管理方法相比,目视管理具有三个主要特点。其一是形象直观,容易识别,无论是谁都能明白作业要求、判明是好是坏(异常);其二是信息透明度高,员工能够迅速作出判断;其三是判断精度高,判断结果不会因人而异。

二、目视管理的信息媒介

目视管理的信息媒介主要有标志线、标志牌、显示装置、信号灯、指导书、色彩标志、管理图板等。

标志线用于指示各区域的边界线或分界线,如各种通道都要有明显的界线,对主要通道要有车行道和人行道标志线,对装配现场要画出作业区域界线和各类物品存放区界线。

标志牌有多种多样,主要用于对现场进行说明和标示。例如有指示生产线的、有表示在制品储备的、有表示安全注意事项的、还有设备工装标志牌等。

信号显示装置主要有要货信号灯、警示灯、看板、生产情况显示板等,用于直观地显示生产和设备的运行状态。

指导书是用于说明操作的基本要求和方法的工艺文件,如作业指导书、设备点检卡等,主要用于指导各类人员的作业。

色彩管理是目视管理的重要内容,企业都有自己的色彩管理标准。常用红色表示禁止、停止的意思,禁止、停止、有危险的机器设备或环境以红色标识,如消防设备等。黄色表示注意、警告的意思,需警告人们注意的设备或环境涂以黄色标识。蓝色表示指令、必须遵守的意思,如必须佩带个人防护用品、交通指示标志等指令标志一般以蓝色标识。绿色表示通行、安全和提供信息的意思,如表示通行、机器的启动按钮、安全信号旗等一般以绿色标识。

管理图板有整体活动管理板、作业安排板、进货时间管理板、考勤管理板、人员配置板、工具交换管理板等,主要用于生产的组织管理。

三、目视管理的对象与基本方法

目视管理的对象包括构成工厂的全部要素,如服务、产品、半成品、原材料、零配件、设备、工夹具、模具、计量具、搬运工具、货架、通道、场所、方法、票据、标准、公告物、人、心情等。对其进行归纳,实际上就是人、机、料、法、测、环(5M1E)六类因素。任何与5M1E有关的可能异常问题,都必须使之可视化。

在不同的工作现场中,目视管理的关注对象是有所区别的。一般说来,企业可将目视管理的重点放在生产和办公现场的物品、作业、设备、品质和安全等管理中。

1. 作业人员

作业人员的配备、工作质量和业绩、技能水平、工作方法、劳动纪律、制度执行等都可以实现"可视化"。如可将作业人员的合理化提案数量、装配差错率、质量改进活动参与率、请假缺勤次数、技能等级和岗位培训情况等予以公示。生产线上当班人员的请假情况和代班情况也应在现场公示,以利于生产管理和调度。

2. 机器设备

机器设备和工装器具等的类别、布局、性能、操作规程、运行状态、维护管理等都可以通过各种颜色或标识进行管理。

生产线上的机器设备一般都设计有自动化及防错装置,一旦有故障或错误发生时,机器应该自动停止,并通过一定的方式显示停止的原因和目前的状态。设备和生产管理人员看到一台停止运行的机器时,应能明确看出是计划性停机、因生产设置而停机、因质量问题而停机、因机器故障而停机还是因预防维护而停机。

在设备管理方面,重要设备的操作规程、维护表等应该张贴于设备现场,润滑油的液位、更换的频率和润滑剂的类别,都要标示出来。

图8-14展示的是使用颜色来表示设备类别的实例,用不同的颜色代表管道中的不同介质,并且用箭头清晰地标出介质的流向。

图8-15所示为使用颜色标示焊枪的状态,左边为绿色表示焊枪可以使用,右边为红色表示不可使用。这样,即使是临时顶班的人员也不会取错。也可以使用不同颜色的三角帽表示设备的不同状态(图8-16),这样不仅设备维修和管理人员了解设备状况,其他人员也都一目了然。

图8-14 设备目视管理

图8-17示例的是对分类垃圾箱实行目视管理,红色(右边)箱装有害垃圾,绿色(中间)箱装可降解生态垃圾,黄色(左边)箱装可回收垃圾。

3. 材料与产品

为使现场管理人员了解物料的流动是否顺畅、材料数量是否满足要求等,应将库存数量和最低限额等展示于看板上,或以颜色表示库存状态,作为前后流程之间生产指令的沟通工具。发生物料短缺等异常现象时,可以使用信号灯或蜂鸣器提醒。物料储存的位置和适用范围也要明确标示,并且要标明数量和料号,可以用不同的颜色进行区分,以防失误。

图 8-15 焊枪状态目视管理

图 8-16 设备状态目视管理

图 8-18 所示为消耗用品目视管理实例，使用不同的颜色表示消耗品的数量状态，在①范围内表示正常，在②范围内表示需要补充，在③范围内表示急需补充，否则 2min 后将停止运转。

图 8-17 垃圾分类目视管理

图 8-18 消耗用品目视管理

图 8-19 所示为对文件和办公用材料的类别和适用范围进行目视管理。企业的不同部门都有不同的空白表格，在空白表格的放置区用不同颜色加以标记，红色代表人力资源部门，粉色代表财务部门，绿色代表业务部门。同时用不同的颜色和文字表示不同种类报纸的放置区，防止乱拿乱放。

图 8-19 文件和办公材料目视管理

图 8-20 所示为目视管理在产品和在制品的品质管理中的应用，贴有白色胶带的①箱表示等待检查，贴有红色胶带的②箱表示经检验不合格，贴有绿色胶带的③箱表示合格产品，通过胶带颜色即可判断出物品状态。

4. 方法

对作业方法实行目视管理的典型应用，就是将作业要领书及作业标准书陈列在工作现场，作业人员可以随时查看和学习。标准书上要注明工作的顺序、周期时间、安全注意事项、质量查核点，以及变异发生时如何处置。

如图 8-21 所示，在阀门上标出阀门的开关方向，避免操作人员由于记忆错误而导致开错阀门或者关错阀门。

图 8-20　品质目视管理

图 8-21　作业方法目视管理

5. 测量

为快速、准确地检验零部件，应该对量规进行醒目标示。为使操作人员及时快速地判断工艺过程是否正常，可以用不同的颜色标识仪表的不同指示区间，如压力正常、过低、过高等（图 8-22）。

图 8-22　测量参数目视管理

6. 环境

目视管理在现场作业环境上的典型应用即是现场和设备的安全管理，如图 8-23 所示，在有可能造成人身伤害的设备上或者事故隐患地段的明显位置张贴安全告示，或者标示出危险区域，提醒工人在操作过程中注意和避开危险。通过目视管理，可以强化工作现场的规范操作，降低事故的发生率。

图 8-23　安全目视管理

学习任务四 看板管理

一、准时制生产与看板管理

准时制(Just in Time,JIT)生产是20世纪60～80年代日本丰田汽车公司为适应汽车行业多品种小批量混合生产所创立的一种生产模式,是继泰勒的科学管理和福特的流水生产线之后的又一革命性的企业管理模式。它是指在需要的时刻,按需要的数量生产所需要的产品(或零部件)的生产模式。其目的是加速零部件的流转,将资金的积压减少到最低限度,从而提高企业的生产效益。看板(来自日语"看板",カンバン,日语罗马拼写:Kanban,原名:传票卡)管理,是准时制生产方式控制现场生产流程的工具,是丰田生产模式中的重要概念,也是目视管理的有效手段之一。

准时制生产与大批大量生产的福特模式有很大的不同,福特模式是在每一道工序一次生产大批量零件,并将其在中间仓库或半成品库中存放一段时间,然后再运送到下一道工序。而准时制生产则是以市场需求为依据,采用"拉动(Push)"式的生产模式,准时地组织各个环节进行生产,既不超量,也不超前,以总装配拉动总成总配,以总成拉动零件加工,以零件拉动毛坯生产,以主机厂拉动配套厂生产。在生产过程中,工序间的零件是小批量流动,甚至是单件流动的,配合定量、固定装货容器等方式,使生产过程中的物料流动顺畅,在工序间基本不存在积压或者完全没有堆积的半成品。

1. 准时制生产的基本原则

(1) 物流准时原则。要求在需求物料时,能够在规定的时间内,一般指15～30min内,所有的物料按照需要的规格、规定的质量水平和所需的数量,按规定的方式送到生产现场,或在指定的地点能提取货物。

(2) 管理准时原则。要求在管理过程中,能够按照管理规定及时搜集、分析、处理和应用所需的信息和数据,并作为指令来进行生产控制。

(3) 财务准时原则。要求在需要的时候,能够及时按照需求额度调拨并运用所需的周转资金,保证企业生产的正常运行。

(4) 销售准时原则。要求在市场需求的供货时间内,及时组织货源和安排生产,按照订单或合同要求的品种和数量销售和交付产品,满足顾客的需求。

(5) 准时生产原则。要求在市场需求时,能够在需要的时间内生产必要数量和满足质量要求的产品和零部件,杜绝超量生产,消除无效劳动和浪费,达到用最少的投入实现产品生产的目的。

2. 准时制生产的基本目标

准时制生产将降低成本作为基本目标,而将获取最大利润作为企业经营的终极目标。单一品种大批量生产模式是通过产品生产的规模效应来实现降低成本的目的,但是这种措施不能应用于多品种中小批量生产模式。在多品种中小批量混合生产模式下,目前最有效降低成本的措施就是采用准时制生产方式。

在准时制生产生产方式下,通常认为浪费是由管理不良引起的,任何对产出没有直接效益的活动均被视为浪费,包括生产过剩、不必要的搬运活动、额外的设备、存货、不良品的重新加工等。为了减少甚至彻底消除无效劳动和浪费,准时制生产的最终目标是通过"零缺陷、零准备、零库存、零搬运、零故障停机、零提前期和批量为一"的生产方式,实现企业利润的最大化。

二、看板的功能

1. 传递生产及运送工作指令

传递生产及运送工作指令是看板最基本的功能。采用准时制生产方式的企业,一旦主生产计划确定以后,就会向总装车间下达生产指令,然后总装车间又向前面的各工艺车间下达生产指令,最后再向仓库管理部门、采购部门下达相应的指令。在生产线上,也需要从后一道工序逐级向上一道工序传递信息。这些生产指令和信息的传递都是通过看板来完成的,看板的信息包括零件号码、品名、数量、制造编号、容器形式、容器容量、看板编号、移往地点、搬运工具、零件外观等。

2. 防止过量生产和过量运送

根据看板使用规则,各工序如果没有看板,就既不进行生产,也不进行运送;看板数量减少,则生产量也相应减少。由于看板所标示的只是必要的量,因此运用看板能够做到自动防止过量生产、过量运送。

3. 进行目视管理的工具

看板都是附着在实物上,作业现场的管理人员通过观察看板取下的顺序就可以了解生产的先后顺序,通过看板所表示的信息,就可知道后工序的作业进展情况、本工序的生产能力利用情况、库存情况以及人员的配置情况等。

4. 现场管理改善的工具

看板的改善功能主要通过减少看板的数量来实现。看板数量的减少意味着工序间在制品库存量的减少。如果在制品存量较高,即使设备出现故障、不良产品数目增加,也不会影响到后工序的生产,所以容易掩盖问题。在准时制生产方式中,通过不断减少看板数量来减少在制品库存,就使得上述问题不可能被无视,促使各种问题得到及时解决。

三、使用看板的规则

看板是准时制生产方式中独具特色的管理工具,看板的操作必须符合规范,否则就起不到应有的效果。

(1)后工序只有在必要的时候,才向前工序领取必要数量的零部件。为满足此要求,需要保证平稳的生产、合理的车间布置和工序标准化。

(2)前工序应当及时适量地生产后道工序所需的产品。如果要同时生产几种不同的产品,其生产必须严格按照看板订货或接收的顺序。

(3)不将不良品送往后工序。后工序没有库存,废次品送到下道工序,会造成后道工序因无合格零件而停产待料,从而使整条生产线瘫痪。

(4)看板的使用数目应该尽量减少。因为看板的数量,代表零件的最大库存量,应该使库存量降至最低。

(5)看板应起到对生产幅度的微调作用。生产计划的变更只需提供给总装线,其余各工序只要根据所接收到的看板的变化,就可及时响应市场需求的微小变化。

(6)看板必须附在实物上存放,没有看板不能生产也不能运送。

四、看板的种类与使用

根据功能和作用的不同,看板总体上分为三大类,即传送看板、生产看板和临时看板。传送看板标明后一道工序向前一道工序拿取工件的种类和数量,而生产看板则标明前一道工序应生产的工件种类和数量,临时看板用于一些突发事件和临时事件。三类看板又各自包含几种看板,如图8-24所示。

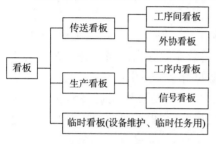

图 8-24 看板的种类

1. 工序间看板

工序间看板是指工厂内部后工序到前工序领取所需的零部件时所使用的看板。典型的工序间看板见表8-6,前工序为部件2号,本工序为总装3号,所需要的是零部件号为A31-427的支承座。根据看板就可到前一道工序领取。

典型的工序间看板 表8-6

前工序部件2号	工件号:A31—427 工件名称:支承座 箱型:B型(蓝色)	使用工序总装3号
出口位置6E21	标准箱容量:20 看板编号:3号/5	入口位置4C3

工序间看板挂在从前工序领来的零部件的周转箱上,当该零部件被使用完毕后,取下看板并放到设置在作业场地的看板回收箱内。看板回收箱中的工序间看板所表示的意思是"该零件已被使用,请补充"。现场管理人员定时来回收看板,集中起来后再分送到各个相应的前工序,以便领取需要补充的零部件。前工序则只生产被这些看板所领走的量,"后工序领取"及"适时适量生产"就是通过这些看板来实现的。

在使用看板时,每一个看板只对应一种零部件,每种零部件总是存放在规定的、相应的周转箱内。因此,每个看板对应的周转箱也是一定的。

2. 外协看板

外协看板是与外部的协作厂家之间生产联系所使用的看板(图8-25),看板信息有进货单位名称、进货时间、每次进货的数量等。外协看板与工序间看板类似,只是"前工序"不是内部工序而是供应商。为保证准时制生产的顺利进行,公司一般会要求供应商也推行准时制生产方式。

外协看板的摘下和回收与工序间看板基本相同,回收以后按各协作厂家分开,等各协作厂家来送货时由他们带回,成为该厂下次生产的指令。在这种情况下,该批产品的到货将至少延迟一回以上。因此,需要按照延迟的回数发行相应数量的看板,这样才能使准时制生产的循环正常进行。

3. 工序内看板

工序内看板是指制造装配工序所用的看板,这种看板用于装配线以及即使生产多种产品也不需要实质性的作业更换时间(作业更换时间接近于零)的工序,例如机加工工序等。典型的工序内看板见表 8-7。

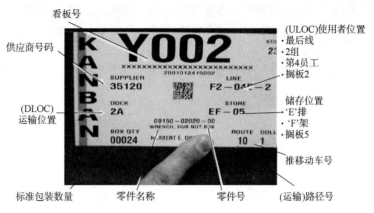

图 8-25 外协看板

典型的工序内看板　　　　　　　　　　　　　　　　　　　　　　　　　　　表 8-7

（零部件示意图）	工序	前工序——本工序	
		机加1	机加2
	工件号	B220-238	
	工件名称	中间轴	
管理号	N-2	标准箱容量	15	发行张数	3/4

工序内看板必须附着于实物,与产品一起移动。后工序来领取中间品时摘下挂在产品上的工序内看板,换上领取用的工序间看板。然后,该工序按照看板被摘下的顺序以及这些看板所标示的数量进行生产。如果摘下的看板数量变为零,则停止生产,这样既不会延误也不会产生过的存储。

4. 信号看板

信号看板是在成批生产的工序之间所使用的看板,例如树脂成形工序、模锻工序等。信号看板挂在成批制作出的产品上,当该批产品的数量减少到基准数时摘下看板,送回到生产工序,然后生产工序按该看板的指示开始生产。没有摘牌则说明数量足够,不需要再生产。另外,从零部件出库到生产工序,也可利用信号看板来进行指示配送。

5. 临时看板

临时看板是在进行设备维修、临时任务或需要加班生产的时候所使用的看板。与其他种类的看板不同的是,临时看板主要是为了完成非计划内的生产或设备维护等任务,因而灵活性比较大。

训练与思考题

1. 总装生产现场管理有哪些常用的方法?
2. 简述 6S 管理中各工作阶段的工作内容。

3. 如何开展定置管理?

4. 目视管理中使用的信息媒介主要有哪些?

5. 在汽车装配生产现场,有哪些对象适于使用目视管理手段进行管理?

6. 准时制生产方式中所使用的"看板"有哪几种? 各用于什么场合?

7. 查找实训室或实习车间现场管理中所存在的问题,综合运用6S管理、定置管理、目视管理及其他科学管理方法,制定生产现场改善措施并实施。

参 考 文 献

[1] 战权理. 汽车装试技术[M]. 北京:北京理工大学出版社,2000.
[2] 汽车正向研发流程全面讲解. http://news.cartech8.com/thread-390492-1-1.html.
[3] 汽车逆向设计全称解析. http://lib.3ddl.net/news_pws/focus/120297_1.html.
[4] 何耀华. 汽车制造工艺[M]. 北京:机械工业出版社,2012.
[5] 徐兵. 机械装配技术[M]. 北京:中国轻工业出版社,2005.
[6] 郑成刚. 汽车胶粘剂的应用及其发展需求[J]. 粘接. 2004(1).
[7] 王凤平. 机械制造工艺学[M]. 北京:机械工业出版社,2012.
[8] 袁军. 汽车关键零部件螺纹联接的扭矩加转角控制方法研究[D]. 上海:上海交通大学,2007.
[9] 朱国权. 螺栓联接质量在整车装配中的分析研究与应用[D]. 上海:上海交通大学,2010.
[10] GB/T 18297—2001 汽车发动机性能试验方法[S].
[11] 陈友谊. 发动机视情冷磨合系统研究[D]. 长春:吉林大学,2009.
[12] 柯马(上海)汽车设备有限公司. 现代汽车发动机总成测试冷、热试验[J]. 汽车与配件,2006(4).
[13] 宋炯毅,王珏,计维斌. 汽油发动机冷试工艺设计[J]. 内燃机,2011(3).
[14] QC/T 586 汽车机械式变速器总成台架试验方法[S].
[15] 王杰. N1系列微型车后桥主减速器总成的数字化装配[J]. 现代零部件,2010(12).
[16] GB/T 19001—2008/ISO 9001:2008 质量管理体系要求[S].
[17] ISO/TS 16949:2009 质量管理体系—汽车生产件及相关维修零件组织应用ISO 9001:2008的特殊要求[S].
[18] GB 7258—2012 机动车运行安全技术条件[S].
[19] 姜真. 现代企业管理[M]. 北京:清华大学出版社,2013.
[20] 黄安心. 企业班组现场管理[M]. 武汉:华中科技大学出版社,2013.